魂の正義

プラトン倫理学の視座

朴 一功

京都大学学術出版会

私がお聞きしたいのは，正義と不正のそれぞれが何であるか，
またそれぞれが魂の内にあるとき，純粋にそれ自体として
どのような力をもつものなのか，ということなのです。

プラトン『国家』第 2 巻 358B

目次

序

本書は、全体が二部から成っている。第一部で倫理をめぐるソクラテスの探求を、第二部でそれを踏まえたプラトンの倫理思想を論じている。全体を通じて、生と死を貫くプラトン倫理学の視座を明らかにしようとするものである。

倫理学（ethics）あるいは道徳哲学（moral philosophy）は人間の生き方に関する理論的考察である。その中心的な問題は二つある。第一、人はどのように生きるべきか、あるいは、〈私〉という人間はどのように生きるべきか。第二、ほかならぬ〈私〉のなす行為が、〈私〉とは異なる〈他者〉との関係において正当なものかどうか。前者は個人の生き方の問題であり、後者は対他的行為の正当化の問題である。「倫理的」（ethical）ないし「道徳的」（moral）という言葉は、通常、どちらの問題との関連でも使われる。倫理学における他のさまざまな個別的問題は、基本的にこれら二つの中心問題から派生する。

しかし今日、「倫理」（ethics）あるいは「道徳」（morality）という言葉で、一般に人々の念頭に置かれ、関心の的となるのは、第二の問題である。とりわけ、科学技術の進展に伴って、一九六〇年代頃から議論が活発化し、一九八〇年代には、近年の実際的な倫理問題を扱う一個の学としてほぼ定着してきた観のある「応用倫理学」（applied ethics）の諸分野（生命倫理、環境倫理など）も、この方面の問題にかかわっている。〈他者〉としての

「生命体」、あるいは〈他者〉としての「自然」の扱いが問題となるからである。

しかしながら、〈私〉と〈他者〉との関係の問題はそのような事柄だけに限られるわけではない。むしろ、人間の社会生活の全域にわたって、他者の問題は、さまざまなかたちで立ち現われ、しばしば深刻な事態をひき起こす。そこで、人と人との生活、すなわち共同生活を共同生活として成立させるべく、慣習や法、取り決め、あるいは命令などによってさまざまな行為規則が定められ、人間の行為が規制される。けれども注意すべきは、そうした行為規則が、人間の行為を全面的に規制しうるほど充分な効力をもつものではないということである。どのような行為規則も、たとえその背後に暴力的な強制がはたらいているような場合であっても、常に、人間によって破られる可能性をはらんでいる。行為規則は、それが規則であるかぎり、本質的に外面的なものであり、人間の実際の行為に対するそれの拘束性は、必然という性格をもたない。したがって、共同生活における行為規則が真に有効であろうとすれば、それは人々の間で受容され共有され、内面化されなければならない。だが、どこまで受容されるだろうか。

ここから、倫理学あるいは倫理そのものの根幹にかかわる重要な問題が立ち現われる。それは、倫理的原理の相対性、あるいは倫理的価値の主観性の問題である。どのような倫理的原理、どのような倫理的価値も、普遍性あるいは客観性をもたないのではないかと疑われるのである。

このような疑念の基底にはしかし、倫理的原理や価値が、そもそも行為者にどのように了解され、またどのように受容されたり、斥けられたりするのかという、行為者のあり方にかかわるいっそう根本的な問題が横たわっている。たとえどれほど普遍性や客観性をもつ原理や価値であっても、それらに対する行為者の理解の仕方や欲求、感情のあり方が異なれば、つまるところそれらは共有されえないからである。かくしてこの時、われわれは第一の問題、すなわち個人の生き方の問題へと連れ戻される。〈私〉が〈他者〉とどのような関係を結ぶかという第二の問題も、〈私〉が了解し、肯定し、追求する価値の問題に組み込まれるのである。西洋の哲学史においてこれら二つの問題の本格的な考察は、ソクラテスとプラトンにその源をもっている。

周知のように、プラトンは「倫理学」という言葉をもたない。ソクラテスも同様である。それは、少なくともアリストテレス以後の用語である。[1] しかし、ソクラテスの哲学はほとんどそのすべてが人間の生き方についての探求、すなわち倫理的探求であった。そして、ソクラテスこそ「哲学を天上から呼び戻し、街に据えつけ、家の中にも導き入れて、哲学を人間の生と倫理、善悪について問うことへと向かわせた最初の人」なのである。[2]

プラトンの哲学はこのようなソクラテスの探求活動の回顧と吟味から出発し、イデア論という独自の形而上学説を構想しながら、彼自身の倫理理論を組織的に展開した。こうした二人の哲学の営みが、まさにアリストテレス以降、西洋で「倫理学」と呼ばれる学問分野を成立させる原動力となったのである。言い換えれば、倫理学の内実は、ソクラテスとプラトンの思想によって与えられ、とりわけ組織的な倫理理論を展開したプラトンが、倫理学を実質的に確立したと言ってよい。

本書は、このようなプラトンの倫理学における中心的な諸問題を考察し、その視座と意義を明らかにしようとするものである。その際、本書は、いわゆる「歴史的ソクラテス」に関して、アリストテレス以来の有力

(1) 拙訳『アリストテレス「ニコマコス倫理学」』解説 p. 547 参照。
(2) キケロ『トゥスクルム荘対談集』第五巻第四章第一〇節。

な伝統的見解を採用している。すなわちそれは、「歴史的ソクラテス」の思想は、プラトンの主として前期（初期）作品群に登場するソクラテスの言説に再現されている、という想定である。本書は、このような想定そのものを問題にする歴史的考察には立ち入らず、それを前提にする。[3] したがってこの時、プラトンの倫理思想を論じようとすれば、われわれは必然的にプラトンの前期作品群に描き出されているソクラテスの倫理説を考察しなければならない。プラトン自身、みずからの作品においてソクラテスの見解の吟味と検討から出発しているからである。またそのような手順を踏んではじめて、プラトンが倫理に関して何を問題にし、どのような解決を与えようとしたのかが明瞭になるであろう。

従来、プラトンの哲学に関してはイデア論を中心として、その認識論や存在論、自然学、あるいは魂論、政治理論など、倫理思想とは異なる側面のさまざまな問題が盛んに論じられてきた。しかし反面、あたかもプラトンの倫理思想というものは、ソクラテスの遺産を受け継ぎ、その教説の理論化と発展に尽きているかのように、あるいはプラトンの関心は倫理そのものよりもむしろ哲学の他の問題にあるかのように考えられてきた傾向がある。それゆえ、倫理思想に関しては、プラトンはソクラテスの延長線上に位置する哲学者であり、彼の作品にはソクラテスの教説に基づく倫理説以上のものは見出されないかのような想定に立って、彼がソクラテスの基本的立場や見解を中期や後期の作品に至っても、原則的に一貫して保持しているかどうかという、主としてソクラテスとの整合性の問題に研究者の注意が払われてきた。しかし、ソクラテスの基本的立場や見解とは何であり、どのような意味をもつのか、またプラトンはそうした見解自体を問題にすることなく、基本原則として自分自身の倫理理論の前提として受け入れていたのか、こうしたことをわれわれはなおも問うことができる。

本書は、近年このような解釈上のより重要な問題に注意を呼び起こし、それに取り組んだ二人の研究者、ヴラストス（G. Vlastos）、およびアーウィン（T. Irwin）の仕事に多くを負っている。それゆえ本書は、何よりもまず、ソクラテスの倫理説を、その主要な問題点との関連で検討することによって、彼の基本的立場と見解がどのようなものであったかを、できるかぎり明らかにすることを第一の課題としている（第一部第一―三章）。その上で、ソクラテスの倫理説の特質とそれのはらむ問題点を明瞭にしている（同第四章）。

これを受けて第二部では、そうした問題点についてプラトンがどのように反応し、どのような倫理理論を展開しているのかを、彼の正義論に即して見届けることにした（第二部第一章）。これらの作業は、ソクラテスからプラトンへの移行が、〈私〉あるいは〈自己〉の問題から、〈他者〉の問題への重心の移動であることを示している。しかし同時にその作業は、プラトンの正義論には、ソクラテスにおける〈自己〉の問題がきわめて重要なかたちで含まれていることを明らかにしている。

さらに本書は、〈他者〉の問題から呼び起こされる倫理的原理の受容あるいは共有の問題との関連で、説得に関するソクラテスとプラトンの見方を考察し、両者の見解の異同を論じたうえで（同第二章）、「魂の世話」というソクラテスの遺産を回顧し、それをプラトンがどのように受けとめたかを改めて検討している（同第三章）。そして最後にソクラテスが判断を保留した不死性の問題をめぐってプラトンの思索の重層性を追求し（同

（3）「歴史的ソクラテス」とプラトンの対話篇との関係について、伝統的想定の妥当性を再確認したアーウィン（Irwin [1995] pp. 5–16）のすぐれた記述に、私はしたがっている。なお、歴史的ソクラテスについては、拙訳『プラトン「饗宴／パイドン」』解説 pp. 364–368 参照。

第四章）、結びでは、以上の考察をふりかえって、プラトン倫理学の視座と意義について結論している。

本書の論述は、各章のはじめにその章の問題の提示が行なわれている。そして、注における参照文献への指示は、原則的にすべて本書末尾の文献表によっており、参照箇所は論文や著作の標題抜きで、著者と発表年、および頁数で示されている。また、プラトンの著作への指示は著者名をつけずに、作品名と該当箇所だけで示されている。

プラトンの作品（本書で言及されるもののみ）の年代区分に関しては、ヴラストスにしたがい、以下の四期に分けている。(4)

前期（初期）――『ソクラテスの弁明』（『弁明』）、『クリトン』、『エウテュプロン』、『イオン』、『ラケス』、『カルミデス』、『ヒッピアス小』、『プロタゴラス』、『ゴルギアス』、『国家』第一巻

移行期――『リュシス』、『エウテュデモス』、『ヒッピアス大』、『メノン』

中期――『パイドン』、『饗宴』、『国家』第二―十巻、『パイドロス』

後期――『ソピステス』、『政治家』、『法律』

なお、プラトンのテクストからの引用は、岩波版『プラトン全集』（1975–76）に準拠しているものもあるが、それらも論述の都合上、適宜変更を加えたり、場合によっては全面的に訳し変えてもいる。『メノン』『プロタゴラス』『国家』に関しては、岩波文庫の藤沢令夫訳を基本にしている。

（4）Cf. Vlastos (1991) pp. 46–47.

第一部　徳の探求

第一章　徳の探求――プラトン『メノン』をめぐって

こういう問題に、あなたは答えられますか、ソクラテス。はたして徳は教えられるものか。それともそれは、教えられるものではなくて、訓練によって身につけられるものであるか。それともそれは、訓練されるものでもなければ、学ばれるものでもなくて、人間に徳がそなわるのは、生まれつきの素質、あるいはほかの何らかの仕方によるものなのか。

（『メノン』70A）[1]

このような問いをメノンはソクラテスに投げかける。これに対するソクラテスの返答は、「徳が教えられるか教えられないかを知っているどころか、徳それ自体がそもそも何であるかさえ知らない」（71A）というものである。この返答にメノンは驚き、彼の提出した問いは棚上げにされるが、われわれにとってまず疑問なのは、ソクラテスの反応よりもむしろメノンの問いの方であろう。作品のまさに冒頭でわれわれはこの発言に出

（1）プラトン『メノン』からの引用は、岩波文庫の藤沢令夫訳に準拠する（論旨の都合上、適宜改変されている）。

会う。メノンは徳を身につけることに熱心であり、その方法をいきなりソクラテスに尋ねているのである。その問いかけの唐突さは、実際しばしば解釈者たちの注意を引いてきたが、[2] 著者プラトンの意図がどこにあるにせよ、われわれの関心を惹くのは、何よりも、メノンの問いの切迫性である。十八、九の年齢の若さ溢れるメノンにとって、なぜ徳の修得が問題になり、関心事になるのか。今日の若者がメノンのような問いを問うことはありそうにない。

ソクラテスとメノンとの出会いは前四〇二年頃。われわれの時代と前五世紀末のメノンとの隔たりは、しかし、見かけほど大きくはないかもしれない。前五世紀のギリシア世界の歴史的状況、および「徳」という語によってメノンが何を意味しているかを理解すれば、その溝はかなり埋められるからである。[3] 徳概念をめぐる、より大きな、そして哲学的に意義深い隔たりは、われわれとメノンとの間にあるのではなく、むしろメノンとソクラテス、そしてわれわれとソクラテスとの間にあるだろう。肝心の徳に関して、ソクラテスは「ぜんぜん知らない」と主張し、完全な無知を表明しているからである（71B）。この表明は直截であり、単にソクラテスのアイロニーにとどまらない。それはメノンの徳概念を白紙に戻すほどの強さをもっており、実際ソクラテスは徳に関するメノンの諸見解をことごとく論駁して、彼を、徳が何であるか「ぜんぜん言えない」状態に至らせているばかりか、「困惑しているのはだれよりも自分自身」なのだと改めて告白しているからである（80B–C）。[4]

こうして互いの、まったくの無知が確認された時点で、ソクラテスは「徳とは何であるか」について共同探求を促すが、メノンはそれに対して「ぜんぜん知らないもの」を探求することはできないという、いわゆる「探求のパラドクス」を提示して、両者の対話は、探求の可能性という認識論上の問題に移行する（80D）。

（2）たとえばヘルバー（Hoerber［1960］p. 93）は、その唐突さは、真の学びのクライマックスにおいて経験される急激さを、劇的に強調する暗示的表現の一つと解する。これはしかし、ブラック（Bluck［1961b］p. 100）の言うように、「いささかこじつけ」である。当のブラックによれば、唐突さの理由は、プラトンが長い間彼を悩ませてきた問題（「ソクラテスが信じていた絶対的な倫理基準」を立証する問題）の解決と考えられるもの（想起説）を発見したので、その「興奮」から議論を凝縮したものにした、というものである（Bluck［1961a］p. 199）。他方、プラトンがメノンに「流行のソフィスト的論題」を語らせたとすれば（Guthrie［1969］p. 237, また Sharples［1985］p. 123）、若いメノンは、あるいはこうした質問でソクラテスを試そうとしたのかもしれない。なお、後の記述（76E）から、メノンがすでにアテナイに滞在しており、ソクラテスと前日に会っていろいろと話をしていたことがわかるが、この事実は、作品冒頭におけるメノンの問いの唐突さを緩和するものではない。より適切な説明はガスリー（次注）にある。

（3）歴史的状況については、次のガスリー（Guthrie）の記述で輪郭はほぼ尽くされるだろう。「徳の諸性質は自然（ピュシス）の問題であって、少年が成長するにつれて、父親や年長の者たちとの生活あるいは彼らを模範にするという経験によって、陶冶されるものであった。そうした諸性質は自然に、ほとんど意識されずに伝えられるものであって、支配すべく生まれついている階級の特権であり、それらが、組織的な教示を提供して報酬を受け取る部外者によって植えつけられうるといった考えは、古い伝統を守る父親たちにとっては呪うべきものであった。ここからメノンのような若者（生まれがよく、裕福であるにもかかわらず、ゴルギアスの弟子であり、信奉者）にとって、対話篇冒頭でソクラテスに投げかける問いの切迫性が生じる」（Guthrie［1969］p. 25）。そしてメノンの問いは、「古い貴族的理想と、アテナイの民主制下で台頭し、今日なら〈実力主義〉（meritocracy）と呼ばれるであろうものを確立しようとする新しい階級との間の衝突を反映するものであった」（ibid., p. 290）。

（4）しかしこの告白が、メノンによって誤ってソクラテスのアイロニーと受け取られたかもしれない（cf. Moline［1969］p. 155）。

ここでわれわれが扱おうとするのは、その問題提出に先行する、ソクラテスによるメノンの論駁である。結果としてメノンは論駁されているが、その事実は必ずしも、ソクラテスの議論を正当化するものではないからである。ゴルギアスを信奉し、その見解を覚えこむ「記憶」の青年メノン、彼は「考える」ということを知らない。[5] このようなメノンがソクラテスの吟味を受けて、遅かれ早かれ行きづまるのは自然の成り行きとも言える。それゆえこれによって、メノンの、あるいはゴルギアスの見解がすべて無効になる、というわけではない。[6] 行きづまりに至るメノンとソクラテスの対話そのものが問われねばならない。本章では、メノンの諸見解を論駁するソクラテスの議論を検討し、その妥当性を査定することによって、徳に対するソクラテスの視点を明らかにすることを試みる。

1 ― メノンの徳概念

基本的なところから始めたい。周知のように、「徳」(virtue)の原語は、ギリシア語の「アレテー」(ἀρετή)であり、その基本的な意味は「善さ」「卓越性」である。それは、「善い」を表わす形容詞「アガトス」(ἀγαθός)の名詞に相当する。したがって、さまざまなものについて「徳」(アレテー)は語られる。

たとえば、(1)足のアレテー。アレテーのある足とは、速く走れる足のことである(ホメロス『イリアス』第二十歌411行)。同様に、(2)馬のアレテー。アレテーのある馬とは、よく走り、御者によく従う駿馬のことである(ホメロス『イリアス』第二十三歌276行、アリストテレス『ニコマコス倫理学』第二巻第六章1106a19)。

一方、(3)目や耳にもアレテーが考えられる。アレテーのある目とは、よく見える目であり、アレテーのある耳とは、よく聞こえる耳である（『国家』第一巻353B、アリストテレス『ニコマコス倫理学』第二巻第六章1106a17)。

さらにアレテーは、(4)土地についても言われる。アレテーのある土地とは、作物のよく実る肥沃な土地のことである（トゥキュディデス『歴史』第一巻第二章第四節、プラトン『クリティアス』110E、『法律』第五巻745D)。またアレテーは、(5)大工術など、さまざまな技術についても語られる（『プロタゴラス』322D)。のみならず、(6)所有物や成果についてもアレテーが語られる（『ニコマコス倫理学』第四巻第二章1122b15)。所有のアレテーとは、富にほかならない（『政治学』第一巻第十三章1259b20)[7]。

（5）『メノン』冒頭の、排他的な選択肢を並べる問いの立て方さえ、ゴルギアス式のものである。Cf. DK82B11ゴルギアス『ヘレネ頌』第六節。

（6）すでにアリストテレスは、明らかに『メノン』を念頭に置いて、徳の定義に関して、ソクラテスよりもゴルギアス（アリストテレスは「メノン」という名を無視している）に賛同している（『政治学』第一巻第十三章1260a24–31)。そしてコイレ（Koyré［1946］p. 8）も次のように述べる、「メノンは正しい。異なった徳、両立しない徳さえある。女の徳が男の徳でないのは、馬の徳が象の徳と同一視できないのと同様である。もしメノンが自分の考えの核心を飲み込むすべを心得ていたなら、彼は徳が完全性に等しいというアリストテレスの概念に到達していただろう。しかしメノンは、自分の考えの根底にいたることができない。なぜなら彼はその努力を拒むからだ」。コイレのこの記述はヘルバー（Hoerber［1960］p. 97 n. 1）に負っている。

（7）以上の項目は、ガスリー（Guthrie［1969］p. 252）の記述を補充したものである。

このようにアレテーは広範囲にわたる。衣服、船、家等々、そして魂にもアレテーが考えられる。要するに、何らかのはたらきや用途のあるものにはアレテーが語られるのである（アリストテレス『エウデモス倫理学』第二巻第一章1219a3–5）。ソクラテスが法廷で裁判員たちに、彼が正しいことを語るかどうか、これを見きわめることが「裁判官のアレテー」であり、真実を語ることが「弁論する者のアレテー」である、と言っていたこともここで思い返されてよい（『弁明』18A5–6）。

メノンが関心を寄せているのはしかし、以上のどのアレテーでもなく、彼にとって最も重要な「人のアレテー」（『プロタゴラス』325A）である。言い換えれば、人の「善さ」「卓越性」が彼の関心事である。アレテーのある人とは、「善い人」「すぐれた人」「立派な人」を意味し（『メノン』73C）、メノンはアレテーを身につけることによって、こうした「人間」（あるいは彼によれば「男」）（71E）になることを望んでいるのである。そして他方、ソクラテスがそれについて「ぜんぜん知らない」と言い、また「知っている人に出会ったことさえない」と言うのも（71C）、同じくこのような「人のアレテー」である（『弁明』20B）。

それならば、メノンにとって、「人のアレテー」「人間の徳」とは何であろうか。人の善さ、卓越性とは何であろうか。この意味での「徳」が何であるかを明らかにするように、というのがソクラテスのメノンに対する要求である（71D）。メノンは、自信をもって答える。

いや、ソクラテス、お答えするのは別にむずかしいことではありません。まず、男の徳とは何かとおたずねなら、それを言うのはわけのないこと、つまり、国事を処理する能力をもち、かつ処理するにあたって、よく友を利して敵を害し、しかも自分は何ひとつそういう目にあわぬように気をつけるだけの能力をもつこと、これが男の徳というものです。さらに、女の徳はと言われるなら、女は所帯をよく保ち夫に服従することによって、家そのものをよく斉えるべきであるというふうに、なんなく説明できます。

(71E1−7)

メノンは「徳」を説明するにあたって、「男の徳」「女の徳」を挙げて説明している。この説明の仕方は、けっして恣意的、無原則的なものではない。彼は続いてこう言っている。

そして子どもには、男の児にも女の児にも、別にまた子どもの徳があるし、年配の者には別にまた年配の者の徳があって、それもお望みとあれば、自由人には自由人の徳、召使いには召使いの徳があります。こうして挙げて行けば、ほかにもまだたくさんの徳がありますから、したがって、徳が何であるかを言うにこと欠くようなことはありません。

(71E8−72A2)

すなわち彼は、人間一般ではなく、より具体的に、男、女、子ども、年配の者、自由人、召使い等々といった、社会生活を営む場面でのさまざまな人間の区分を念頭に置いて、それぞれの種類の徳に言及しているのである。このように徳を列挙した上で、メノンは自分の説明原理について述べる。

つまり、それぞれの行為(プラークシス)と年齢に応じて、それぞれがなし遂げるべきはたらき(エルゴン)のために、われわれの一人一人には、それぞれに相応した徳があるわけですから。他方また、思うに、ソクラテス、悪徳の方もやはり同様でしょう。

(72A2−5)

要するに、われわれの各人には、それぞれの「はたらき」に応じてそれらに即した徳および悪徳がある、ということである。この原理は、メノンがゴルギアスから何をどのように教えられたにせよ、先に概観された「アレテー」というギリシア語の日常的用法から導き出されるものであり、きわめて自然なものである。足、馬、目、耳、土地、技術、所有物などのアレテーは、それらのなし遂げる「はたらき」に対応して別々に考えられるからである。この点については、ソクラテスもまた同意するであろう。事実、ソクラテス自身、「それぞれのものには、それが本来果たすべき〈はたらき〉（エルゴン）が定まっているのに対応して、〈徳〉（アレテー）もある」と主張しているからである（『国家』第一巻 353B2–3）。もしそうだとすれば、人のアレテーも、当然その「はたらき」に応じて特定されるはずである。問題となるのは、したがって、アレテーに先立つ「はたらき」の方である。人の「はたらき」とはいったい何であろうか。[8] この点についての捉え方こそ、メノンとソクラテスとを分けるものである。

メノンは、男、女、子ども等々、それぞれの徳を列挙している。男は女と異なり、年長者は子どもと異なる。人間が孤立せず、家庭や仕事場、あるいはポリスにおいて共同生活を営む場合、メノンの主張するように、「それぞれの行為や年齢」に応じて、人の果たすべき役割は異なる。「自由人」や「召使い」に言及するだけでなく、「ほかにもまだたくさんの徳があり」とメノンは言っており、われわれは彼の徳のリストに、さらに多くの項目を追加することができるだろう。たとえば、農夫の徳、大工の徳、機織りの徳、医者の徳、裁判官の徳など。農夫は作物を実らせ、大工は家を建てる。こうした仕事の違いに応じて、おのずとそれらの徳の内容も異なってくる。

このような観点からすれば、人がどのような徳を身につけるかは、人が社会において何をし、何になろうとするのか、その目標にかかっているであろう。メノン自身はもちろん、彼が真っ先に挙げた「男の徳」を身につけたいのである（91A）。彼にとって「立派な人」とは、とりわけ、国事を処理する能力をそなえた「すぐれた政治家」であって、ゴルギアスをはじめとするソフィストたちが約束する教育も、こうした人材の育成にかかわっていたのである（『ゴルギアス』455C-E、『プロタゴラス』316B－C）。メノンの徳概念は明瞭であり、また徳の修得が彼の関心事になる理由も明らかである。これから社会に大きく乗り出そうとする彼の目標は、ペリクレスのような「すぐれた政治家」になることである。

2—ソクラテスの要求

メノンの見解は十分に現実的であり、不分明なところはほとんどない。しかしソクラテスはメノンの答え方に異議を唱える。理由は、それが「徳とは何であるか」の答えになっていない、というものである。メノンは「蜜蜂」の群のように多くの種類の徳を挙げていたが、ソクラテスが求めるのは「一つの徳」である（72A7）。この「一つの徳」を明らかにすることが「徳とは何であるか」に答えることであり、またそれに答えられる人こそ徳を「知っている」人である、とソクラテスは考えている。なぜ彼は、このような考え方をするのだろうか。そうした見方は理に適ったものであろうか。そもそも「一つの徳」とはどのような意味で言われているのか。

（8）この問題へのアリストテレスの生物学的ないし魂論的アプローチは、周知のように、『ニコマコス倫理学』第一巻第七章 1097b29 以下にある。

ソクラテスは自分が口にした「蜜蜂」を例にして説明している。その要点はこうである。蜜蜂にはたくさんの種類があるが、それらは「蜜蜂である」という点では、互いに少しも異ならず全部同じである。だからその肝心の点、「蜜蜂である」という点を言ってほしい、と（72B–C）。「蜜蜂である」という点は、蜜蜂の「本質」（ウーシアー）とも言われている（72B1）。彼が要求しているのは、もし「蜜蜂とは何であるか」と問われたなら、たとえば、女王蜂とはこれこれ、雄蜂とはこれこれ、働き蜂とはこれこれである、というふうに答えるのではなくて、端的に、蜜蜂とは「これこれである」と答えるように、ということである。メノンは納得するが、しかしこれはまだ蜜蜂の場合のことである。

ソクラテスは蜜蜂の例から、徳へと話を進め、メノンに次のように言う。

君が挙げたいろいろの徳についても同じことが言える。たとえその数が多く、いろいろの種類のものがあるとしても、それらの徳はすべて、ある一つの同じ相（エイドス）をもっているはずであって、それがあるからこそ、いずれも徳であるということになるのだ。この相に注目することによって、まさに徳であるところのものを質問者に対して明らかにするのが、答え手としての正しいやり方というべきだろう。（72C6–D1）

ここでソクラテスによって「相」（エイドス）と言われているものは、蜜蜂の例証における「本質」（ウーシアー）に相当する。男の徳も、女の徳も、召使いの徳も、その他メノンの列挙するどの徳も、ソクラテスによれば、徳としての同じ「相」、同じ「本質」のゆえに、それらはすべて徳である、ということになる。したがって、その同一の「本質」を明らかにするように、というのがソクラテスの要求である。

しかしメノンはこうした要求の意味がまだはっきりとつかめないので、ソクラテスは徳以外の例を挙げてさらに説明する。言及される例は、健康、大きさ、強さといったものである。男の健康も女の健康も、健康であるかぎりは同じであり、また強さも、男のなかにあろうと女のなかにあろうと、強くあるという点では少しも異ならない（72D–E）。大きさについても同様のことが言えるであろう。この説明をメノンは了解する。そこでソクラテスは再び徳に立ち返って、次のように問いかける。

徳は、子どものなかにあろうと年寄りのなかにあろうと、女のなかにあろうと男のなかにあろうと、徳であるという点に関して、何か少しでも異なっているだろうか？　（73A1–3）

ところが、この問いに対して、健康その他の例で明らかに理解が進んだはずなのに、メノンは疑念を表明するのである。

どうも私には、ソクラテス、なんだかこの場合にはもう、これまでのほかのものと同じようにはいかないように思えるのですが[9]。　（73A4–5）

ソクラテスはメノンの疑念を取り除くべく議論を展開するが、問題なのは、なぜメノンが疑念を抱いたのかということである。蜜蜂、健康、大きさ、強さといった例の場合には、メノンは容易に納得している。彼が抵抗を覚えるのは、徳の場合だけである[10]。その理由はしかし、メノンの立場に立てば、ただちに判明する。メノ

（9）この一文は、プラトンの初期対話篇において、定義される語が「多義的」（ambiguous）である可能性を示唆する唯一の箇所であると、ロビンソンは指摘している（Robinson［1953］p. 57）。

ンは「本質」（ウーシアー）や「相」（エイドス）といった用語が理解できないわけではない。蜜蜂の「本質」についても、健康の「相」についてもソクラテスの説明によって了解しているからである。彼が疑問に思うのは、子どもの徳、老人の徳、女の徳、男の徳などのさまざまな徳が徳であるかぎり、同じものであり、その意味において何か一つの「相」ないし「本質」がある、というソクラテスの想定である。

たとえばもし彼が「男の徳」の「本質」を問われたなら、即座に、「国事を処理しうる能力」と答えるであろう。「女の徳」その他についても同様である。けれども、種類において異なるそれらの徳のそれぞれの「本質」は、メノンにとって、何か一つの同じもの、というわけではない。彼にとっては、さまざまな人間の徳性は、それぞれの種類の人間の「はたらき」に応じて互いに異なるものであって、けっして同じであるようには見えないのである。(11) ある人が何らかの役割を担っているかぎり、その役割に応じた固有の徳（その内容がどのようなものであれ）を考えるのは当然のことだからである。大工の徳と医者の徳は、もとより同じではなく、家を建てる卓越性と、患者を治療する卓越性は別ものである。それゆえ、奇妙なのは、メノンの疑念よりもむしろソクラテスの要求の方なのである。

3 徳の「一性」

ソクラテスはメノンの徳のリストを否定も肯定もしていない。徳は、どのような種類の人間のなかにあろうと、同じであり、かつ何か一つの「相」をもっている、というのがソクラテスの想定であり、彼の主張によれば、メノンのリストは、たとえそのリストが補充され完全なものにされようと、徳の「相」ないし「本質」を明らかにするものではないということである。しかし問題は、このようなソクラテスの想定が、はたして正当なものかどうかということである。メノンの見解は、「徳」（アレテー）という語の日常的用法に沿うものであった。それなのになぜ、ソクラテスはあらゆる徳に共通な何か同一の「相」があると見なすのであろうか。蜜蜂や健康などの例から徳への移行は、どのような仕方で正当化されるのであろうか。今この点を見きわめるためには、メノンの疑念を払拭しようとするソクラテスの議論を追うほかない。

ソクラテスは、「男の徳は国をよく治めることであり、女の徳は家をよく治めることである」というメノンの主張を確認した上で、次のような仕方で議論を進める。

(1) 国にせよ、家にせよ、あるいはほかの何にせよ、節制ある仕方で正しく治めないとしたら、これをよく治めることはできない。（73A7–9）

（10）アーウィンは、「これはPである」と判別する場合の、P（述語）のタイプを便宜的にA、B、Cの三種類に分類する。A-述語は、論争なしで説明されうる述語、B-述語は論争を引き起こすが、承認された決定手続きをもっている述語、C-述語は、承認された決定手続きをもたず論争を引き起こす述語である。この分類からすれば、ソクラテスのあげる「蜜蜂」などはA-述語、「健康」「大きさ」「強さ」などはB-述語に属し、問題の徳はC-述語に入ると見られるが（Irwin［1977］p. 136, また cf. Burnyeat［1977］pp. 393–394）、メノンは徳をそのように考えてはいない。

（11）Cf. Bluck (1961a) p. 228, note on 73a3.

(2)正しく節制ある仕方で治めるのだとすれば、正義と節制によって治めることになる。(73B1－2)

ゆえに、

(3)女も男も、すぐれた者になろうとすれば、どちらも同じものを必要とする、すなわち、正義と節制を。(73B3－5)

また、

(4)子どもや老人は、放埒であり不正でありながら、すぐれた者になることはできない。(73B6－7)

(5)彼らは、節制があり正しいのでなければならない。(73B7－C1)

ゆえに、

(6)すべての人々がすぐれた者であるのは、同じ仕方による。(73C1－2)

なぜなら、

(7)同じものを得てこそすぐれた者になるのだから。(73C2－3)

そして、

(8)人々の徳が同じものでなかったとしたら、彼らが同じ仕方ですぐれた者であるということは、ありえなかっただろう。(73C3－4)

(1)で、「よく」治めるための条件として、「節制ある仕方で正しく」ということが導入され、(2)でそうした条件が、節制と正義に帰着させられる。ソクラテスは、「節制ある仕方で」「正しく」といった副詞を、何の注意も与えることなしに、「節制」「正義」という名詞に置換しているが、これはさほど不自然な手続きではない。現に、こうした思考のスタイルはメノンも共有しており、⑵について「それは必然」とただちに同意している（73B2）。たとえば、だれかが「勇敢に」行動するとする。その行動は勇気ある行為、勇敢な行為である。しかるに、その勇敢な行為の原因は、その行為者、すなわち勇気ある人の「勇気」に求められるだろう。節制や正義についても同様に考えられているのである。そしてここから⑶の結論が導かれる。[12] 一方、⑷⑸は事例の追加であり、さらなる確認である。

こうして、女、男、子ども、老人の例から、一般化に向かい、⑹の結論が導き出される。その命題の主語は、もはや男や女、子どもや老人ではなくて、一般的に「人々」（アントローポイ）になっている。そして⑺は⑹の理由づけであり、⑻は最終結論である。

全体の流れをふりかえれば、⑻は⑹に、⑹は⑶⑸に支えられており、⑹が中心命題となっている。しかし、この⑹こそ問題であって、それは⑶⑸からただちに帰結するものではないのである。⑹を導き出す一般化の手続きに問題がある、というのではない。疑義が生じるのは、むしろ節制と正義の身分に関してである。これらは、ソクラテスの論理にしたがえば、国であれ家であれ、「よく治める」場合に必要とされるものであり、女も男も、すぐれた者になろうとすれば、どちらも同じこれらのもの、すなわち、正義と節制を必要とする。しかしこのことがたとえ真実と認められたとしても、正義と節制は必ずしも、女や男をすぐれた者に

（12）⑶における「同じもの」は複数形であり、正義と節制という二つの徳を指している。この議論の段階では、まだ徳の厳密な「一性」は意図されていない（cf. Klein［1965］pp. 52–53）。

するのに十分なもの、ということにはならないのである。これはソクラテスの議論によっては保証されない事柄である。このことは、われわれがメノンの視点に立てば判然とするだろう。

ソクラテスの議論の前提は、メノンの徳概念である。それによれば、男の徳は「国をよく治めること」であり、女の徳は「家をよく治めること」であった。そしてメノンは男も女も正義と節制を必要とすることに同意している。しかしそれらだけで国や家が「よく」治められると、このように彼が考えているわけではない。国を治めるには、そのための知識や技術が決定的に重要である、というのがメノンの見方であろう。ゴルギアスに学んでいた彼は、「弁論術」こそ国を治めるのに不可欠なものと見ていたはずだからである（95C）。他方、女が家を治める場合には、別の技術が必要とされるであろう。また、医者を医者たらしめるのは医術であって、すぐれた医者に要求されるものは、何よりもその技術の卓越性である。すなわち、それぞれの「はたらき」に応じた徳を考えるメノンの観点からすれば、当然のことながら、すぐれた男とすぐれた女、あるいはすぐれた政治家とすぐれた医者は、それぞれ異なる仕方ですぐれているのである。

それゆえ、正義や節制は、機能的に異なる人々の種類を念頭に置くメノンにとっては二次的なものであり、彼の思考の中心にあるものではない。事実、この議論の後に改めてソクラテスに「徳とは何であるか」を言うように促されても、メノンは正義や節制には言及せず、端的に、徳とは「人々を支配する能力をもつこと」と答えている（73C9）。これは彼がゴルギアスの見解を反復したものであるとはいえ（73C7）、まったく機械的にその見解を思い出したのではないことに、われわれは注意しなければならない。「もしあなたが、あらゆる場合にあてはまるような、何か一つのものを求めているのでしたら」（73D1）という直後の条件文が、この場面でのメノンの慎重さを示しているからである。

より重要なのはむしろ、彼がゴルギアスのこうした見解を思い起こしたきっかけの方である。彼の念頭にあったのは、おそらく先の(1)において、「ほかの何にせよ」というソクラテスの言葉で一般化されている「よく治める」という事態であっただろう。[13]「よく治める」から「人々を支配する」までは遠くないからである。「治める」というのがメノンの関心であって、正義や節制は、彼の思考の辺縁に位置すると言ってよい。[14]

それならば、ソクラテスによる(6)の命題の導出は不当であろうか。必ずしもそうではない。メノンの主張する「男の徳」も「女の徳」も正義と節制を必要とするのであれば、また子どもや老人の「はたらき」が何であるにせよ、彼らの「はたらき」のよさも正義と節制を必要とするならば、そして農夫や大工、機織り、医者、音楽家等々についても同様であるなら、人はだれであれ、自分の「はたらき」をよくなし遂げるために正義と節制を必要とするであろう。したがって、人それぞれの「はたらき」における「よく」の決定因が、当の「はたらき」のための互いに異なる技術や知識ではなくて、同じ正義と節制であるならば、そのとき、「すべての人々がすぐれた者であるのは、同じ仕方による」という(6)の命題が帰結する。

(13) Cf. Sharples (1985) pp. 128–129 note on 73c8.

(14) メノンは、正義が徳のために要求される場合、それは私的・公的生活における成功の手段であって、単に派生的に望ましいものにすぎないと考えている、という趣旨のアドキンズ（Adkins［1960］p. 228f.）の見解について、アーウィンは、「このようなことは何も言われていないし、含意されてもいない」と主張し、「メノンがホメロス的諸性質と正義の両方を、どちらがどちらに優先するか確信せずに、簡単に徳と承認するのは、前五世紀の証拠によく照応する」と認定する（Irwin［1977］p. 287 n. 8）。しかし、メノンがソクラテスの示唆にもかかわらず、正義を顧慮せずに再度徳を定義している事実はむしろ、アドキンズの見解を正当化するだろう。

この帰結は、しかしながら、メノンにとっては非現実的に見える。「国をよく治める」のに第一に必要なのは、弁論術のような技術であって、正義ではない。たとえどれほど正義の人であっても、肝心の国を治める技術がなければ、政治家の仕事は遂行できないであろう。とはいえ、メノンにとっても正義や節制は無用のものではない。たとえどれほど完全な弁論術を身につけていようとも、それの行使にあたって、正義や節制がなければ、やはり「国をよく治める」ことはできないからである[15]。

したがって、メノンとソクラテスの違いは、それぞれの「はたらき」に固有の技術に力点を置くか、それとも正義や節制といった人間一般の徳性に力点を置くかの違いによるものと考えられるかもしれない。もしそうだとすれば、両者の隔たりはさほど大きくないであろう。技術と正義のどちらも必要である、という点で見解が一致するからである。けれども実際には、メノンとソクラテスの隔たりは力点の相違といった程度のものではないことが、以後の対話で判明する。すなわち、正義や節制はいつもメノンの視線の圏外にあり、他方、ソクラテスがたえず固執するのは、正義や節制の方だからである。のみならず、正義や節制でさえ、依然、ソクラテスの求める「一つの徳」ではないことが、後にメノンに告げられるからである（88A–B）。

4 「一つの徳」としての知恵

メノンはソクラテスの要求する「一つの徳」について、「人々を支配する能力をもつこと」と答えていた（73C9）。しかしこの定義を直ちにソクラテスは批判する。その理由は二つある。一つは、それが子どもの徳や召使いの徳にあてはまらないこと、もう一つは、その定義に「正しく、不正にではなく」をつけ加えるべきことである（73D）。先の議論を展開したソクラテスにとってより本質的な理由は、もちろん後者である。実際メノンは、少し注意していたなら、「人を支配する者は召使いではありえない」とするソクラテスの反論に対して、たとえば、「人を支配する召使いとは他の召使いを支配する者であり、そのような召使いこそ主人によく仕えることのできる立派な召使い、召使いのなかの召使い」などと言って応答することができたであろう。重要なのは、「正しく、不正にではなく」の付加という後者の批判理由である。ソクラテスもまたこれを起点にして話を進めている。

正義は先の議論ですでにメノンの承認していたものであるが、彼にはその意識が希薄であり、当の定義に正義は現われない。メノンはソクラテスの批判に同意するが、その理由は、正義が徳だから、というものである。正義を徳と認定するこの同意は、もとよりメノン自身によってよく考えてなされたものではなく、むしろ一般的な言語習慣に基づくものである。だからソクラテスは問いかける。正義は「徳、だろうか、メノン、それとも、徳の一種だろうか？」（73E1）。メノンは正義が「徳の一種」であることを認め、ほかにも、勇気や節制、知恵、度量の大きさなどの徳を列挙する。そこでソクラテスは言う。

再度われわれは、メノン、同じ目にあったわけだね。〈一つの徳〉を求めながら、またしてもわれわれはたくさんの徳を見つけ出してしまった。そうなるに至った手順は、さっきとは別だけれども。君の挙げ

（15）「弁論術もまた正しく（ディカイオース）用いなければならない」というのは、ゴルギアスの主張であった（『ゴルギアス』457B4）。

たすべての徳目をつらぬいている〈一つの徳〉を、どうしてもわれわれは見つけ出すことができないのだ。

（73E−74A）

こうして議論は振り出しに戻るが、徳の二系列が明確化されることにより、問題の実質があらわになる。男の徳、女の徳といった役割的な徳の系列と、正義や勇気、節制といった人間一般の徳の系列があり、ここでもし「一つの徳」を求めようとすれば、両方の系列を視野に入れなければならない。徳の包括的な定義、あるいはむしろ、両系列の基底を貫くより根源的な定義が要求されるのである。けれどもメノンは前者の系列を中心に考えるので、ソクラテスは再び後者の系列に言及することによってメノンを論駁することになる。

すなわちメノンは改めて、「徳とは、美しいものを欲求してこれを獲得する能力があること」という、第三の新たな見解を提出するが（77B4−5）、この見解もまた同様の論駁を受けるからである。美しいもの、善きものへの欲求は万人に共通のものである（この点で人に優劣は生じない）ことから、この見解は、「徳とは善きものを獲得する能力」（78C1）と再定義されるが、ソクラテスは次のように述べて同じ論点に立ち返っている。

その〈獲得〉に、メノン、君は正しくかつ敬虔にということをつけ加えるつもりはないかね？

（78D3−4）

メノンは同意し、たとえ善きものであっても、それの不正な仕方での獲得は徳ではなく、悪徳であると見なす（78D−E）。この段階でメノンは先と同じ失敗をくり返しており、彼がソクラテスに再び反論されるのは、われわれにとっては容易に予想のつくことである。しかしここでのソクラテスの反論理由は、それまでのものとは異なっており、さらに進んだものである。

親愛なるメノン、君はもう一度最初から、徳とは何であるかという同じ問いを受ける必要があるのだ。もし徳の部分をともなうすべての行為は徳であるということになるならばね。なぜならこれこそ、すべて正義をともなう行為は徳であるという主張の意味するところなのだから。……（P）人は徳そのものを知らないのに、徳の部分が何であるかがわかると思うかね？

（79C3−9）

こうしてメノンは完全に行きづまり、ソクラテスを「シビレエイ」に喩えて「探求のパラドクス」を提示することになるが（79E−80D）、注意すべきは、メノンがこの反論に同意せざるをえないことである（79C10）。その理由は、第一に、（P）の主張が論理的強制力をもっていること、そして第二に、この反論が対話の原則に合致していることである。

ここで第二の点については、メノン自身がすでに同様のことを述べていた。すなわち、「形とはつねに色に随伴するところのもの」という定義をソクラテスが提出したとき、メノンは「もしだれかが、自分は色というものを知らないと主張したら……」と反論していたからである（75B-C）。もちろん、ここでソクラテスはそのことをメノンに思い出させてもいる。

事実、君がもし覚えているなら、さっきぼくが形について答えたとき、このように、まだ探求の途中にあって承認を得ていないような事柄を使って答えようとするやり方を、たしかわれわれはしりぞけたはずだ。

（79D1−4）

承認を得ていない事柄を使わない、という対話の原則が有効にはたらくためには、対話者は議論において誠実でなければならない。「形とはつねに色に随伴するところのもの」という定義を示された人が、たとえば「私は色というものを知らない。色とは何かを説明せよ」といった要求をする場合、それが単に相手をやりこめるだけのものであるなら、もはやまともな対話は成立しないであろう。

しかしここでのメノンとソクラテスの場合、本質的なのはこうしたことではなく、第一の点、すなわち(P)の主張そのものの強制力なのである。なぜなら(P)は、対話者のソクラテスの誠実・不誠実とは無関係に、それ自体として成立しうるからである。(P)は、端的に、メノンの徳の説明がそれとして成立しない点をついているのである。メノンの主張によれば、正義は「徳の部分」である(79A–B)。これを受けてソクラテスはこう言っていた、「とすると、君みずからの認める事柄から帰結するのは、結局、いかなる行為でも徳の部分をともなえば、それがすなわち徳にほかならない」(79B4–5)。この発言の意義はどこにあるのだろうか。

メノンの第三の見解にかかわる問題点は、メノン自身の「徳」という語の使用にかかわっている。(P)はただ単に、「全体を知らなければ、部分を知ることはできない」といった部分知・全体知の関係だけを述べたものではない[16]。いっそう重要なのは、メノンが正義について、それを「徳」と呼ぶ事態なのである。なぜなら、正義がたとえメノンの定義する徳の「部分」でなくても、彼が何らかの仕方でそれを「徳」と認定するなら、ソクラテスは必要な変更を加えて、(P)に訴えることができるからである。

徳の「本質」の説明は、「徳」という語の使用基準を明らかにするものでなければならない。ソクラテスがすでに、「色とは、その大きさが視覚に適合して感覚されるところの、形から発出される流出物である」といった自然学的説明に難色を示していたのも(76D–E)、これが「悲劇風のものものしい」(トラギケー)説明だからではなくて(実際、ものものしくてもかまわない[17])、「色」の意味を暗に前提しているからである。言い換えれば、このような説明は、黄や赤や緑がなぜ「色」と呼ばれるのかを説明するものではない、ということである。

要するに、ソクラテスが求めているのは、人があるものを「徳」と呼ぶ場合の、究極的な基準の明確化である。こうした基準を彼は、「一つの徳」、徳の「相」、徳の「本質」といった言葉で指示し、その存在を疑わないのである。なぜ疑わないのか。その根本的な理由は、彼によれば、われわれの（というより、私自身の、あるいはあなた自身の）言語使用にある。ソクラテスは「形」を例にして説明している。

いやしくも君がそういったたくさんのものを、ある一つの名前で呼んでいる以上、そして、そのどれ一つとして、〈形〉でないものはない――それも、互いに反対のものでさえあるというのに――と主張する以上、そのように円形をも直線形をも同じように包含しているところのものとは、いったい何であるのか。そのものこそは、まさに君が〈形〉と名づけている当の対象であり、円形は直線形とまったく同じ程度に形であると主張するときに、君が念頭に置いているところのものであるはずだが。（74D5－E2）

メノンが男の徳、女の徳等々を列挙し、さらに正義や節制等々を「徳」と認定する場合、それらの徳が互い

（16）実際、このような意味での(P)の無制限な一般化は受け入れられない（cf. Burnyeat［1977］p. 389）。

（17）ブラック（Bluck［1961a］note on 76e3）は、適切にも、『国家』第八巻545E1に言及している。そこでは「悲劇風に」（トラギコース）語る音楽文芸の女神ムーサたちは、大げさな言辞にもかかわらず、「正しく」（オルトース）語っていると言われている（547A6）。アーウィン（Irwin［1977］p. 314 n. 8）は、「トラギケー」（76E3）の含意を、「非専門家にとっては、まさに謎である」と解し、ソクラテスがエンペドクレス的な色の定義を拒否するのは、「通常の対話者には利用できない専門知を要求するから」と主張するが、これは文脈に合わない。なぜなら、ソクラテスはメノンとの同意に基づいてその定義をメノンのために提示しているからである。

にどれほど異なっていようとも、それらを同じ「徳」という語で呼ぶのが、ほかならぬメノン自身であるかぎり、少なくとも彼にとっては、それらの徳目のすべてにあてはまる「徳」の基準、それらすべてを「徳」と名づけている基準がなければならない[18]。ソクラテスが問うのはこの点であり、もしメノンがそれを説明できなければ、結局、彼の徳のリストは彼自身のものでないか、あるいは何か漠然としたもの、ひいては恣意的なものにすぎないだろう。いずれにせよ、彼は肝心の「徳」という語の意味を知らないことになる。したがって、その語が適用されるところの、自分自身の「はたらき」の意味を、言い換えれば、彼は自分がいったい何をする存在なのかを知らないことになる。

だが、この点についてはソクラテスも同様であると考えられるかもしれない。彼もまた、徳については「ぜんぜん知らない」と言っていたからである。しかし彼とメノンとの間には、徳理解に関して基本的に異なる点がある。それは「無知の自覚」の有無といったことではない。ここで関連するのはむしろ、徳を見る場合のソクラテスの視点である。すなわち、メノンとソクラテスとは「善きもの」の捉え方の点で決定的に異なっているのである。

メノンにとって「善きもの」とは、健康や富、そして何よりも、金銀を手に入れること、あるいは国家において名誉や官職を得ることであった（78C6–7）。そしてここから彼の徳概念が派生していると言えるであろう。それに対してソクラテスは、こうしたものばかりか、さらには魂に属する節制や正義、勇気といったものさえ、それらがそれら自体として「善きもの」であるとは考えないのである。知の有無によって、それらはどれも有益にも有害にもなりうると見られるからである（88A–E）[19]。

それゆえ、「国を治める」ことや「家を治める」ことも、たとえ正義や節制を伴っていても本当に「よく治める」ことはできない、ということになるだろう。事物であれ、行為であれ、さらには魂の資質であれ、いかなるものも、知性を伴えば有益となり、伴わなければ有害なものになる、というのがソクラテスの見方である。彼によれば、「人間にとって、他のいっさいのものは魂に依存し、そして魂そのものがもつ資質は知に依存する」のであって、あらゆるものが「善きもの」となるのは、ひとえに知によるのである（88E4–89A1）。言い換えれば、あるがままの世界には、何かが無条件に「善きもの」として存在しているわけではないということである。それが「善きもの」となるのは知の関与によるのであり、このようにしてソクラテスは徳を、すなわち「一つの徳」を「知恵」ないし「思慮」（プロネーシス）と同定するのである（89A3）。

この場合の「知恵」の内容がソクラテスによってどのように考えられていたかについては立ち入らない[20]。われわれが留意すべきは、「善きもの」の捉え方に関するメノンとソクラテスとの相違が、彼らの徳概念における本質的相違を指し示していることである。それは次の点にある。すなわち、メノンにとっては、「善きもの」の固定性と限定性をこえて人間の徳というものは考えられないのに対して、ソクラテスの場合、いかなるものであれ、それが「善きもの」となるのは、それを導くいわば最上位の知、あるいはむしろ最も根源的な知によるがゆえに、徳とは、彼にとって、人の生全体の意義とあり方にかかわるものである、という点である。

（18）Cf. Irwin (1995) p. 130.

（19）こうした見方は、押し進められるならば、アーウィン（Irwin［1996］p. 53）の示唆するように、もろもろの徳を善悪どちらにも用いうる単なる利点（mere assets）に格下げし、それらに徳としての資格を失わせることを含意するかもしれないが、ソクラテスの議論がこの方向で動いていることは否定できないように思われる。

それゆえ、ソクラテスにとっては、たとえば「すぐれた政治家」であるのに「立派な人」でないとか、「すぐれた医者」や「すぐれた芸術家」であるのに「善い人」でないといったことは、厳密に言えば、ありえないのである。どのような種類の人間の「はたらき」も、人としての「はたらき」に支えられているからである。「男の徳」「女の徳」等を列挙するメノンの視点に欠落しているのは、自分に何らかの役割を付与する（ないし付与される）以前の、人が生きる、あるいは〈私〉が生きる、というより基底的な事態である。この事態の意味が問われないとき、〈私〉の「複雑怪奇」は覆われ（『パイドロス』230A）、徳は探求されないものとなる。

（20）ソクラテスが導き出す結論は、「徳は有益なものである以上、ある種の知恵（プロネーシス・ティス）でなければならない」（88D2–3）というものである。この結論は、アーウィン（Irwin［1995］p. 137）が注意するように、(1) 徳は、端的に、あるタイプの知識であり、いかなる非認知的要素も要求しない、ということなのか、あるいは (2) 徳は、何か他のもの（たとえば、勇気や節制）と結びついた知恵であるという意味で、「ある種の知恵」であるということなのか、これら二つの可能性が考えられる。アーウィンは、(1) が自然な解釈であるが、ソクラテスの議論に適合するのは (2) だけであると主張し、ソクラテスの議論と結論に関して、さらにプラトンがどのように見ているのかを問わねばならないとして、プラトンの立場にかかわる問題を起こしている（pp. 137–138）。

第二章　ソクラテスの徳概念

プラトンの初期対話篇において、ソクラテスは徳（アレテー）を探求する。徳という言葉の日常的意味については、『国家』篇第一巻の議論が示すように、ソクラテスと彼の対話者たちとの間で共通の理解が成立している。徳とは、一般に、もののある固有のはたらきを善くなしとげるようなすぐれた能力、卓越性、優秀性、善さを意味する。さまざまな職人はもとより、馬や目や耳についても、それらに固有のはたらきがあるのに応じて、徳を語りうる（352D以下、および本書第一章六―八頁）。馬にも馬の善さがあり、目や耳にもそれぞれの善さがある。ソクラテスが問題にするのは、人間にとって、〈よく生きる〉ことを可能にするような徳、すなわち人間の徳、人間の善さである（『弁明』20B、『国家』第一巻335B–C）。

しかし、このような人間の徳についても、ソクラテスと彼の対話者たちは、一定の基本的な見解を共有している。すなわちそれは、とりわけすぐれた市民を可能にするような善さであり、国家（ポリス）という共同体の成員がもつべき政治的あるいは市民的徳（πολιτικὴ ἀρετή）を指している（『弁明』20B、『プロタゴラス』324A）。

したがって、徳について語られるとき、それは、ソクラテスによっても、彼の対話者たちによっても、第一義的には政治的脈絡において、つまり他者との、あるいは共同体との関係において理解される事柄であり、その脈絡の外で意味をなすようなものではない。

だが、ひとたび徳がこのように政治的社会的色彩を帯びたものとして捉えられるとき、徳そのものに関して対話者たちには本質的な問題は生じにくい。市民としての善さ、政治的次元の善さを測る基準を彼らはすでにもち合わせているからである。彼らにとって、徳の有無を判別する重要なしるしは、政治的社会的地位であり、徳を体現している人物のモデルは、ペリクレスをはじめとする国家の多くの成功的な指導者たちであった(『プロタゴラス』319E、『メノン』93B–94C)。

たとえば、青年ヒッポクラテスが国家有数の人物となるべく、徳の教師プロタゴラスを訪れるのに典型的に見られるように(『プロタゴラス』316B–C)、社会の地位を昇りつめてゆく卓越性、富や名誉を獲得してゆく能力こそが、ソクラテスと同時代の、とりわけアテナイの若者たち一般の徳の現実的概念であった[21]。それの実際の内容は、国事や家事を処理する技術(『プロタゴラス』318E–319A)、他者を説得するための弁論術(『ゴルギアス』452D–E)、あるいはそれらの背景をなす知的教養(『プロタゴラス』312B)という社会的成功に不可欠な技能というかたちをとっていた。したがって、彼らにとって問題となるのは、徳とは何であるかではなくて、どのようにすれば徳が身につけられるかであり、社会的成功を約束する徳の修得に彼らは多くの情熱を傾けたのである(『メノン』70A)。

ソクラテスはしかし、このような徳の概念を逆転させる。彼によれば、徳とは富や名誉、社会的地位、政治的権力を獲得する能力ではなくて、それらを、あるいは一般に善いと言われるさまざまなものを本当に善きものにする何ものかである（『弁明』30B）。徳を離れてそれらのものは、人間にとって善きものとしての価値をもたない（『エウテュデモス』281D−E）。それらの善さは徳から生まれ出るのであって、その逆ではない。徳の優位性を、ソクラテスは主張するのである。だがしかし、これはソクラテスにおける徳概念の形式的局面にすぎない。ソクラテスにとって徳とは何であったのかがさらに問われなければならない。

この基本的な問題に対する解答は、いくつかの初期対話篇を見れば直ちにわれわれに与えられると考えられるかもしれない。たとえば、『ラケス』や『カルミデス』の最終部の議論は、その否定的結末にもかかわらず、ソクラテスが勇気や節制を善悪の知と見なしていることを示すように思われるからである（『ラケス』199C−D、『カルミデス』174B−C）。しかし、このソクラテスの想定はどのようにして導かれ、どのような意味をもつものであろうか。これがここで私の取り扱おうとする問題である。

1　徳一般と個別的な徳――『プロタゴラス』の問題

まず、二つの事柄に留意しておくことが重要である。第一に、われわれがプラトンの初期対話篇を眺めるとき、ソクラテスが「徳とは何であるか」という問いを対話者に直接投げかけるようなことはないという事実に

（21）こうしてメノンは徳を「人々を支配する能力をもつこと」と定義する（『メノン』73D）。この徳概念を「自然の正義」を説くカリクレスもまた共有している（『ゴルギアス』491C−D）。

気づく。この一般的な問いが明示的に提出されるのは、移行期対話篇『メノン』にいたって初めてなのである(22)（71D）。われわれが初期対話篇で出会うのは、勇気とは何であるか、節制とは何であるか、敬虔とは何であるかという問いであって、「徳とは何であるか」ではない。そこではソクラテスは個別的な徳を問う作業に終始しているのである。

だがここにはさらに注意すべきことがある。すなわち、ソクラテスによって徳と見なされるのは、勇気、節制、敬虔、正義、知恵（知識）の五つだが、これらのうち知恵に関しては、彼の「Xとは何であるか」の問いは一度も提出されないのである(23)。問われるのは他の四つの徳であり、これはおそらく、それら四つの徳をソクラテスが何らかの仕方で、ある種の知恵ないし知識に還元しうるという理解をもっていたからだと推測されよう。

第二に留意すべきは、勇気、節制、敬虔、正義、知恵という五つの徳目が徳という一つのものに対してどのような関係にあるのかという問題を、『メノン』へとつながる作品の一つ『プロタゴラス』においてソクラテスがはっきりと取り上げていることである（329C–D）。

すなわち、徳の教育可能性に関する質問を受けて、対話者プロタゴラスは物語（ミュートス）と理論的説明（ロゴス）のかたちでいわゆる「大演説」を展開するが（320C–328D）、そのなかで彼はポリス形成原理としての〈いましめ〉と〈つつしみ〉について語り、それらを正義と節制に言い換え、またそれら二つのものに敬虔をつけ加え、あるいはまたこれらすべてを一まとめにして「国家社会の一員としてもつべき徳」（πολιτικὴ ἀρετή, 324A1）もしくは「人間の徳」（ἀνδρὸς ἀρετή, 325A2）という一語で表現する(24)。直接的にはプロタゴラスの徳の語り方に見られるこのような曖昧さのゆえに、ソクラテスは彼に個々の徳目と徳そのものとの関係について問いただしたのだと考えられるであろうが、しかしそれだけではない。『プロタゴラス』の最終部でソクラテス自身議論をふり返って告白しているように、彼は「徳それ自体がそもそも何であるか」を考察し、個々の徳はすべて知識であることを示そうとする意図をもっていたからである(360E－361B)。

徳の教育可能性という問題そのものが『プロタゴラス』において主題化されているばかりか、その主題のもとに、「徳とは何であるか」といういっそう本質的な問いが伏在しているとすれば、その作品は『メノン』と密接な関係をもつことになるであろう。『メノン』の議論はまさにこれらの問題の提示から出発するからである。他方また、ソクラテスの徳の探求に関して、『プロタゴラス』は他の初期作品と区別されるだろう。たとえば『ラケス』においてソクラテスは、徳の全体について調べるのは「より大きな仕事」(πλέον ἔργον)として避け、考察を個別的な徳の勇気に限っているからである(190C8－D1)。

さて以上、「徳とは何であるか」という問いが明示的に現われるのは移行期対話篇『メノン』であること、そして徳と個々の徳目との関係が問われるのは『メノン』と内容的なつながりをもつ『プロタゴラス』においてで

(22) 「移行期対話篇」にどの作品が属するかは意見が分かれるかもしれないが、「想起説」が提示され、イデア論がまだ現われない『メノン』を初期から中期への移行期に位置する作品と見なすことには問題がないであろう。

(23) 勇気は『ラケス』、節制は『カルミデス』、敬虔は『エウテュプロン』、正義は『国家』篇第一巻で問われ、知恵は『弁明』(35A)で徳の一つに数えられている。『国家』篇第一巻は初期対話篇のソクラテスを再現しているが、その巻は『国家』篇の後続の諸巻の序曲をなしており、その意味でプラトンが正義を問う意義は改めて考えられねばならない。その考察は本書第二部第一章で行なわれる。

(24) プロタゴラスが「人間の徳」の中に勇気と知恵を入れていることは、329E－330Aでソクラテスによって確認されている。

あること、これら二点に私は注意を促してきた。これらの事実はわれわれを次のような想定[25]へと導く。すなわち、初期対話篇においてソクラテスは個々の徳の何であるかを問い、どのような議論を通じてであれ、いつも同一の結論へと導かれることが予想されたこと、そしてそのゆえに個々の徳と徳そのものとの関係をあらためて彼は問題として取り上げるようになり、次いで徳そのものとは何であるかを正式に問うに至ったということである。[26] ソクラテスの探求のこのような道筋を眺めてみるならば、「徳とは何であるか」に対する彼の解答をわれわれは再確認することができるだろう。すなわち、探求の総括である『プロタゴラス』(352C, 361B)や『メノン』(87B–89A)が示すように、ソクラテスにとっては徳とは知識であり、しかもそれが善悪についての知識であることは疑われないのである。

だが、ここで問題が生じる。たとえば、『ラケス』では〈勇気〉とは笛を吹く知識でもなければ、竪琴を弾く知識でもなく、「恐ろしいものと恐ろしくないものとの知識」だとする定義が対話者のニキアスによって与えられる(194C–195A)。この定義から、善悪の知識までの距離はさほど遠くはない。なぜなら、「恐ろしいものと恐ろしくないものとの知識」という定義のなかに、ニキアスはソクラテス的な意味の深さを込めているからである。笛吹きの知識や竪琴弾きの知識はもとより、人間の生き死にに直接かかわってくるような、農夫や医者の知識をも、ニキアスはこの定義によって〈勇気〉からきっぱりと排除する。

たとえば医者は、病人に関して健康に善いもの悪いものを確かに言うことができる。しかし健康である方が病気であるよりも恐ろしい場合、あるいは生きているよりも死んだ方がよい場合を医者は判別できない(195C–D)。このようなことができるのはしかし、占い師ではない。なぜなら、占い師には、「誰かが死ぬとか、病気になるとか、財産をなくすとか、あるいは戦争その他の勝負で勝つとか負けるとか、およそ未来の出来事の前兆がわかる」だけであって、「誰かが、それらの出来事のどれに出会う方がよいか、あるいは出会わない方がよいか」を判定することはできないからである（195E−196A）。このようにしてニキアスは、人間の生にとって何が本質的に善いか悪いかの知識に目を向けながら、〈勇気〉とは「恐ろしいものと恐ろしくないものとの知識」だと語るのである。だがまさにこのことによって、彼の定義はアポリアー（行きづまり）に陥る。

その議論はこうである。「恐ろしいもの」と「恐ろしくないもの」とは未来の悪、未来の善のことであり、他方知識というものは本来、未来の事柄だけに関わるのではなく、過去・現在の事柄をも対象とするものである以上、「恐ろしいものと恐ろしくないものとの知識」という定義は、「未来の善悪の知識」に、そして「未来の善悪の知識」は「過去・現在・未来、あらゆる場合の善悪の知識」へと読み替えられる。しかるに、善悪についての欠けるところのない知識というのは、完全な徳、徳の全体を意味している。こうしてニキアスの定義は、徳の一部分である〈勇気〉の定義ではなくて、〈徳〉そのものの定義であることが判明する（198A−199E）。

この帰結は何を意味するだろうか。『ラケス』において、ソクラテスとニキアスは〈勇気〉に固有の定義を見失ってしまったのだろうか。あるいはソクラテスにとっては、そのような定義は存在しないのであって、ただ単純に〈徳〉の定義があるだけなのだろうか。これが『プロタゴラス』でソクラテスが問題にした事柄なのである。そこでの彼の立場がどのようなものであるかをまずわれわれは確認することにしよう。

（25）この想定を私はガスリー（Guthrie［1975］pp. 213–214）と共有している。

（26）「歴史的ソクラテス」に固執しなければ、これをプラトンのソクラテス理解の軌跡と見なしてよい。

2―ソクラテスの立場――徳の「一性」

ソクラテスは「大演説」を終えたプロタゴラスに次のように問いかける。(27)

いったい、(1)徳というものはある一つのものでありながら、他方しかし、それを構成するさまざまの部分として、正義とか節制とか敬虔とかいったものが、別々に分かれているのでしょうか、それとも、(2)私がいま挙げたこれらすべてのものは、まったく同一のものにつけられたさまざまの名前にすぎないのでしょうか？　この点を私は、もっと知りたいと思うのです。（329C－D）

プロタゴラスはためらうことなく(1)の選択肢を肯定する。そこでソクラテスは(1)についてさらに問う。

その部分というのは、どちらの意味なのでしょうか。たとえば、(1a)口とか鼻とか目とか耳とかいった顔の部分が部分であるという意味なのでしょうか。それとも、(1b)金塊の部分のように、大きいか小さいかという違いのほかは、部分どうしを比べても、部分と全体を比べても、互いに少しも異ならないようなものなのでしょうか。（329D4－8）

プロタゴラスは(1a)を選び、ソクラテスはこの(1a)について最後に次のように問う。

では、人間がこれらの徳の部分を分けもつ場合にも、(1aa)ある人々はこれを、ある人々はこれをというように、それぞれ別のものをもつのでしょうか。それとも、(1ab)人がその一つを身につければ、それに伴っ

て必ず全部をいっしょにもつことになるのでしょうか。 (329E2−4)

プロタゴラスは(1aa)を選び、以後ソクラテスはそれの論駁にとりかかる。ソクラテスの論駁のねらいが(1aa)である以上、彼自身の立場はそれではありえない。ここで(1aa)と(1ab)とは必ずしも分類を尽くしたものではないけれども、対話篇後半部であらためて同じ問題が取り上げられるとき、プロタゴラスは知恵、節制、勇気、正義、敬虔の五つのうち、四つは互いにかなり近しいものだが、勇気だけはそのどれとも非常に異なると主張し、ソクラテスは彼の主張を論駁してゆくことから (349D 以下)、われわれはソクラテスが(1ab)の見解に加担していると見なすことができる。[28]

(1ab)はしかし、(1a)からばかりではなく、(1b)あるいは(2)からもまた導き出すことができる。したがってわれわれは、ソクラテスが(1ab)を採用する場合に、(P)(1)→(1a)→(1ab)のみならず、(Q)(1)→(1b)→(1ab)、および(R)(2)→(1ab)という三つの思考の道筋を考えることができる。ここで最も自然なのは(R)である。[29] (P)(Q)は何らかの仕方で部分に対する全体を予想しなければ正当化されない。目や耳が顔を含意し、金塊の一部がその全体の一部であるように、徳の各部分もまた全体から独立した存在ではないと見なさなければならない。部分をもつときに

(27) 以下の選択肢の表記はアーウィン (Irwin [1977] p. 305) にしたがっている。なお、『プロタゴラス』からの引用は岩波文庫の藤沢令夫訳に準拠する。

(28) 後の 349D におけるプロタゴラスの(1aa)の拒否から直ちに、ソクラテスの立場が(1ab)ではなく(2)であると見なすのは性急である (*pace* Irwin [1977] pp. 305–306)。なぜなら、プロタゴラスの(1aa)の拒否はそのまま(1ab)の採用を示すものではないからである。逆にプロタゴラスは勇気を例外とすることによって明らかに(1ab)を拒絶しているのである。

は、すでに全体をもっていると考えるのである。このような想定をここでソクラテスは行なっているのであろうか。[30]

問題は、(1a)(1b)(2)のどの立場をソクラテスが採用しているかである。彼にとっては、目や耳などの顔の諸部分のように、個々の徳はそれ自身固有の機能をもっているのか(1a)、それとも金塊の部分のように、個々の徳には機能の差異はなく、それらはたとえば〈正しいもの〉のうちで、神々に関するものが〈敬虔なもの〉と呼ばれるように(『エウテュプロン』12E)、ただ言葉の適用範囲という点だけで異なるのか[31](1b)、それとも個々の徳はその機能も言葉の適用範囲も異ならず、すべてまったく同一のものであるのか(2)。

まず注意すべきは、(1a)が自分の立場でないことをソクラテスがわれわれに告げていることである。「顔の比喩」に言及したうえで、彼はプロタゴラスに、「徳の部分もやはりこれと同様に、それ自体としても、それがもっている機能も、それぞれの部分は互いに他と通じるところがないようなものなのでしょうか」と問い、プロタゴラスは肯定するが(330A–B)、ソクラテス自身はこのような説に加担していない旨を、対話の進行過程でプロタゴラスに注意を促す仕方ではっきりと述べているからである(330E–331A)。それゆえ彼の立場は(1b)か(2)かのどちらかである。しかしこれの決定には、彼は直接的な手がかりを提供してくれてはいないので、われわれは彼がどのようにプロタゴラスを論駁してゆくかを見なければならない。

最初にプロタゴラスに対してソクラテスは、個々の徳に固有の機能を承認することから生じるアポリアー、すなわち、敬虔は正しくない性格のものである、それゆえ敬虔は不正な性格のものである、という不合理な帰結を導いてゆく(331A–B)。ここで「正しくない」という否定から「不正な」という反対を導くソクラテスの議論は疑わしいと思われるかもしれないが[32]、そのことは今は重要ではない。注意すべきは、「敬虔は不正な性格のもの」という結論をソクラテスが無条件に拒絶し、そのことから敬虔と正義との関係について彼自身の立場を表明していることである。この不合理な帰結に関して彼は次のように述べる。

> 私自身としては、もし私自身のために答えるとすれば、正義が敬虔なものであることと、敬虔が正しいものであることを、ともに私の説として主張するでしょう。そしてあなたのためにも、もしゆるしていただけるなら、同じくそう答えたいところです。なぜなら、正しさと敬虔とは同じものであるか、もしくは最も相似たものだからであり、また何よりも、正義は敬虔と、敬虔は正義と、ともに同じような性格のものだからです。（331B）

ここでソクラテスは、正義が敬虔と、また敬虔が正義と同じような性格のものであることを強調して、正義は敬虔なもの、敬虔は正しいものという主張を行なっている。すなわち彼は、正義と敬虔とは「互いに同じよ

（29）ギャロップ（Gallop［1961］pp. 86–87）が論じるように、(2)だけが(1ab)を必然的に含意する。しかし彼はソクラテスが少なくとも正義と敬虔との関係の議論（330C–331B）では(2)の証明を意図していないと主張する（pp. 88–89）。その主張は正しいが、さらに考慮すべきは『プロタゴラス』全体の議論におけるソクラテスの意図であろう。

（30）徳は「全体」であり、正義その他はそれの部分であると断言されている『メノン』78d–79E の文章に基づいて、ヴラストス（Vlastos［1981］p. 225）は、(1a)(1b)の前提である(1)を「標準的なソクラテスの教説」（standard Socratic doctrine）と見なし、(2)はソクラテスの擁護するものではないと主張する。しかし『メノン』の文章は、ソクラテスが正義その他は徳の「部分」であるという見解に加担していることを示すものではない。なぜなら、その見解を採用したのはメノンであり（73E, 79B2–4）、しかもソクラテスは徳を「切りきざむ」メノンをアポリアーに追い込んでいるからである（79A–E）。そこではソクラテス自身はその見解を肯定も否定もしていない。

うな性格のものではない」（331A2－3）という前提を破棄してアポリアーを解いているのである。しかしそれにもかかわらず、彼は正しさと敬虔とは「同じもの」あるいは「最も相似たもの」というさらに二つの可能性にも触れている。[33] このことは何を意味するだろうか。それらは単に可能性として示唆されているのではない。正義と敬虔とが互いに「同じような性格」のものであれば、「顔の比喩」の立場を捨てなければならないからである。言い換えれば、ソクラテスは二つの立場、つまり(2)と(1b)に言及しているのである。ここで彼が(1b)に力点を置いていることは疑われない。文脈に関するかぎり、正義と敬虔との間の質的差異を否定することが、彼の論駁の直接のねらいだからである。

しかしそれならば、逆に、なぜソクラテスはことさらに正義と敬虔とが「同じもの」という可能性にまで触れるのだろうか。この不必要とも思われる言及は、彼が両者の同一性を念頭に置いていることを示すものと考えることができよう。確かに彼は、「同じもの」と「最も相似たもの」との間で判断を保留している。しかし、彼の立場が「同じもの」の方にあることが、続く節制と知恵との関係の議論によって判明する。その議論はおよそ次のように進む。(A) 知恵と無分別は反対のものである（332A4－5）、(B) 節制と無分別は反対のものである（332E4－5）、(C) 一つのものにはただ一つだけ反対のものがある（332C8－9）。これらを確立したうえで、ソクラテスはプロタゴラスに(C)の原則か、「顔の比喩」のどちらかを取り消すように求めるが（333A）、実際には、(C)の原則を強制して、次のように結論を述べる。

そうすると、節制と知恵とは一つのもの（ἕν）だということになるのではないでしょうか。そして、さっきはさっきでまた、正義と敬虔とが、ほとんど同じものといってもよいようなものであることが、私たち

(31) 金塊の部分が大きさの点でのみ異なるということに関しては、ソクラテスはそれ以上のいかなる説明も与えてはいない。ヴラストス(Vlastos［1981］p. 230 n. 23, p. 231 n. 25)はこの相違を類種関係における種の相違に言及するものと推測し、個々の徳目の定義の相違を示すものと解するが、金塊の部分相互の同質性はこのような推測を禁じるように思われる(cf. Irwin［1977］p. 305)。より自然な解釈は『エウテュプロン』が示唆するように、それは個々の徳目を示す言葉の適用範囲の相違、あるいは個々の徳目が現われる状況の相違を示していると解することである。この解釈に基づいて(1b)をソクラテスの立場と見るのはクラウト(Kraut［1984］pp. 261–262)、ブリックハウスとスミス(Brickhouse and Smith［1994］pp. 68–71)などである。ヴラストス(Vlastos［1981］p. 233 n. 28)も(1b)をソクラテスの立場と考えるが、『エウテュプロン』12Eを個々の徳目の定義の相違を示すものと見なし、知恵を類に、他の徳目を種に振り分けるアリストテレス的なソクラテス解釈(『ニコマコス倫理学』第六巻第十三章1144b19–20)を行なう点でクラウト(Kraut［1984］pp. 231–234)らと異なる。他方またヴラストスは、『エウテュプロン』12E9を"It is *evident* to me that you have spoken well"と訳し、この発言に基づいて、敬虔は正義の部分であるという見解をエウテュプロンのみならず、ソクラテスも肯定していると主張する(p. 228 n. 15)。しかし12E9の不定法λέγειν を伴ったφαίνει はギリシア語文法が教えるように「思われる」の意であって、これをevidentと訳すのは誤りである。ソクラテスはエウテュプロンの見解に明確な同意を示しているわけではない(cf. Irwin［1977］p. 301 n. 57)。

(32) ギリシア人の思考と生活が単なる「否定」に満足しない傾向をもっており、この傾向がソクラテスの推論を促したのかもしれない(J. Adam & A. M. Adam［1984］p. 143 n. on 331A)。だがソクラテスは330C4–5で、正義はそれ自体正しいものか、不正なものかという二者択一的な問いを提出したうえで議論を進めている。ここで彼が「反対」と「否定」を等価なものと見なしており、この想定が331A–Bの議論ではたらいているとすれば、そのかぎりでは、ヴラストス(Vlastos［1981］p. 249 n. 76)の指摘するように、その議論は正当化される。

に明らかになったのでした。(333B4–6)

ソクラテスのほとんど一方的な議論と結論とから、われわれは彼の立場を明瞭に読み取ることができる。彼は節制と知恵とが「一つのもの」であることを疑ってはいない。[34] それゆえ、正義と敬虔との関係についても彼は同様の立場を採っていると推定できる。しかしここでもソクラテスは先の結論を繰り返すだけで正義と敬虔とは端的に「同じもの」であるとは確言していない以上、彼がある一定の立場に立っていると推定することはできない、と言われるかもしれない。だがこの反論は有効ではない。というのも、ソクラテスの立場は正義と敬虔との関係の議論よりも、彼の節制と知恵との関係の議論の方にこそいっそうよく現われているからである。なぜなら、彼が先に正義と敬虔とが同じ性格のものだという結論を導き出したとき、プロタゴラスは次のような発言を行なっているからである。

正義は敬虔と似た点がないでもない。なぜなら、およそどのようなものをどのようなものと比べてみても、とにかく何らかの点では、似ているところがあるのだから。事実、ある観点をもってすれば、白は黒と似ているし、硬いものは軟らかいものに似ているし、そのほか、互いに最も正反対と思われているものすべてがそうだ。(331D)

これを聞いてソクラテスは、正しいものと敬虔なものとの類似性は小さなものではないと主張するが、プロタゴラスは受けつけない。こうして今度は節制と知恵とが「一つのもの」であることを示そうとしたのである。ここにソクラテスの最も強い想定が現われている。どのような類似性の議論をもプロタゴラスは拒絶するだろうからである。そしてこのようなソクラテスの想定を一般化することは以後の対話の展開にも沿うように思われる。節制と知恵との同一性の議論の後、ソクラテスは正義と節制との関係の議論に取りかかるが（333B7）、これは途中でプロタゴラスの「善の多様性」に関する長広舌によって頓挫させられる（334A–C）。その後、プロタゴラスが教育における詩の理解の重要性を指摘してシモニデスの詩を取り上げたことから、その解釈をめぐって長い「間奏曲」が続くことになるが、後半部で再びソクラテスは徳と徳の諸部分の問題に立ち返る（349A）。この時プロタゴラスは立場を変える（また cf. 359A–B）。

私は君にこう言おう。それら五つは徳の部分をなすものであり、そして、そのうちの四つは互いにかな

（33）「同じものであるか、もしくは最も相似たもの」という表現を、ヴラストス（Vlastos［1981］p. 264）のように「きわめて曖昧」として『プロタゴラス』の著者を咎めるのは当たらない。後の 333B5–6 の「ほとんど同じもの」という言い回しが示すように、正義と敬虔が少なくとも「最も相似たもの」であることは確かだとソクラテスは主張しているのである。

（34）「一つのもの」が、節制の定義と知恵のそれとの同一性を含意するのではなく、ただ両者の言葉の適用範囲が同じであること（coextensive）を示すだけだとするヴラストス（Vlastos［1981］pp. 243–246）の解釈は正当化されない。定義の同一性と外延の同一性とをもちろんわれわれは区別することができる。だが無分別な行為の集合が、知恵ある行為および節制ある行為のそれぞれに対して補集合をなすという理由で、知恵と節制の定義の同一性の可能性を排除することはできない。その理由から主張できるのは、少なくともそれらの外延は同一であるということだけだからである。だが「一つのもの」（ἕν）という言葉は、ソクラテスがプロタゴラスに最初に問題提起を行なったときに使われていたものであり（329C5, 329D1）、ヴラストス（Vlastos［1981］pp. 225–226 n. 9）自身も認めるように、それは定義の同一性を強く示唆する言葉であるだろう。

り近しいものであるが、ただ勇気だけはそのどれとも非常に異なっている……世には、並はずれて不正、不敬虔、放埒、無知な人間でありながら、ただ勇気だけはとくに衆にぬきんでているというような者がたくさんいることを、君は見出すだろうから。　(349D)

ここでプロタゴラスは「顔の比喩」の立場をほとんど捨てながらも、勇気の異質性を強調して依然その立場に固執していると見られる。しかも彼は勇気以外の四つは互いに「かなり近しい」(ἐπιεικῶς παραπλήσια)と述べているが、これはソクラテスの問いには見られない形容句である（また cf. 359A–B）。なぜ彼はこのような微妙な表現を用い、また勇気の異質性を主張するのだろうか。

その理由はわれわれがこれまでに見てきた対話篇前半部の議論の展開から明らかとなる。すなわち、正義と節制との関係の議論がプロタゴラスの「善の多様性」に関する長広舌によって頓挫させられてしまったが、もしそれの結論が導かれていたならば、正義、敬虔、節制、知恵の四つの同一性をソクラテスは主張していただろうからである。[35] プロタゴラスはこのありえたであろう帰結を見通しているのである。そして彼は「同じもの」あるいは「一つのもの」という言葉ではなく、「かなり近しい」という表現を用いることによって、また同時に、問題として残された唯一の徳である勇気の異質性に触れることによって、最後までソクラテスに対抗しているのである。[36] 彼の立場の変更は、こうして逆に五つの徳目の同一性というソクラテスの立場を照らし出すだろう。

したがって、勇気の問題に関して、続いてソクラテスがプロタゴラスに二度の論駁を試み（349E–350C, 359A–360E）[37]、最後に全議論をふり返って、「正義も節制も勇気も、いっさいが全部知識であることを証明しようとしている」と述べるとき(361B)、彼はずっと(2)の立場に立ち、(R)の最も強く、かつ直截な思考の線を採っているとわれわれは見なすことができよう。すなわちソクラテスは、正義、節制、敬虔、勇気、知恵は徳の部分をなすものではなく、同一のもの、すなわち善悪の知識につけられたさまざまの名前にすぎず、それゆえ、人がその一つを身につければ、必然的にすべてをもつことになる、と想定しているのである。(38)

3―ソクラテスの探求対象の特質

しかし、このようなソクラテスの想定はどのようにして正当化され、どのような意義をもつのであろうか。われわれには二つの問題が生じる。一つは、勇気や正義などの言葉の意味の差異はもはやなくなるとソクラテスは考えているのかどうかということであり、もう一つは、徳が善悪の知識に帰着するとすれば、その同じ一つの知識によって勇気ある行為も、正しい行為も同じように行なわれるのであり、それらの行為における知識内容にはいかなる差異も見られないと彼は考えているのだろうかということである。これら二つの問題は関連

---

(35) Cf. J. Adam & A. M. Adam (1984) pp. xii, 187.
(36) だが、勇気の異質性は『プロタゴラス』の著者自身を困惑させる問題であったと考えられる(cf.『国家』第三巻375A–D)。そしてさまざまな徳の両立可能性を探ることが、プラトンの正義論の課題の一つとなった。
(37)「君は勇気と知恵とは同じものであると思っている」(350D5)というプロタゴラスの発言に注意せよ。

しており、第一の問題は第二のものに依存している。それゆえ優先的な第二のものから第一のものへとわれわれは検討を進めることにしよう。これらの解決は、われわれのこれまでの考察に実質的な意味を与えることになるだろう。

ソクラテスが個々の徳を善悪の知識に帰着させるとき、彼は一般的な規定を与えているだけであって、その知識の実際の機能やあり方は、行為に現われるそれぞれの徳の性格に応じて異なるのかどうかという問題は、彼の提出する問いの意義を考察することによって最もよく処理されるだろう。ソクラテスは言うまでもなく、「Xとは何であるか」を問う。主題としてXにはめこまれるものは、個々の徳であり、また徳そのものである。だが彼はこのXについて何を問うのだろうか。Xの本質だろうか。それで誤りではない。しかしその答えはそれだけでは一般的すぎるのであり、ソクラテスの問いや探求の性格を明らかにするものではない。ソクラテスが「Xとは何であるか」の問いを提出するとき、彼は何のためにその問いを問い、どのようなことを答えとして望んでいるかを対話者たちにさまざまな仕方で語っている。そうでなければ、「Xとは何であるか」と問われても、適切な返答を与えることができないであろう。彼の問いは明確な目標とその問いへの接近方法をもっているのであり、われわれはこれを確認しなければならない。

ソクラテスはXの事例をXの定義として採用することを拒否する。たとえば、不正をはたらく者を告発することや、戦列に踏みとどまって戦うことを、彼は〈敬虔〉や〈勇気〉の定義とは見なさない（『エウテュプロン』5E–6E、『ラケス』190E–191E）。ソクラテスはエウテュプロンに言う。

　ぼくが君に要求していたのは、そんな、多くの敬虔なことのうちどれか一つ二つをぼくに教えてくれることではなくて、すべての敬虔なことがそれによってこそ、いずれも敬虔であるということになる、かの相そのもの（ἐκεῖνο αὐτὸ τὸ εἶδος）を教えてほしいということだった。（6D）

しかしソクラテスが求めるのはすべての敬虔な事例に共通する、敬虔のいわば普遍的な性質というようなものではない。もしそうであるなら、エウテュプロンが改めて提出する敬虔の定義、すなわち〈神々に愛されるもの〉も定義として採用されてよいだろう。しかるにソクラテスはこれを斥ける。なぜなら、〈神々に愛される〉

（38）この想定をそのまま受け取ることが常識とぶつかり、またソクラテス自身の対話手続きに見られるさまざまな想定ともぶつかるとして、ヴラストス（Vlastos［1981］pp. 221–222）は彼の論文を起こしている。問題解決のためにヴラストスが訴えるのは、彼が聖パウロの名にちなんで「パウロ述定」（Pauline predication）と呼ぶものに帰着する（pp. 252–259）。「愛は永く苦しみてやさしい」（Charity suffereth long and is kind）という聖パウロの言葉は「愛のある人は永く苦しみてやさしい」という意味であり、だれもその言葉を文字通りに受け取りはしないとヴラストスは主張し、『プロタゴラス』におけるソクラテスの「正義は正しい」「正義は敬虔な性格である」などの表現はすべて通常の述定ではなくて、「パウロ述定」だと考える。これによれば、正義のそなわった人は正しい、あるいは敬虔であるとソクラテスは述べているにすぎない。こうして(1ab)の立場も、知恵のある人は正しく、かつ節制があり、かつ敬虔であり、かつ勇気があるということを示すだけであり、個々の徳目の同一性を含意しないと解される。しかしソクラテスの語る正義や敬虔はヴラストスの言うような「抽象物」（abstract entity）ではない。たとえばある人が正しい場合、ソクラテスはその人に着目するのではなくて、その人に関して正しくあるところのもの、すなわちその人に内在する正しさに目を向けているのであり、人はだれでもこの〈正義〉をもつことによって正しいと呼ばれるのであって、人そのものが正しいと見なされるのではない（cf. Irwin［1977］p. 306, Frede［1992］p. xxv）。この点は以下の論述でさらに明らかになるだろう。

という性質が、すべての〈敬虔なもの〉に共通に見られる性格であるにせよ、〈敬虔なもの〉は神々に愛されるがゆえに〈敬虔なもの〉であるのではなく、〈敬虔なもの〉であるがゆえに神々に愛されるからである（10A–11A）。ソクラテスが要求するのはすべての〈敬虔なもの〉に共通するある一つの性質ではなくて、〈敬虔なもの〉がそれによって敬虔であるところのものなのである。このような意味でそれは敬虔の〈本質〉（οὐσία）と呼ばれる（11B）。そしてこれを求める理由をソクラテスは端的にエウテュプロンに語っている。

それならば、その相それ自体がいったい何であるかをぼくに教えてくれたまえ。ぼくがそれに注目し、それを基準（παράδειγμα）として用いることによって、君なり他の誰かなりが行なう行為のうちで、それと同様なものは敬虔であるとし、それと同様でないものは敬虔でないと明言することができるようにね。（6E）

ソクラテスは明らかに判別基準を求めている。彼の「Xとは何であるか」の探求は、したがって、敬虔なものや正しいものとそうでないもの、あるいはそれらのまがいものとの識別を可能にするような基準を得ることを目的にしているのだと考えられる。だが実はこれは彼の第一の目的ではない。なぜなら、もしそうであるなら、彼はXの〈本質〉に固執する必要はないからである。Xの事例に共通し、しかも他のものには見られない何かある一つの特性を見出すだけで、判別の基準は与えられるからである。それならばなぜ彼は、Xであるものが、それによってXであるところのものを探求するのか。

ソクラテスが探求の主題にのせるXとは、すでに述べられたように、彼に問題を呼び起こす人間の徳、人間の善さ、あるいはそれに類する事柄であり、それら以外のものではない。彼は「馬とは何であるか」「ギリシア語とは何であるか」を問わないし、「哲学とは何であるか」を問うこともない。彼が人間の徳を探求する第一の目的は、実際にすぐれた人間になることであり（『ラケス』185A）、ちょうど目の医者が視力とは何であるかを知るのは、目に視力を生じさせ、目をよりよきものにするためであるように、徳とは何であるかを知るのは、魂に徳を生じさせ、魂をよりよきものにするためなのである（『ラケス』189E－190B）。

すなわち、「Xとは何であるか」の探求は、Xのそなわった人になるという目標によって第一義的に方向づけられているのであり、しかるにこのような目標の達成のためには、Xの事例の判別基準だけでは充分ではない。たとえば勇気ある人になるためには、勇気ある行為を判別できるばかりではなく、実際に勇気ある行為を選びうる卓越性こそが求められるからである。人がそれによって勇気ある人になるところのもの、これが何であるのかの探求が、こうして不可欠となる。だがこのように解することにはなおも問題がある。

ソクラテスは敬虔なものの判別基準を求めているとエウテュプロンに語っていた。しかもまさにその基準をソクラテスは敬虔なものの〈本質〉と呼ぶ。しかるにわれわれには、彼が〈本質〉と呼ぶものは判別基準以上のものを意味するように思われた。このずれを今われわれは、彼の探求がいわば強い実践的関心によって動機づけられている点から説明した。しかし、彼は判別基準として〈本質〉以外の何ものも採用しないのかもしれない。すなわち彼にとっては、判別基準と〈本質〉とは同じものであり、それゆえ彼の探求と実践的関心とを直接結びつけることは誤りであるかもしれないのである。しかし逆に、判別基準と〈本質〉とがまさに同じものであるがゆえに、彼はそれらを同じものとしてほかならぬ実践的関心から探求しているとも考えられる。以下この点を立ち入って調べてみることにしよう。重要な手がかりは『ラケス』にある。

ソクラテスの最初の対話者ラケスは、始めに「戦列に踏みとどまって敵と戦うこと」を勇気の定義として提出する。ソクラテスはこの定義を斥けた後、戦闘ばかりでなく、病気や貧困、苦痛や恐怖、欲望や快楽、その他すべての困難とのたたかいにおいて見出される「同じもの」としての〈勇気〉とはいったい何であるかを彼に答えるように求め、その問いの意味について説明する。

いや、こういう意味なのです。たとえば、〈速さ〉とはいったい何であるか、と私が尋ねたとしましょう。この〈速さ〉というのは、われわれにとって、走ることにも、竪琴を弾くことにも、話すことにも、学ぶことにも、またその他たくさんのことに、まさしく存在するものであって、およそわれわれは、言うに値するかぎりの事柄のなかに、すなわち、手、足、口と声、思考などのいずれであれ、それらのもろもろの行為のなかにそれをもっているでしょう。（192A）

ラケスは直ちにこれを認め、ソクラテスは説明を続ける。

さてもし誰かが私に、「ソクラテス、それらすべての事柄において、君が〈速さ〉と名づけているものは、何であると言うのかね」と尋ねたとすれば、「短時間に多くのことをなしとげる〈デュナミス〉(δύναμις)を、私は〈速さ〉と呼ぶのだ、話すことでも、走ることでも、その他何に関することでも」と彼に答えることでしょう。（192A－B）

これをラケスは正しい説明だとしたのを受けて、ソクラテスは勇気についても、このようにしてそれがどのような〈デュナミス〉であるのかを彼に答えるように求める。しかしここでのソクラテスの説明はどのように理解されるべきか。

解釈の焦点は〈デュナミス〉というギリシア語にある。それの通常の意味は「力」（power）あるいは「能力」（capacity）であり、もしソクラテスがその意味でこの言葉を用いているならば、彼の問いの意味は、「勇気とはどのような能力なのか」ということになるであろう。しかるに、「能力」とは個々の行為を実現する何ものかであって、それにソクラテスが目を向けているとすれば、その場合、彼は単に勇気という言葉の意味や概念を分析しているのではないということになる。つまり、勇気あるいは勇気ある行為の意味については、速さあるいは速い行為の場合と同様に、ソクラテスもラケスもすでに了解済みなのであって、問題は勇気ある行為は何によって達成されるのか、勇気とは人間のどのような能力なのかということであり、ソクラテスはこれを探求しているのだと考えられる。

たとえば、このような解釈の主唱者ペナーは意義深い例をあげて言う、ソクラテスの問いを理解しようとするとき、一九四〇年代ライルの「そもそも感情とは何か」という問いではなくて、一八九〇年代フロイトの「そもそもヒステリーとは何か」という問いを思い浮かべよ、と。[39] すなわち、フロイトがすでに知られているヒステリーの症状ではなく、その症状がどのような心の状態によって引き起こされるのかを探求するように、ソクラテスは意味の了解されている勇気ある行為とは何かではなくて、その行為がどのような魂の状態によって達成されるのかを探求しているということになる。ソクラテスの「Xとは何であるか」の探求は、それゆえ、Xの原因の探求であって、意味の探求ではない。

だがしかしこの明快な解釈には難点がある。第一に、われわれが見た『エウテュプロン』のテクストが示す

（39） Penner (1973b) p. 41.

ように、ソクラテスの探求が一方で判別基準を求めていることは疑われないからである。この点は説明を要しない。第二に、〈デュナミス〉を同一の「能力」と解することの困難である。この点についてはヴラストスのペナー批判が重要である。

ソクラテスは〈速さ〉を「短時間に多くのことをなしとげる〈デュナミス〉」と定義していた。この〈デュナミス〉としての〈速さ〉はさまざまな速い行為のうちに「同じもの」として見出される。そこでもし、〈デュナミス〉が「能力」を意味するのであれば、ソクラテスは「途方もない想定」を行なっていることになるだろう、とヴラストスは主張する。すなわち、人に速く走らせるところのものと、人に速く学ばせるものとがまさに「同じもの」、同じ「能力」だとする不可解な考えをソクラテスはもっていることになり、したがって、ここでは〈デュナミス〉というギリシア語は、「力」や「能力」ではなくて、言葉の「意味」(meaning)あるいはものの「特性」(property)という別の意味で用いられているとヴラストスは考える[40]。

実際、ヴラストスの指摘するように、「この上もなく速く走れはするが、見込みのないほど学ぶのがだめな人」あるいはその逆、あるいはその他いくらでもそのような例をわれわれは考えることができる。速く走る「能力」とものを学ぶ「能力」とはもちろん「同じ能力」ではありえず、ソクラテスがそのような「途方もない想定」を行なっている余地は全然ないのである。それゆえペナーのように、〈デュナミス〉を通常の意味での「能力」と解することは誤りであるだろう[41]。

しかしながら、ソクラテスはヴラストスの言うように、〈速さ〉という言葉の「意味」あるいは〈速さ〉という「特性」の説明を行なっているだけであろうか。彼は速い行為の原因を語ってはいないだろうか。実は語っているのである。速く走れる人がいるとする。彼は確かにその「能力」をもっている。しかしその「能力」が速く走ることを実現するとはソクラテスは考えないのである。なぜなら、その人は遅く走ることもできるからである。彼が速く走るのは、彼の走ることにまさに〈速さ〉が生じているからだとソクラテスは考えるのである。「短時間に多くのことをなしとげる」という要因がはたらかなければ、彼は速く走ることにはならないのである。ソクラテスはこの要因がさまざまな速い行為にまさに「同じもの」として存在していると見るのである。

たとえば『プロタゴラス』で彼は、強さによって何かが行なわれるならば、その行為は強いふるまい方となり、弱さによる行為は弱々しいふるまい方となる、また何かが速さとともに行なわれれば速く行なわれ、遅さとともに行なわれれば遅くなると指摘し、「同じような行為を行なわしめるのは同じものであり、行なわれ方が反対なら、反対のものによって行なわれる」という原則を確立している（332B–C）。これによって明らかなように、ソクラテスは〈速さ〉をこそ速い行為の原因として捉えているのである。[42]

しかしここで異議が申し立てられるかもしれない。すなわち、〈速さ〉という原因があるだけで、たとえば人は速く走ることができるのか、と。ソクラテスはこれを否定しないであろう。常識的な立場は強い脚力のようなものを予想する。その「脚力」に〈速さ〉がつけ加わって速く走ることが実現されると人は考えるかもしれない。しかしソクラテスは〈速さ〉を、「短時間に多くのことをなしとげる〈デュナミス〉」と語るだけである。これ以外のものに〈速さ〉の原因を彼は何も見てはいないのである。それゆえ彼は、「強い脚力」なるものを速

（40）Vlastos (1981) pp. 413–414.

（41）ペナーのヴラストスへの再反論（Penner［1992a］p. 19 n. 32,［1992b］p. 154 n. 21）は、ヴラストスが指摘した『ラケス』192A–B の文章の問題点に触れず、不十分である。

く走ることの必要条件とすら見なさないであろう。言い換えれば、通常速く走る脚力をもたないと見られる人も、短時間に多くの距離を走るならば、そこにソクラテスは〈速さ〉を見出すであろう。いったい「短時間」とはどれだけの時間であろうか、「多くのこと」とはどれだけの量であろうか、大方はわれわれの常識によって計られる。ソクラテスはおそらく、このような常識を破るのである。どんなにわずかの距離しか走れぬ人にも、あるいは俊足のアキレスにたちまち追い抜かれる亀にも、彼は行為の行なわれ方によって〈速さ〉を認める用意があるだろう。[43]

したがって、ソクラテスが〈速さ〉を〈デュナミス〉として定義するとき、その言葉は通常の意味での「能力」でもなければ、言葉の「意味」やものの「特性」だけを指しているのでもない。彼は速い行為を実現する原因としての〈速さ〉を語っており、これを〈デュナミス〉という語で表現するのである。そしてこのような意味でソクラテスはラケスに、さまざまな勇気ある行為に内在する「同じもの」としての〈勇気〉とは何であるかを尋ねるのである。

それゆえ、このようなソクラテスの問いに関して、それは「指示対象」（あるいは「能力」）の探求か、それとも「意味」（あるいは「特性」）の探求かという問題設定はもはや有意味ではないであろう。なぜならソクラテスにとっては、勇気という言葉の指示する対象すなわち勇気の〈デュナミス〉（力ないし能力）が、そのまま勇気という言葉の意味であるのだから。[44] 人は「同じもの」としての〈勇気〉によって勇気ある人となり、また勇気ある行為にはまさに「同じもの」としての〈勇気〉が見出されるのである。これを彼はさまざまな勇気の〈本質〉と呼び、〈判別基準〉と呼ぶのである。両者の間にずれはなく、彼の探求はこのようにして一つのものに収斂する。

4―善悪の知識としての徳の「一性」

われわれの問題は、個別的な徳の機能がその内実において徳全体の機能と同一のものであるとソクラテスが見なしているかどうかということであった。今われわれはこの問題を処理する地点に立っている。

（42）『メノン』におけるソクラテスの形の定義（75B, 76A）を典拠にして、ヴラストス（Vlastos［1981］p. 415）は『プロタゴラス』332B–C の文章が因果的説明（causal explanation）を提供するものではないとし、またもしそうであれば、その文章は単に副詞を抽象名詞に置換しただけで何も説明しないと主張する。この主張に誘惑される者は、藤沢（1987）を参照せよ。またバーニエット（Burnyeat［1971］p. 228）が、『プロタゴラス』332C を“Whatever is done in the same way is done by the same *kind* of thing, whatever in the opposite way, by the opposite.”と解するのも正当化されない。なぜなら、文脈は「一つのものにはただ一つだけ反対のものがある」（332C8–9）という強い原則を適用する場面であり、「同じものによって」（ὑπὸ τοῦ αὐτοῦ, 332C1–2）という言葉を「同じ種類のものによって」（by the same kind of the thing）という言葉に薄めることはできないからである。

（43）ヴラストス（Vlastos［1981］p. 416）はこの点を見落としてはいない。

（44）このゆえに、アーウィン（Irwin［1977］p. 304 n. 3）、テイラー（Taylor［1976］pp. 103–108）、ペナー（Penner［1992a］pp. 11–12,［1992b］p. 5 n. 21）らの解釈は斥けられねばならない。善悪の知は単に徳という言葉の指示対象にとどまるものではない。フレーゲ以来ありふれたものとなってきた「意味」と「指示対象」の区別はプラトンの著作には一度も現われず、プラトンにとっては、言葉は指示対象を通じて意味を得るのだと、ヴラストスは適切に指摘している。にもかかわらず、ヴラストスが個々の徳を示す言葉は例外だとするのは誤りであろう（Vlastos［1981］p. 227 n. 12）。

ラケスは先のソクラテスの問いの意味を了解し、あらためて今度は勇気とは「魂の一種の忍耐強さ」であるという定義をくだす（192B）。しかるにソクラテスは勇気とは非常に美しいものの一つであると指摘し、そのことによって無思慮を伴った忍耐心を美しくないものとして除外し、ラケスの定義を修正して、「思慮ある忍耐心こそが勇気である」とする（192C－D）。しかしここで「何に関して思慮があるのか」という決定的な問いをソクラテスが提出したことから、ラケスは思慮の対象を指定できず、かえって無思慮な忍耐の方が勇気であるという逆転した帰結が導かれて、議論はアポリアーに陥る（192E－193D）。

こうしてソクラテスの対話の相手がラケスからニキアスに移り、彼は勇気とは「恐ろしいものと恐ろしくないものとの知識」であるという定義を提出するのである。ニキアスの定義は思慮（知識）の対象を指定しており、ラケスの定義がはらむ難点を免れている。しかし、ニキアスの定義もまた新たなアポリアーへと導かれて対話篇は終わる。ニキアスの定義がどのような性格のものであり、またそれがどのようにしてアポリアーに至るかをすでにわれわれは見ている（第1節）。ここでの課題は、その道筋のどこに問題があるかをつきとめ、われわれの考察に資することである。議論を整理しよう。

（1）勇気とは徳の一部分である。（190C－D）

（2）勇気とは恐ろしいものと恐ろしくないものとの知識である。（195A）

しかるに、

（3）恐ろしいものとは未来の悪であり、恐ろしくないものとは未来の善である。（198B－C）

また、

(4)知識とは、未来の事柄だけではなく、現在および過去の事柄をも対象とする。(198D–199A)

それゆえ、

(5)勇気とは過去、現在、未来、あらゆる場合の善悪の知識である。(199B–C)

しかるに、

(6)あらゆる場合の善悪の知識とは完全な徳である。(199D)

それゆえ、

(7)勇気とは徳の一部分ではなく、徳の全体である。(199E)

こうして(7)の結論が(1)の前提と衝突し、議論はアポリアーに陥る。アポリアーを回避するには(1)の前提を斥けるか、(7)の導出を是認しなければよい。しかるにアポリアーの原因は、(7)から知られるように、知識としての勇気が関わる対象領域の拡張に、すなわち(5)にある。(5)は(2)(3)(4)からの論理的帰結であり、もし(2)(3)(4)がソクラテスの承認する命題であるならば、彼は(7)の結論を正当なものと考えたであろう。そして(1)の前提を捨て去る用意があったはずである。(1)はソクラテス自身が導入した前提であるとはいえ、それは議論によって確立された命題でもなければ、彼が充分な理由に基づいて想定する命題でもないからである。

しかるにここで注意すべきは、(2)(3)がソクラテス自身の見解であることは疑われないということである。なぜなら『プロタゴラス』において、彼は(2)を議論によって確立し(359B–360D)、(3)を『ラケス』におけるのと同じ理由――恐れは未来の悪の予期である――に基づいて主張しているからである(358D)。問題の焦点は(4)であり、ソクラテスが知識の対象を時間的制約を受けるものと見なしていたかどうかに定められる。

この関連で彼が知識の性格をどのように見ていたかを探る直接的な典拠は、他の初期対話篇には見出されない。知識が本来、同一の常に〈あるもの〉を対象とするという見解は、イデア論が表明される『饗宴』『パイドン』『国家』などの中期作品において初めて現われるのであり、そのプラトン的見解をここでそのままソクラテス的見解と直ちに同定することはできない。初期対話篇でソクラテスが知識の性格に言及するとき彼がたえず注意するのは、知識の固有の対象領域、たとえば建築術は家を、医術は健康を対象とするということであり（『カルミデス』165C−D, 170B−C、『ゴルギアス』451A−C、『エウテュデモス』291E、『国家』第一巻341C−342B）、知識の対象が時間的制約を受けるものかどうかについては彼は何も語らない。また知識は誤りうるか、知識は指導力をもつかという問いを彼は立てても（『ゴルギアス』454C−D、『プロタゴラス』352B−C）、「知識とは何であるか」を問うことはない。知識の理論は彼の主要な関心事ではないのである。しかしそれならば、彼は(4)を充分な理由もなく導入してラケスに同意を取りつけているのだろうか。そうではない。彼は次のように述べているからである。

およそ知識の取り扱うものに関しては、過去のこと、現在のこと、未来のことのそれぞれについて、……別々の知識が知っているのではなく、同じ知識が知っているようです。たとえば、健康のことでは、あらゆる時にわたって、ほかでもない医術が、ただ一つあって、現在のことも、過去のことも、また未来のことがどのように生ずるかということも、見張っているのです。（198D−E）

医術は健康を対象とする。そうであるかぎり、医術はあらゆる場合の健康を対象とするのであって、健康という事柄に、過去・現在・未来という時間的制約を設けることは意味をなさないとソクラテスは考えるのである。この見解は「知識はそれぞれ固有の対象をもつ」という彼の原則に基づいて主張されており、したがってわれわれはこれを彼自身の承認する見解と見なすことができるであろう。未来の健康に関わる医術と、現在の、あるいは過去の健康に関わる医術とは、健康を扱うかぎり、同じものを対象とする同じ知識にほかならないと彼は見なすのである。[45]

それゆえ、(2)(3)(4)がソクラテスの承認する見解である以上、彼は(5)、そして(7)の導出を正当なものと考えたであろう。[46]こうして彼は(1)の前提を斥けるであろう。彼にとって勇気とは単純に善悪の知であり、徳そのものであると言わなければならない。「恐ろしいものと恐ろしくないものとの知識」が善悪の知の一部であり、それに関係づけられるということを単に明らかにすることがソクラテスの探求のねらいではない。善悪の知そのものが勇気の、そして徳の〈本質〉であり〈判別基準〉なのである。これと同様の帰結が、議論は異なるにせよ敬虔や節制、正義に関しても引き出されるとソクラテスは考えていたはずである。そしてこれが『プロタゴラス』における彼の立場にほかならない。

(45) ペナー(Penner [1992a] pp. 9–10)が指摘するように『イオン』においても同様のソクラテス的見解が見出される(531A–532B, 532E–533C)。ただしそこでは知識の対象が空間的制約を受けないという点が取り上げられている。

(46) 恐ろしいものが未来の悪であり、恐ろしくないものが未来の善であるかぎり、(5)は(4)を加えるだけでは論理的には導き出せない。ソクラテスの議論にしばしば見られるこのような論理の「誤り」の問題には立ち入らない。しかしここでの彼の意図は明らかである。未来の善悪の洞察は善悪そのものの洞察に基づくばかりか、それと等価なものと彼は考えているのである。

5　知識・願望・自己――善悪の知識の意味

こうしてソクラテスによれば、勇気、敬虔、節制、正義、知恵、これらはすべて善悪の知と同一のものであり、それに収斂することになる。五つの徳目は徳の部分をなすものではなく、同じ一つのものにつけられた名前にすぎない。したがって、それらの言葉は同じ意味をもち、それぞれの言葉の適用範囲も同じであるだろう。勇気ある行為は節制ある行為とも、敬虔な行為とも呼ばれるのである。互いに異なる徳の名で呼ばれる行為であっても、それらは同じ性質の行為であり、「同じ一つのもの」すなわち善悪の知識によってなし遂げられ、それぞれの場合にその知識内容には本質的な差異は見られない。

このようなソクラテスの見解に人は異議を唱えるかもしれない。たとえば勇気とは困難に打ち勝つことであり、敬虔とは神に仕えることであり、また正義とは他者に配慮することであり、他方、神に祈りを捧げる行為は、通常敬虔な行為と呼ばれても、勇気ある行為とは呼ばれず、病いとたたかう人は勇気ある人と呼ばれても正しい人とは呼ばれず、それぞれの言葉の意味は明らかに異なり、それらの徳のあり方も明らかに異なるのではないか、と。[47]

しかし『エウテュプロン』の議論が示すように、神への奉仕とは何を実現する行為なのかが問われ、ひとたびそれが美しい事柄と答えられるならば（13C−14A）、それの実現は困難であり、勇気ある行為とも呼ばれるはずだとソクラテスは反論するであろう。また他者への配慮が自己への配慮にほかならないとすれば（『クリトン』47D−E、『ゴルギアス』474C−475E、『リュシス』221D−222C）、病いとのたたかいも勇気ある行為であるばかりか、正しい行為とも彼は呼ぶであろう。だがこのことによって、彼は日常言語の意味の改変を企てているのではない。そのようなことはもとより彼一人のよくなしうることではなく、また彼の関心事でもない。彼が追求するのは、くり返せば、徳の明確な判別基準であり、また徳ある人になることである。

とはいえ、ソクラテスの判断は他の人々としばしば宥和しがたいほどに異なる。このような事態はしかし、必ずしも彼を当惑させたものではない。なぜなら彼は、言論（ロゴス）によってもたらされる帰結には、それがどのように逆説的であろうとも、常にしたがう用意があったからである（『クリトン』46B）。むしろ彼を最終的に当惑させたものは、さまざまな徳が善悪の知識に帰着するとき、そこから引き起こされる、当の善悪が何であるかという問題であっただろう（『エウテュデモス』278E–281E, 288D–292E）。それらが明らかでなければ、徳の判別も、徳ある人になることもできないからである。しかるにその善悪とは、『ラケス』の議論が示すように、人間の生に本質的な関わりをもつ善悪であり、したがって、それらへの理解は人間の生そのものへの理解を伴わざるをえない。だが、ここにはさらに考慮すべき事柄が含まれている。

ソクラテスが徳を善悪の知識そのものと見なし、それ以上のものではないと想定するとき、彼は一つの反論を予想していた。すなわちそれは、そうした知識だけでは徳ある行為を実行するのに不十分であって、たとえば正しい行為とは何であるかを知っていても決定的な場面で人を動かすのはその知識ではなく、ある種の情念や快楽、苦痛ではないかという異議申し立てであり、これがまさに『プロタゴラス』後半部で取り上げられた

（47）こうした徳と個々の徳目との関係は、プラトンにとっては晩年にいたるまで問題として意識された（『法律』第十二巻963D）。Cf. Kahn (1976) pp. 21–23.

問題なのである（352B以下）。

ソクラテスの見解はよく知られている。ひとたびある行為が善きものであると知られるならば、あるいは善きものと判断されるならば、人は必然的にそれを実行するはずだと彼は見なす。人間の本性のうちに悪への願望を認めず、人は善きものをこそ望むというのが彼の立場だからである（『プロタゴラス』358C–D、『ゴルギアス』468B–C、『メノン』77B–78A）。このようなソクラテスの見解がどこまで受け入れられるかについてはここでは立ち入らない。むしろ私は、善への願望、あるいは幸福への願望というソクラテスの事実認定から、彼の徳概念を手段的な技術知として正当化しようとする解釈者たち[48]の顧みない論点に注意を呼び起こしたい。

それは、ソクラテスが端的に徳を善悪の知識として捉えるとき、その善悪が人の生のあり方にまで届くものである以上、その善の内容は人の内なる願望によって定められるものではけっしてなく、何が善きものであるかの吟味の過程を経て知られ、判断されるものだということである。言い換えれば、何かが善きものだと知られるのでなければ、あるいは少なくとも判断されるのでなければ、人の善への願望というのは不定形であり、実際にはまだ存在していないと言ってよいようなものなのである（『ゴルギアス』468C）。善きものを知ってはじめて、あるいは判断してはじめてそれを望むという事態が生じるのであって、そうした願望があらかじめ形をなして存在しているわけではない[49]。ソクラテスが主張するのは単純に「人は善きものを望む」ということであり、彼が事実として認定するのは、善い、と判断されるものを人は望む、ということである（『プロタゴラス』358B7, C6-D2、『ゴルギアス』468B1–2、『メノン』77C3, 77E1）。

そこでもしこのようにして、善きものへの知、あるいは判断がそれへの願望を形成するとすれば、そしてまたもしその知、あるいは判断に深まりと広がりが認められるとすれば、善きものを理解するにつれて人の願望のあり方も、そして同時に人の生のあり方も変容を被らざるをえない。逆にまた人の生が変容を受けるなら、それが再びその人の善の内容に変更をもたらすであろう。それゆえ善悪の知としての徳が行為者の生を支配しうるものとソクラテスが想定していたとすれば（『プロタゴラス』352B–D）、その時その知の内容はとりわけ行為者の生そのものの吟味に由来するものであるだろう。ソクラテスの徳概念には、したがって、自己の生への吟味が本質的契機として含まれているのである（『弁明』38A）。

けれども、そうした吟味の活動が成立するためには、自己の生を、何らかの仕方で眺めうる〈自己〉が、まさに知の担い手として成立していなければならない。かくして、ソクラテスは、〈自己のもの〉（τὰ ἑαυτοῦ）と〈自己〉（ἑαυτός）とを区別するのである（『弁明』36C）。このような〈自己〉こそソクラテスが〈魂〉の根源と捉えたところのものであり、またこれにそなわる善さとしての〈思慮〉あるいは〈知恵〉こそ、彼が〈徳〉と呼ぶところのものであって（『弁明』29E）、それは何よりもまず、自己の生を自己の生として成立させるものにほかならない。言い換えれば、〈徳〉なしには、人は〈よく生きる〉可能性を閉ざされているばかりか、実は〈生きる〉ということすらできない、と彼は見なしていたことになる。こうして〈魂〉への配慮が説かれる。

（48）たとえばPenner（1973a, pp. 140–143）、Irwin（1977, p. 290 n. 48）、Vlastos（1981, pp. 416–417）。

（49）善きものを望む事態を分析記述した『プロタゴラス』358C–D、『ゴルギアス』468B–C、そして『メノン』77B–78Aのいずれの箇所においても、ἐθέλειν（欲する）、ἐπιθυμεῖν（欲求する）、βούλεσθαι（望む）という動詞が現われるだけであって、名詞による「願望」や「欲求」の実体化が行なわれていないことに注意しなければならない。これを私はMcTighe（1984, p. 195）に負っている。

第三章　ソクラテスにおける徳と幸福

人間の幸福は、人間の徳から生まれる、とソクラテスは考える。だが人の生は、誕生から死にいたるまでさまざまな運命、さまざまな状況のなかにあり、人の幸不幸はむしろそうした外的条件によって決まってゆくようにも見える。本章の目的は、ソクラテスの倫理思想における徳と幸福との関係を明らかにすることである。問題をより特定すれば、ソクラテスは徳を、人が幸福を得るための必要かつ十分な条件と見なしていたかどうかということである。

しかるに、徳を幸福の必要条件と見る彼の基本的立場については、ほとんど疑いの余地がない。たとえば、『ゴルギアス』におけるポロスとの対話で、ペルシア大王といえども、もし彼が不正な人間であるならば不幸なのであり、「幸福の全体は教育と正義の徳にかかっている」（470E8）のだと、ためらいなくソクラテスは認定するからである。(50)考察の焦点はそれゆえ、さらに徳が幸福を保証するのに十分なもの(51)と彼が見ていたかどうかに定められる。

1　ソクラテスと「徳十分説」

『弁明』の終結部で、ソクラテスは自分に無罪の投票を行なってくれた人たちに語りかけて、次のように言う。

しかしながら、あなた方にも、裁判官諸君、死というものに対して、よい希望をもってもらわなければならないのです。そして善き人には、生きているときも、死んでからも、悪しきことはひとつもないのであって……。(41C–D)

この言葉がゆらぎのある文脈の中で語られているにせよ[52]、ソクラテスの立場は明らかなように思われる。どのような境涯にあっても、徳は人に幸福を保証するのに足るだけの力をもつのだ、と。実際、このような見解をソクラテスに帰することそれ自体に疑いが投げかけられたことは、かつてほとんどなかった[53]。しかし、おそらく誰の目にも明らかなように、「善き人には、生きているときも、死んでからも、悪しきことはひとつもない」という、いわば無条件的な言明は、われわれの日常感覚になじまない。かくして、ソクラテスの言行を吟味検証しようとするプラトン自身、中期著作の『国家』篇で、〈正義〉とは本当に善きものか否かの問題提起を改めて正式に行なうに至ったとき、それは〈正しい人〉の辿るこのうえもなく悲惨な生涯の叙述を含まねばならなかった(第二巻 357A–367E)。『国家』篇のプラトンの議論の成否はともかくとして、ソクラテスの発言に対する最も一般的かつ常識的な反応は、次のアリストテレスの論評に約言されるだろう。

拷問にかけられたり、数々の大きな不運に見舞われたりしている人であっても、もしその人が善き人であるなら、その人は幸福である、などと主張する人たちは、その主張が本意であるにせよそうでないにせよ、たわごとを言っているのである。

（『ニコマコス倫理学』第七巻第十三章 1153b19–21）

徳がありさえすれば十分だという教説は、元来、ソクラテスのものとしてよりもむしろ、ソクラテス学徒であり、キュニコス派の祖と見られるアンティステネスやストア派のゼノンのものとしてわれわれに親しい[54]。その教説はしかし、アンティステネスやゼノンによってどのように解されていたにせよ、キュニコス派のディオ

（50）ただし、470E8 の ἐν τούτῳ ἡ πᾶσα εὐδαιμονία ἐστίν は、アーウィン、ブリックハウスとスミスが指摘しているように、二様の読みが可能である。これを all happiness *consists in* this (i. e. justice and education) と解するなら、その文章は、徳が幸福の十分条件の意味をも含むことになる。他方、ἐν τούτῳ ἐστίν を、*depends upon* this と解すれば、ソクラテスはここでは徳が幸福の必要条件であることを確言しているにすぎない（Irwin［1979］pp. 149–150, Brickhouse and Smith［1987］p. 19 n. 27）。いずれにせよ、徳が幸福の必要条件であることは疑われない。ヴラストス（Vlastos［1984］p. 209 n. 70）はそのギリシア語のフレーズは、通常 'depends on' あるいは 'rests in' を意味すると注意している（たとえば、『プロタゴラス』354E7）。

（51）この教説を、アーウィン（Irwin［1977］p. 100）、ブリックハウスとスミス（Brickhouse and Smith［1987］p. 14）らにしたがって、「徳十分説」（the Sufficiency of Virtue Doctrine）と呼ぶ。

（52）この点については、後の第6節で論じられる。

（53）Cf. e. g. Cornford (1927) p. 308, Gulley (1968) p. 200, Irwin (1977) p. 100, Vlastos (1978) p. 230.

（54）Cf. ディオゲネス・ラエルティオス『哲学者列伝』第六巻第一一節、第七巻第一二七節。

ゲネスの、いわば超俗的な生き方につながる可能性をはらんでおり、ソクラテスの生き方もそれと重ね合わせられるかもしれない[55]。確かに、『弁明』のソクラテスは、正しい行為としての神の命の遂行、すなわち、哲学と対話の営みを忠実に実行することに自己の生涯を捧げ、その結果ひどい貧乏をしている事実をくり返し法廷で語っている（23C, 31C, 36D）。また『パイドン』におけるソクラテスの死の受容の情景は、人間の幸福が肉体への執着をふり切った魂の高貴さだけに存することを伝えているように思える。

　しかしながら、このような一種禁欲的で情熱的なソクラテスに対して、他方、当然のことながらわれわれは、『饗宴』に描かれているような、美しい人に恋心を抱いて我を忘れ（『饗宴』216D）、自らを「恋の道にかけては達人」と呼んでためらわず（193E, 198D）、盃を傾けては、だれよりも酒宴を楽しむことのできた（223C–D）、まさに快楽主義的なソクラテスの姿を思い起こすことができよう。それは、一つの頭陀袋をたずさえ、酒樽を住まいにし、鍛錬によって徳を身につけ、「恋している人たちは、快楽を得る代わりに不幸になるのだ」と語るキュニコス派のディオゲネスの、いわば悟りにも似た生のありようとは直ちには重ならない[56]。かつてコーンフォードが示唆したように、肉体の否定から生活の優美と品位をも打ち破って徳を唱道するような人、そのような人を表わすプラトンの言葉は、「無教養な者」（ἄμουσος）、さらには「哲学に無縁の者」（ἀφιλόσοφος）であっただろう[57]。ディオゲネスはけっして「哲学に無縁な者」ではなかったけれども[58]、彼の生活スタイルは徳と禁欲との結びつきを際立たせている。

　ここでのわれわれの問題は、『弁明』終結部の言葉にもかかわらず、ソクラテスは実際には「徳十分説」を採っていなかったのか、あるいは、ソクラテスの立場は単純な「徳十分説」にとどまるものではなかったのかということである。このような問題を近年改めて提起し、鋭い反応を示したのはヴラストスである。彼は伝統的解釈と同様、ソクラテスに「徳十分説」を帰するが、その教説だけではソクラテスの倫理説の全体を説明することはできないと考える。それに対して、ブリックハウスとスミスは伝統的解釈を採らず、ソクラテスに「徳十分説」を認めない。ヴラストスの解釈はソクラテスの倫理説に関してきわめて重要な論点を提出しているがゆえに、またブリックハウスとスミスの解釈はソクラテスと常識との接点を求めて、「徳十分説」に批判的であるがゆえに、いずれも検討に値する。

2―ソクラテスにおける徳と幸福 ―― ヴラストスの解釈

ヴラストスは言う、「もしソクラテスが、人間はこの上もなく耐えがたい受難の状況にあってもなおも幸福でありうると信じているならば、私は、人間本性のもつ高貴な能力に対する彼の信念に驚きはしても、その信念のうちに何らの矛盾も、つまりその信念が真ではありえないとする何らの論理的理由も見出さないだろう」と。[59] ヴラストスのこの主張を裏づける典拠は、つまるところ『クリトン』のよく知られた一節、すなわち、

(55) 社会生活における「世界市民」的な生き方におけるソクラテスとディオゲネスの思想連関については、國方栄二「コスモポリタニズムの起源」(2009, pp. 74–76)、および朴一功「世界市民思想をめぐって」(2009, pp. 28–33) 参照。
(56) Cf. ディオゲネス・ラエルティオス『哲学者列伝』第六巻第二一―二三、六七、七〇節。
(57) Cf. Cornford (1950) pp. 68–69. プラトンは、ἄμουσος を ἀφιλόσοφος と並べて用いている（『ソピステス』259E2）。
(58) Cf. ディオゲネス・ラエルティオス『哲学者列伝』第六巻第六五節。

大切にしなければならないのは、ただ生きるということではなくて、〈よく生きる〉（εὖ ζῆν）ということなのだ……ところで、その〈よく〉（εὖ）というのは、〈美しく〉（καλῶς）とか、〈正しく〉（δικαίως）とかいうのと同じなのだ。　（48B）

に求められる。ソクラテスの立場よりすれば、〈美しく〉あるいは〈正しく〉（＝徳）と、〈よく〉（＝幸福）とは相互内含的（interentailing）であり、人は徳を有するかぎり、同時にその人には必然的に幸福が随伴する、とヴラストスは論定する。[60] すなわち彼は、「徳十分説」をソクラテスに帰するのである。しかしそれにもかかわらず、彼はソクラテスはキュニコス派やストア派とは異なるのだと主張する。[61] その論点は次の二点にあるだろう。

第一、ソクラテスは徳を幸福のための必要かつ十分な条件と見なしてはいても、徳と幸福とがそのまま同一のものだとは見ていない。第二、幸福の核心を構成する徳以外にまた、人間の実生活においては、「徳と結びつくならば」、あるいは「有徳な仕方で用いられるならば」、その幸福を高めるのに「わずかではあっても無視できない」（small, but not negligible）寄与をなすものが多数存在するのであって、こうしたものをソクラテスは斥けはしない。[62]

これら二つの論点は相互に一貫したものであるが、しかしもしソクラテスが、ヴラストスの主張するように、「徳十分説」を採っているのだとすれば、これらの論点はその教説と整合性を保つことは困難だと言わなければならない。幸福に対して「無視できない」寄与をなすものが実際に存在するのであれば、それを剥奪されて、人がなおも偽りなく十分に幸福でありうることはできないであろう。剥奪されたものは、その人の幸福にとって、たとえ「わずか」ではあっても「無視できない」意義深さを有するものであったのだから。

このようなヴラストスの主張はしかし、いっそう重要な問題を引き起こす。それは、たとえばストア派の思想家たちが「善悪に無関係なもの」（ἀδιάφορα）と見なした「生、健康、快楽、美貌、強健、富、名声、生まれのよさ」[63]などといったものも、いわば外的な善としてこれらを多数つみ重ねてゆくならば、幸福の滴もついには幸福の泉となって、外的と内的の価値の転倒が生じるに至る、というようなことではない。幸福が高められるのは、そのような外的善そのものによるのではなくて、そうした「非倫理的善の有徳な所有と使用の結果として」（as a result of the virtuous posession and use of non-moral goods）なのだと、ヴラストスは付言している。[64]外的な善は、徳という内的な善と連絡してはじめて幸福に貢献するのであり、徳よりも先に外的な善が選択されるべきだという逆転の可能性に歯止めをかけることを、ヴラストスは忘れてはいない。もとより、これは徳が幸福の必要条件であるというソクラテスの基本的立場から必然的に帰結しよう。

むしろ問題は次の点にある。すなわち、もし非倫理的善を有徳な仕方で所有し用いることによってわれわれの幸福が高められるのだとすれば、そしてまたもし生涯を通じてわれわれのなすべき選択の大半が、ヴラストスの言うように、「倫理的考慮のまったくかかわらない」（moral considerations are not in the picture at all）ものだとす

（59）Vlastos (1984) p. 196, (1991) p. 224.
（60）Vlastos (1984) pp. 189–192, (1991) pp. 214–218. この論定そのものに関しては、私はヴラストスに同意している。
（61）Vlastos (1984) pp. 185–186, (1991) pp. 208–209.
（62）Vlastos (1984) p. 191, (1991) pp. 216–217.
（63）Cf. ディオゲネス・ラエルティオス『哲学者列伝』第七巻第一〇二節。
（64）Vlastos (1984) p. 191, (1991), p. 217.

れば[65]、そうした有徳な所有・使用の関与しない場面での徳あるいは幸福とはいったい何であり、われわれの生においていかなる意味をもつのか。そのような徳および幸福の概念はおそらくきわめて空虚であるだろう。われわれの生との接点がほとんど失われてしまっているからである。徳と幸福の本性を人間の生のわずかな局面に、あるいはさらに人間の内面だけに限局し収束させていくならば、ついにはそれは徳や幸福の無化に至らざるをえないであろう。

しかしヴラストスは、見方を修正した[66]。修正された見方によれば、「日々の生活においてわれわれのなすべき選択の多く」は、「倫理的考慮のまったくかかわらない」ものであり、逆に言えば、日々の生活の数少ない場面でわれわれは「倫理的考慮」を必要とする、ということになるだろう。とすれば、事情は変わらない。そのような限られた特定のわずかな場面にだけ、人間の徳と幸福は認められるとヴラストスは見ていることになるからである。言い換えれば、われわれの日々の生活の大部分は、徳も悪徳も関与しない、幸でも不幸でもどちらでもないようなものだということになるであろう。そこに見られるのは、ただ「生きる」ということである。確かに、そのような事態がわれわれの日常生活の「多く」であるかもしれない。しかし、もしソクラテスの主張する〈正しく〉生きるということが成立するとき、その場合にも日々の生活における選択の多くは、はたしてヴラストスの言うように、「倫理的考慮のまったくかかわらない」ものであるのだろうか。問題は、ソクラテスがそのように考えていたかどうかである。

3 「幸福の複数構成要素モデル」の問題点

今テクストに立ち返って、より詳細な検討を行なってみよう。ヴラストスの第一の論点を支える主要テクストは『弁明』の次の記述である。

> そしてその者が徳をもっているように言い張っているけれども、実際にはもっていないと、私に思われるなら、最も価値あるもの（τὰ πλείστου ἄξια）をいちばんそまつにし、つまらないもの（τὰ φαυλότερα）を、不相応に大切にしているといって、私は非難するでしょう。（29E－30A）

ここで「つまらないこと」とはこの発言の直前で述べられた金銭や、評判、地位のことを指している。しかし、用語法に注意すれば、これらをソクラテスは端的に無価値なものとして斥けているのではなくて、単に「つまらないもの」「価値の劣るもの」（τὰ φαυλότερα）と言っているにすぎない。すなわち、われわれの生において「最も価値あるもの」（τὰ πλείστου ἄξια）である魂のよさ、つまり徳に比べれば、金銭や評判、地位などはつまらぬものになるけれども、それらの価値がソクラテスによって全面的に否定されているわけではない、とヴラスト

（65）Vlastos (1984) p. 197.「生涯を通じてわれわれのなすべき選択の大半」（most of the choices we have to make throughout our life）という言葉は、後の彼の論文集では「日々の生活においてわれわれのなすべき選択の多く」（many of the choices we have to make in our day to day life）（1991, p. 225）という緩和された表現に改められている。

（66）前注参照。

スは指摘する。(67) この指摘は重要である。本章の最初に引用された『弁明』41C–D のソクラテスの言葉も、この関連で読まれねばならない。なぜなら、ソクラテスは次のような発言を行なってもいるからである。

> メレトスもアニュトスも、私に害を加えるというようなことは、何もできない（οὐδέν）からです……というわけは、すぐれた善き人間が劣った悪しき人間から害を受けるというようなことは、あるまじきことだと思うからだ。なるほど、たぶん、死刑にしたり、追放したり、市民権を奪ったりすることはできるでしょう。しかしながら、こういうことは、たぶん、この男にかぎらず、他の人も、大きな災悪（μεγάλα κακά）だと思うことなのでしょうが、しかし私はそうは思わない。むしろこの男が、今しているようなことをするのが、災悪のはるかに大なるもの（πολὺ μᾶλλον）だと思う。つまり人を、不正な仕方で殺そうと企てることがです。（30C–D）

死刑、追放、市民権の剥奪などといった、通常は大きな災悪だと見なされている事柄が、何らの悪でもないとソクラテスは言っているのではない。彼が伝えようとしているのは、それらは〈不正〉を行なうことと比べられるならば、人が思うほどの「大きな」（μεγάλα, 30D3）災悪だとは見なされないということである。それゆえ、「メレトスもアニュトスも、私に害を加えるというようなことは、何もできない（οὐδέν）」という言葉、したがってまた「善き人には、生きているときも、死んでからも、悪しきことはひとつもない（οὐδέν）」（41C–D）という言明における否定辞「何もない」、「ひとつもない」は、字義通りに受け取られるべきではないと考えられるであろう。

ヴラストスによれば(68)、このような否定表現は、およそどのような自然言語においても利用される否定の特別用法であり、それの目的は述語の適用可能性を否定することではなく、それの適用を「弱める」(de-intensify) ことであって、たとえば、「この手紙の投函をお願いできますか」「ええ、何ら問題ありません」といった日常の言葉のやりとりで使用される否定語のように、「何ら問題ない」は「ごくわずかしか問題ない」の意であり、手紙の投函が目的地に向かう私を数ブロック遠回りさせるにせよ、それは言うに足るほどの問題ではない、ということを表示している。同様に、ソクラテスが「悪しきことはひとつもない」と語るとき、その否定は「大きな災悪」、すなわち重大な災悪との比較を含意しており、それと比べられるならば、それ以外の「悪しきこと」は問題ではないということを意味している、とヴラストスは解する。[69]

上記二つのテクスト(29E–30A および 30C–D)はこの解釈を支持するように見える。だがこの時、見方を変えれば、「悪しきことはひとつもない」という表現は、重大な災悪は「ひとつもない」、つまり善き人の幸福に影響を与えうるような本質的に悪しきことは「ひとつもない」、という意味をもつことになる。すなわち、否定辞「ひとつもない」(οὐδέν)は、そのような「悪しきこと」の全面否定を示す表現と解されるのである。

それゆえ、ヴラストスが、「ひとつもない」の意味を緩和する読み方によって、次のような推論を行なうとき疑義が生じる。すなわち、そのような読み方によって、徳あるいは悪徳の価値が相対化され、同時に、それら以外のものに一定の価値が認定される。徳と幸福とは、それゆえ直ちに同一ではない。あるいは、幸福を構

(67) Vlastos (1984) p. 193, (1991) p. 220.
(68) Vlastos (1984) p. 193, (1991) p. 219.
(69) Vlastos (1984) pp. 193–194, (1991) pp. 220–221.

成する要素は徳だけではない。つまり、徳＝幸福の「同一説」（Identity Thesis）あるいは「幸福の単一構成要素モデル」（unicomponent model of happiness）をソクラテスは採っているのではなくて、徳は幸福を保証するのに十分なものであるが、それにもかかわらず、徳以外の善きものを有徳な仕方で所有し使用することによって、さらにまたさまざまな仕方で幸福が「わずかではあっても無視できない」程度に高められるという、「幸福の複数構成要素モデル」（multicomponent model of happiness）をソクラテスは採用しているのだとヴラストスは主張する。[70]

ここで問題は「無視できない」（not negligible）の一語にある。この言葉の付加はしかし、「ひとつもない」（οὐδέν）の含意とは一貫しないであろう。「善き人には、悪しきことはひとつもない」は、「善き人には、重大な災悪はひとつもない」の意を伝えており、したがって善き人に起こりうる悪しきことは、本質的に無視できるたぐいのものであるはずである。この意味で、ソクラテスはヴラストスの意図に反して、事実上、徳＝幸福の「同一説」を採っているのである。このような理解の方向は、〈よく〉生きることと、〈正しく〉生きることとを同じだと認定する『クリトン』（48B）の記述とも合致するであろう。

もとより、それは、徳と幸福とが同義語、あるいは定義において同一のものだというのではない。そうではなくて、ヴラストス自身述べているように、幸福な生のかたちと徳ある生のかたちとが同一であるということ、すなわち、「望ましさの基準」（desirability criteria）から眺められたときに、われわれが〈幸福〉と呼ぶ生のかたちと、他方「倫理的基準」（moral criteria）から眺められたときに、われわれが〈徳〉と呼ぶ生のかたちとが、まさに同じものであるという意味にほかならない。[71] しかしそれならば、いったいなぜヴラストスは「無視できない」の一語をつけ加えるのだろうか。またその解釈を支持するテクスト上の根拠はあるのだろうか。ここでわれわれは彼の第二の論点にかかわる。

4　ソクラテスにおける徳と幸福の「同一説」

ヴラストスがソクラテスに「同一説」を否定する最有力のテクストは『ゴルギアス』の次の記述である。ソクラテスはポロスに言う、

> さて、およそ存在するものの中で、善いものか、悪いものか、もしくは両者の中間の、善くも悪くもないものか、これらのうちのどれかでないようなものが、はたして何かあるだろうか。……善いものと君が言うのは、知恵や、健康や、富や、その他これらに類するもののことであり、また悪いものとは、それらとは反対のもののことではないか……また、善くも悪くもないものとしては……たとえば、坐るとか、歩くとか、走るとか、船に乗るといったこと、さらにはまた、石とか、木材とか、その他これらに類するもの、そういったもののことを言うのではないかね。（467E–468A）

ここで存在するあらゆるものが、(a) 善いもの、(b) 悪いもの、(c) 善くも悪くもない「中間的なもの」（τὰ μεταξύ, 468A5）という三つのクラスに分類されているが、注目すべきは、(a) のクラスに徳（倫理的善）である知恵ばかりか、健康、富という非倫理的善の事例をもソクラテスが入れていることである。もしソクラテスが、善を徳と同定し非倫理的善には手段的地位しか割り当てていない「同一説」を採っているとしたならば、この事態は不可

（70）Vlastos (1984) p. 191, (1991) pp. 216–217.

（71）Vlastos (1984) pp. 190, 192, (1991) pp. 214, 217–218.

解だとヴラストスは主張する。[72]

しかしながら、この箇所でソクラテスは(a)(b)(c)の三つのクラスにいったい何が入るべきかについて、厳密な検討作業を行なっているわけではない。続くソクラテスの、

われわれが歩く場合にも、善を求めて歩くのであって、……反対にまた、立ち止まる場合にも、同じ目的のため、つまり善のために立ち止まるのだ。(468B)

という言葉から知られるように、ここでは(a)(b)(c)の三区分そのものが目的なのではなくて、議論のねらいは、「中間的なもの」が行なわれるのはいかなる理由によるのかを、対話者のポロスに明らかにすることであって、この目的遂行のために、ポロスにも直ちに了解されるきわめて一般的な分類法をソクラテスは提示したのである。[73] 現に、「善いものと君が言うのは」(467E)という確認の仕方はこのことを示すであろう。実際、ソクラテスが「善いもの」のクラスに入れられるべきものを厳密に規定するとき、彼は健康や富をはっきりと除外しているのである(『エウテュデモス』281D–E)。[74]

かくして、健康や富など一般的に「善いもの」と言われるものは多数存在するけれども、そしてソクラテスもさまざまな対話の場面でその事実を利用しているけれども、彼の基本的立場に立って厳格な篩にかけるならば、真に「善いもの」、すなわち、「中間的なもの」や「悪いもの」にけっして転化することのない「善いもの」というのは、徳以外に存在しない。

とはいえ、ソクラテスは単純に「幸福の単一構成要素モデル」を採っているわけではない。幸福の内容は、ヴラストスも認めるように、魂の最も深く、かつ最も持続的な充足の状態として、人々にすでに了解されてい

る。[75] そして人は意識的にであれ無意識的にであれ、また直接的にであれ間接的にであれ、究極的にはこのような幸福を目指して日常さまざまな行為を展開するのである。[76] それゆえ、「幸福とは何であるか」をソクラテス

（72） Vlastos (1984) p. 198, (1991) p. 226.

（73） Cf. Brickhouse and Smith (1987) pp. 10–11, また nn. 15, 16。

（74） また、cf.『弁明』30B. ヴラストス（Vlastos［1984］pp. 199–201,［1991］pp. 228–230）は、『エウテュデモス』281E3–4 の、「他のものは、どれ一つとして善いものでもなければ悪いものでもない」という記述には、281D8–E1 の αὐτὰ καθ' αὑτά（それら自体はそれらだけでは）が補われねばならず、その記述の意味は、健康や富などの非倫理的善も知恵と結びつくことによってその所有者の幸福を高めるということであり、したがって、それらは幸福の構成要素として『ゴルギアス』の分類の(a)クラスに入るだろうと主張している。しかしこの論拠は逆に、健康や富も知恵と結びつかなければ「善いもの」とはなりえず、したがってそれらは『ゴルギアス』の分類の(a)クラスではなくて(c)クラスに入れられるべきことを示すだろう。ヴラストスは、幸福の条件付き構成要素 —— すなわち、それ自体のために実際望ましいけれども、その望ましさが、ある付加的条件が満たされる場合に限られるような事物 —— という観念のうちには少しの動揺もないと強調するが（1984, p. 211 n. 91, 1991, p. 230 n. 98）、しかしこれは、もし無知が健康や富などの「善いもの」を導くならば、それらは「その悪しき導き手に従いうるかぎり、それらと反対のものよりもそれだけ大きな悪いものである」という『エウテュデモス』281D5–7 の記述に合わない。健康や富なども、ソクラテスの観点からすれば、原理的には悪に転化しうる「中間的なもの」の地位しかもたないはずである。Cf. Brickhouse and Smith (1989) pp. 7–10. また『メノン』87E–89A。

（75） Vlastos (1984) pp. 181–182, 190, (1991) pp. 200–202, 214.

（76） Irwin (1977) pp. 51–53.

は問いはしない。問題は、どのような方途を採れば、幸福が達成されるかであり、ソクラテスの徳の探求が関わるのもこの場面であるだろう[77]。幸福に至る道は多様であるにせよ、もしある行為が幸福を随伴帰結するのであれば、そのとき常に徳がその事態の決定的要因として見出される、というのがソクラテスの立脚点だと考えられる。

こうして達成される幸福の内容はしかし、「モノクローム」（ヴラストス）ではない。なぜなら、徳はどのように生きるべきかという、人間の生における最も基底的な問いに、したがって人間の、最も基底的な行為選択にかかわっているからであり、したがって、徳はそのような選択に基づく、人間のあらゆる領域のあらゆる種類の行為との連関において考えられるであろう。徳が人間の徳である以上、それはすでに人間の生における、日常的であれ非日常的であれ、最終的にはあらゆる種類の行為にかかわっており、こうした行為あるいは行為選択と結ばない徳は、もはや何ものの徳でもなく、いわば一つの抽象概念にすぎないであろう[78]。それゆえソクラテスが徳への配慮を説くとき、それだけが単独に説かれはしない。

老若いずれに対しても、私は、魂ができるだけすぐれた善いものになるよう配慮すべきことを説得し、金銭を積むことから徳が生じるのではなく、金銭その他のものがすべて、人間にとって善きものになるのは、ほかならぬ徳によるのだと言うのです。

（『弁明』30B）

かくしてまた、『ゴルギアス』でソクラテスが「幸福の全体は正義の徳にかかっている」（470E）と認定するとき、その正義はあらゆる種類の行為を、しかも当の行為を善きものにすることを予想しているのであり、したがって、徳によって達成される〈幸福〉もまた、単なる魂の状態ではなく、何らかの行為に基づくのであり[79]、そしてその行為が徳によって善きものにされるかぎり、〈幸福〉とは文字通り〈よくなすこと〉(εὖ πράττειν) にほかならない。しかるにその〈よく〉は、人間の生のあらゆる場面におよぶだろう。

> したがって、カリクレスよ、まったく必然的に、思慮ある人というのは、正しくて勇気があり、敬虔なのだから、完全に善い人 (ἀγαθὸν ἄνδρα τελέως) であって、しかるに善い人というのは、何ごとを行なうにしても (ἃ ἂν πράττῃ)、それをよく、かつ美しく行なうのであり、そしてよくなす人というのは幸せであり幸福であるが、他方、劣悪であり、悪くなす人はみじめなのだ。
>
> (『ゴルギアス』507B–C)

ヴラストスによれば、徳＝幸福の「同一説」は、われわれが日常生活の多くの場面においてなすべき選択の広大な問題領域には関与しない。目的地に私は歩いて行くべきか、それともバスに乗るべきか、夕食のワインにブルゴーニュを飲むべきか、ロゼを飲むべきか、あるいは何も飲まない方がよいか、このような非倫理的価値の選択に直面したとき、「同一説」は何らの判断基準も提供しない、と彼は主張する。[80] しかしこれは、彼の

---

(77) Irwin (1977) pp. 85–86, 108–110.

(78) Cf.『国家』第一巻 353A–E. およびアリストテレス『ニコマコス倫理学』第二巻第六章 1106a14–24. これらの記述が示しているように、ギリシア語の〈徳〉(ἀρετή) は本来、何ごとかについてすぐれていること、何ごとかをよくなしとげる能力を意味し、それだけがまったく独立に存在するのではない。ガスリー (Guthrie [1950] pp. 8–9, 日本語訳 pp. 16–17) は、その言葉は通例、従属の所有格か、限定の形容詞を伴い、誤解のおそれがないときだけ単独で用いられるのであって、それゆえ本来、英語の virtue のように独立的に用いられる語ではないと注意している。

(79) Brickhouse and Smith (1987) p. 14.

批判するストア派の徳概念をひきずっている。[81] ソクラテスが問題にする〈徳〉とは、われわれの行為の全体、生の全体をどのように組織立て秩序づけるかにかかわっているのであり、したがってそれは日常生活の隅々にまで行き渡るであろう。[82] どのようにして人が目的地に行くべきか、どのようなワインを飲むべきかなどの問題も、究極的には徳のあり方によって、すなわちその人の生のありようによって決定されるはずである。

ソクラテスは徳を人間に本質的な善悪についての知に還元する。この意味で徳は、人の世界観にかかわるものである。われわれが日常生活における行為選択において、肉体的快楽、経済性、健康、美的感覚、感情の起伏などさまざまな要因を考慮するとき、その背後には意識的にであれ無意識的にであれ、何らかの世界観がはたらいている。そしてその世界観を背景にしながら、日常行なわれる選択の一つ一つは、多様な仕方で決定されるのであり、そうした選択の意味も多様である。たとえば、バスに乗るべきか歩くべきかの選択も、疲労などのある一つの理由によって単純に決定される場合もあれば、目的地への道が歩くのに適したものかどうかや健康状態、時間帯、天候、季節、時間的余裕、気分、好み、友人の有無など多くの要因によって決定される場合もある。また、一杯のワインを飲むという行為も、それがきわめて重大な意味をもつ場合もあれば、そうでないこともある。

しかるに、ここで注意すべきは、そのようなさまざまな日常的行為が、私の幸福に「無視できない」仕方で影響を及ぼすというふうに一般化することはできない、ということである。それどころか事態は逆である。あるワインを飲み、あるいは飲みそこねて、その快不快が生涯に及ぶということは、通常ほとんどない。一時的な快不快は人の幸不幸に関与せず、多くの場合無視できるのである。[83] しかし、ある状況でワインを飲みたく、そして飲むことが人の生活の秩序のなかに組み込まれているとき、その行為が何らかの仕方で不当に禁じられ、しかも持続的に禁じられるならば、それは人の幸不幸のあり方に「無視できない」影響を及ぼすであろう。その人の生のあり方が侵犯され、徳のはたらきに障害がもたらされると見られるからである。ソクラテスはしかし、このような事態を認めてていたであろうか。

(80) Vlastos (1984) p. 197, (1991) p. 225.

(81) たとえば、善くも悪くも用いられるようなものは善ではない、しかるに富や健康は善くも悪くも用いられる、それゆえそれらは善ではない（cf. ディオゲネス・ラエルティオス『哲学者列伝』第七巻第一〇二―一〇三節）というストア派の思考回路に、ソクラテスの見解が滑り込むのをくい止めるのは、徳との結びつきによって富や健康なども価値をもち、けっして「善悪に無関係なもの」に貶められないとする彼の一貫した立場なのだと、ヴラストス（Vlastos［1984］pp. 200, 211 n. 89,［1991］p. 229, および n. 96）は主張する。徳との結びつきによって、富や健康などが価値をもつとソクラテスが見ていることに関しては、疑問の余地がない。しかしそれらがストア派の「善悪に無関係なもの」に入らないにせよ、ソクラテスの立場に立てば、『ゴルギアス』における「中間的なもの」に属する可能性は残る。それらは善にも悪にもなりうるものであって、「善悪に無関係なもの」ではないであろう。しかしここでいっそう問題なのは、ヴラストスが徳を徳以外のものから孤立させることができ、しかもそのような徳だけで幸福の核心を構成しうると想定している点である。

(82) Burnyeat (1971) pp. 210, 232.

5―ソクラテスにおける「徳十分説」の根拠

ソクラテスの探求する徳を、いわゆる倫理的行為や人間の内面だけに限局する捉え方をしりぞけ、それを人間のあらゆる行為との、すなわち生の全体との結びつきにおいて成立し意味をなすものとわれわれは考えた。もしこの認定が受け入れられるならば、われわれはソクラテスに「徳十分説」を単純に帰することはできないであろう。幸福とは単に人間の内面のあり方や狭義の道徳行為によって決定されるものではないからである。〈よくなすこと〉としての幸福の実現には、そのような行為の遂行を可能にするだけのしかるべき環境、しかるべき条件が要求されると見られるからである。そしてこのような観察は、すでにアリストテレスが行なっているところでもある。

> 明らかに幸福は、外的な善をも合わせ必要とする。それというのも、必要な手だてがなければ、美しいことを行なうのは不可能であるか、容易ではないからである。すなわち、多くのことが、友人や富や政治権力を道具のようにして用いることによって行なわれるのである。また、欠けていると幸いを曇らせるようなものもいくつかある、たとえば、生まれの善さや子宝に恵まれること、美しさなどがそうである。
>
> （『ニコマコス倫理学』第一巻第八章 1099a31–b3）

この記述は一見、常識的であるように見える。けれども、アリストテレスは慎重に「不可能である」（ἀδύνατον）と「容易ではない」（οὐ ῥᾴδιον）という二つの選択肢を設けている。両者の間には本質的な差異が存在する。一般的に好条件と見なされるものを欠くだけで、幸福の不可能が結果するわけではない。問題は幸福の達成を至難（οὐ ῥᾴδιον）にする境遇ではなくて、どのような努力にもかかわらず幸福を打ち砕くような決定的な外的要因が存在するか否かである。ソクラテスはそのような外的要因を見ていたであろうか。

（83）このような反論に抗して、ヴラストス（Vlastos［1984］p. 191,［1991］pp. 215–216）は、たとえば強制収容所に入れられた有徳な人とケンブリッジのカレッジの同じように有徳な人とを比較するなら、後者の方が幸福の度合いがまさり、その差はリアルな、場合によっては激しいものであると考える。確かにその通りである。しかしこの種の比較は、単にいま一杯のワインを飲むべきか否かの選択とは質的に異なる。「強制収容所」の例は、行為者が重大な不正を被っていることを含意しているが、「ワイン」の例はそのようなことを含意しない。ヴラストスはこの点を考慮せず、両者を非倫理的なものの例として同列に扱っている。「ワイン」の例はけっして非倫理的なものではない。ただ倫理的に重大ではないというだけである。要するに、いずれの例も倫理的であるが、その程度において十分な差が認められるということである。しかるに重大な不正を被るか否かの状況の差異は、人間の倫理感覚の根幹にかかわるものであるがゆえに、もとより行為者の幸不幸に無視できない影響を及ぼす。これをソクラテスは、無論、否定しない。それゆえに彼は、自らすすんで明らかな不正を受けるようなことはしないのであり（cf.『弁明』37B–38A、『ゴルギアス』469B–C, 509C–D, 510A–E）、裁判においても科料の一つとして、禁固ではなく、たとえば迎賓館における食事を申し出るのである（『弁明』36D–37A. Cf. Kraut［1984］pp. 37–39）。問題はしかし、そのような不正を被るか否かは、人の幸不幸に決定的な影響を与えると、ソクラテスが見ていたかどうかということである。ヴラストスが議論抜きで想定しているように、「徳十分説」をソクラテスが採っているならば、その答えは否となる。が、われわれはそのような想定そのものを問題にしており、たとえば、迎賓館で食事をするソクラテスと牢獄のソクラテス、もし両者が同じように有徳であるなら、両者の幸福の度合いに差異が認められないかどうかが問われるのである。

内的要因としての悪徳以外に、われわれの人生を生きがいなきものにする外的要因の事例としてソクラテスがあげているのは、富や権力の欠如、生まれの賎しさなどではなくて、ただ一つ不治の病いだけである（『クリトン』47D–E、『ゴルギアス』512A–B）。しかるにその病いは、ソクラテスによって悪徳を例示するために用いられる。悪徳は魂の病いと見なされるからである。

かくしてこの事実に注目してブリックハウスとスミスは言う、「意義深いのは、生きるに値しないような人生を避けることがまた、損なわれ破壊された魂をもつことを人が避けるべき理由にもなっていることである。病気で損なわれ駄目になった身体をもつことは、したがって、人がどのように対処してみても人生を生きるに値しないものにするほどの、幸福への大きな障害であるはずだ[84]」。それゆえ彼らは、「正しい魂や正しい人間は善く生き、不正な人間は劣悪に生きる」（『国家』第一巻353E）というソクラテスの言明は無条件的ではなく、それには「普通の状況のもとでは」（under ordinary circumstances）という保留条件が補われねばならないとする[85]。

ソクラテスの提示する、不治の病い：破壊された身体（生きるに値しない生）＝悪徳：破壊された魂（生きるに値しない生）、というアナロジーにおいて、もし彼が「不治の病い」と「生きるに値しない生」との関係をより基礎的で、しかも動かしえない事実と認定していたとすれば、そのとき確かに、ブリックハウスとスミスの主張は成り立つであろう。しかしながら、『クリトン』47D–49Bの記述が示しているように、またブリックハウスとスミスも認めているように[86]、最大の害悪は、常に、ほかならぬ魂への害悪であるというのがソクラテスの基本的立場であり、身体が魂よりも価値が劣ると考えられるかぎり（47E–48A）、身体の病気はそれだけ相対的な害悪にとどまると見なさなくてはならない。健康がソクラテスの厳密な分類によれば無条件に善ではなかったように、病気もまた無条件に悪ではないであろう。

たとえば、病身の養生がソクラテスの仲間のテアゲスを政治生活から遠ざけ、哲学のもとに引き留めたように（『国家』第六巻496B–C）、病気が人生にある種のよい影響をもたらす場合もあれば、他方、身体を使う仕事に専念する大工に対しては、病気がその仕事に大きな障害となって彼の生きがいをなくさせる場合もある（『国家』第三巻406D）。深刻な不治の病が人生を生きがいなきものにするというのは、動かしえぬ事実ではない。人が自分の人生をどのように理解するかによって、すなわち人の徳のあり方によって、病気の意味も異なるであろう。しかるに、ソクラテスは魂の病いである悪徳の意味を明瞭にするために、だれにでも通常その害悪が最も了解されやすい病気の身体を引き合いに出しているのだと考えられる。

身体の病気が以上のように見なされるとすれば、ソクラテスの視点から見て、人の生を無意味なものにする外的要因とは何であろうか。彼は何も挙げていないのである。しかし、一般の人々にとって最大の害悪に映るのは、悪徳ではなくて、死であり（『弁明』29A）、われわれにはこれが幸福を破壊する決定的要因と見られるかもしれない。ところが、ソクラテスは「あの世の事柄」についてはよくは知らないと主張するばかりか（『弁明』29B）、「死ぬこと」は災悪であるどころか善きものであるかもしれないという期待をも表明しているのである（『弁明』40C）。

それればかりではない。ソクラテスにとっては、死は幸福をおびやかすものではなくて、逆にそれを有意味な

（84）Brickhouse and Smith (1987) p. 16, また (1989) p. 166.
（85）Brickhouse and Smith (1987) p. 19.
（86）Brickhouse and Smith (1987) p. 16, また (1989) p. 166.

ものにする不可欠の契機であると見られているのである。すなわち、彼によれば、生の有限性への自覚が、人に幸福を願望させ徳を促すのである。ソクラテスはカリクレスに言う、

> というのも、いったいどれだけの時間を生きながらえるかという、そういうことを少なくとも真に男子たる者は問題にすべきではなく、また自分の命に執着してもならないのであって、そうしたことについてはすべて神に任せ、定められた死の運命はだれも免れることはできないであろうという女たちの言葉を信じて、その次に来る問題、すなわちこれから生きるはずの時間を、どのようにすれば最もよく生きることができるかという、このことをこそ考えなければならないからである。
>
> （『ゴルギアス』512D–E）

事情がこの通りだとすれば、人間の徳と幸福を打ち壊すような外的要因をソクラテスは何も見ていないことになる。したがって、ブリックハウスとスミスのように、苛酷な条件のもとで生きる悲しみを、徳ある人は他の人たちよりもよく耐えるであろうが、その生は生きるに値するものではないと見るのがソクラテスの立場である[87]、と断言することはできない。

6 ―「徳十分説」とソクラテスの生

以上の考察が受け入れられるなら、われわれはソクラテスに「徳十分説」を帰することができよう。人間の幸不幸の決め手を、彼は徳と悪徳という内的要因のみに見ており、しかも徳に基づく幸福はどのような外的要

因によっても頓挫させられないと考えているからである。したがって、もしそのような幸福が何か影響を受ける場合があるとすれば、それは人が重大な不正を被る場合だけであろう。これは単なる外的要因ではなく、人間の魂にかかわっているからである。しかしもしソクラテスが「徳十分説」に立っているなら、彼はこのような要因も、幸福にとって「無視できない」ものであるにせよ、決定的なものではない、と見ていることになる。しかしこのような見方には、なおもわれわれの常識は抵抗するであろう。はたしてソクラテスは、全面的に「徳十分説」の立場に立っているのであろうか。

ソクラテスの「徳十分説」を示すと思われるテクストは、最初に（本章第1節）掲げられた「善き人には、生きているときも、死んでからも、悪しきことはひとつもない」という『弁明』41C–D の発言であるが、この発言は死後の生をも展望している。この世の生の場面で徳と幸福との連関を考えるとき、これまでわれわれはこの発言の核心を否定するようなテクストを見出さなかった。

しかしながら、「死んでからも」という言葉そのものが、ソクラテスの確言に疑義を生むとブリックハウスとスミスは考える。すなわち、死刑の判決が下された後、ソクラテスは死について思いをめぐらし、それは(1)無のようなものであるか、(2)魂のかの地への旅立ちのようなものであるか、二つに一つであると主張するが（40C–41C）、彼は(1)の可能性を最後まで捨て去りはしない。それゆえ死への「よい希望」（εὔελπις, 41C8）として(1)の可能性を語ること自体が、ソクラテスの現在の生の否定を含意する。なぜなら、苦難の生よりも「夢一つ見ないような深い眠り」の方がよいのだから、と。[88]

（87）Brickhouse and Smith (1987) pp. 19–20.

実際ソクラテスは、「もう死んで面倒から解放された方が、私のためにはむしろよかったのだということが、私にははっきりとわかる」と語っており(41D)、ブリックハウスとスミスの言うように、彼は裁判の終わりの場面で現在の状況における自分の幸福をほとんど確信できないでいるように見える。[89]しかし、このことはソクラテスが「徳十分説」を採っていなかったことの証拠にはならないだろう。なぜなら、法廷でソクラテスはみずからを徳のある「完全に善い人」(ἀγαθὸς ἀνὴρ τελέως)だとはけっして見なしてはいないからである。なるほど彼は生涯にわたって自己の行為の正しさを確信し(33A, 37A)、少なくともメレトスやアニュトスよりも自分がすぐれた人間であると主張してはいるが(30C–D)[90]、しかし〈善美の事柄〉についてはよくは「知らない」というのが、彼の変わらぬ基本的立場であった(21D)[91]。これには疑問の余地がない。

したがって、裁判の終わりの場面で、たとえ彼がみずからの現在の生を幸福だと見なさなかったとしても、それは「自己矛盾」を含むものではない。また『弁明』の最後で、彼が自分の来るべき死と、他の人々のこれからの生とについて、「われわれの行く手に待っているものは、どちらがよいのか、だれにもはっきりとはわからない、神でなければ」(42A)と語るのも、彼の「無知の自覚」との関連においてである。

しかしながら、このように死後の生を知るのは、ひとり神のみと明言するソクラテスが、死に対して「よい希望」を語るのはなぜであろうか。おそらくここには、彼の哲学の全経験が賭けられている。すなわち、「正しい人は、神に愛される者である」(『国家』第一巻352B)という、彼の幾たびものエレンコス(吟味論駁)による探求の論理的な帰結と、あたかもこれを裏づけるかのようにして、「これまでの全生涯において、私が何かを正しくない仕方で行なおうとする場合には、いつでもしきりに現われては、ごく些細なことについてまで大いに反対した、例のダイモーンからの予言的な告げ知らせ」(『弁明』40A)あるいは「神の合図」(τοῦ θεοῦ σημεῖον,

40B1）とが相俟って、彼をして死ぬことを「善いもの」として考えさせたのであろう。〈正義〉に関して譲ることのなかったソクラテスは（『弁明』33A, 37A）、裁判をめぐって、どのような場合にも、行動においても言論においても、一度も「神の合図」の反対を受けることはなかったからである（40A–C）。

この時、ソクラテスは哲学の次元を超え、宗教的情熱へと移行するかのように見える。しかしそうではない。ソクラテスは神を信じている、というのではない。知っているのである。[92] のみならず、「神の合図」は「神の合

（88）Brickhouse and Smith (1987) p. 22.

（89）Brickhouse and Smith (1987) p. 22. この帰結を、「徳十分説」を崩すものと認定したうえで、それにもかかわらず、ソクラテスは肉体なき魂のあの世への移住を信じているがゆえに、かつまたその魂は善いものであるかぎり、いかなる外的条件によっても損なわれないので、『弁明』41D1 の「善き人」を「善き魂」と読み替えることによって、ブリックハウスとスミスは、「徳十分説」を示唆する 41C–D の意味内容の再生を図ろうとする（1987, pp. 23–4, 1989 pp. 263–6）。しかし、魂のハデスへの移住もソクラテスにとっては一つの可能性にすぎず、これだけを念頭に置いて 41C–D の言明がなされたとは考えにくい。

（90）このようなソクラテスの主張から、ブリックハウスとスミス（Brickhouse and Smith［1989］p. 264）は、ソクラテスがみずからをすぐれた人間だと確信しているのでなければならないと判断しているが、これは即断である。

（91）これはブリックハウスとスミスも認めているが、この認定から、善き人＝徳のある人という図式を犠牲にして、「ソクラテスは善き魂には、たとえその魂が徳とは何であるかの理解を欠き、したがって徳そのものを所有できないでいても、悪しきことは何も起こらないと主張しているように思われる」（1989, p. 264）と推論することはできない。

（92）もしソクラテスが単に神を信じているだけならば、くり返し語られる彼の「神の命への服従」（『弁明』23B-C, E, 29D, 30A, E）は意味をなさないだろう。

図」以上のものではないからである。それは、ソクラテスのなそうとする行為に反対するにせよ、その反対理由を示すわけではないからである。反対される行為が誤っているかどうか、あるいは反対されない行為が正しいかどうかの根拠は、最終的にソクラテス自身の理解にかかっていると言わなければならない。

したがって、「善き人には、生きているときも死んでからも、悪しきことはひとつもない」という言明、そしてそれにつけ加えられた、「その人は、何と取り組んでいても、神々の配慮を受けないということはないのだ」という言明は、彼の哲学活動に支えられた主張と見なされねばならない。こうした言明がソクラテスによって「真実のこと」(ἀληθές, 41C9) と確言されるとき、彼が「徳十分説」の立場に立っていることは、もはや疑われないであろう。

第四章　ソクラテスの知の否認と快楽主義

人間の徳とは人間の善さであり、卓越性である。このような徳を、ソクラテスは人間の幸福のために必要かつ十分なものと見なす。そして、人間の徳を人間の生に本質的な善悪の知識に還元する。だが、その善悪とは何であろうか。もとよりソクラテスは、善美の事柄については何ほどのことも知らないと主張する（『弁明』21D）。したがって、彼は肝心の徳についてもまた、何ほどのことも知らない、ということになる。事実、彼はさまざまな対話者との共同探求において、くり返しみずからの無知を告白する。

かくして、徳について知を否認するソクラテスには、善き行為、善き生への道は閉ざされており、彼の日常的生はたえず困惑をはらむものと見られる。しかし、このようなソクラテスの困惑を打ち消す情景を、他方でプラトンは明確に描いている。すなわちそれは、ソクラテスの裁判から刑死に至るまでの一連の場面であり、とりわけ『パイドン』の終結部はすこぶる平静な彼の死の受容を伝えている。徹底した無知の自覚に立つソクラテスが、その生涯にわたって確固とした倫理的行為をなしえたのはなぜか。これがこの章で扱おうとする第一の問題である（第1―2節）。

他方、徳の探求における善悪について、ソクラテスにはまったく手がかりがないというわけではない。なぜなら彼は、「すべての人々は幸福であることを望んでいる」（『エウテュデモス』278E）という事態を人間の基礎事実として承認するからである。善悪はこの観点から捉えられる。すなわち、幸福に貢献するものが善であり、貢献しないものが悪である。だが、幸福に貢献するとはいったいどのようなことを言うのであろうか。

この問題への最も有力な接近法は心理的観点からのものである。幸福は何らかの心理的充足感と切り離して考えることはできないからである。そこで、ソクラテスは『プロタゴラス』において善を快楽と見る快楽主義的立場に立つ議論を展開する。しかし『ゴルギアス』ではその立場を否定するような議論を展開しており、彼の立場をめぐってこれまで多くの論争がなされてきた。快楽と幸福に関して、はたしてソクラテスはどのような立場を採っているのか、これがこの章で扱う第二の問題である（第3―4節）。そして以上の問題を考察したうえで、プラトンがソクラテスの倫理説をどのように受けとめ、どのような問題を検討することになったのかを明らかにする（第5節）。

1―ソクラテスの知の否認

ソクラテスの知の否認と彼の行為との間に見られる不均衡を解消できるかどうかは、彼の行為が現に確固としたものである以上、彼の知の否認をわれわれがどのように理解すべきかにかかっている。この問題に対する一つの対応は、彼の無知の告白を他者との対話状況という文脈において捉え、その告白を文字通りに受け取らないことである。この立場を示唆するガリーによれば、ソクラテスが議論において無知を告白するのは、ただ対話者たちに真実への探求を促すための教育的便宜にすぎず、その告白は彼の徳の探求の議論が失敗であることを告げるものではなく、また彼が懐疑主義者であることを示すものでもないと解される[93]。

初期対話篇において、多くの対話者たちがソクラテスによって論駁されてゆくのを見るとき、われわれはソクラテスが探求の対象についてすでに充分な知識をもっているのではないかという印象を受けるかもしれない。また彼の対話の目的の一つが相手の見解を吟味論駁することによって、相手に無知を自覚させ探求を促すところにあるとすれば、彼自身の無知の告白は、そのような教育的目的に動機づけられているというのも当然のことと見られるかもしれない。しかし、アーウィンの言うように、ソクラテスの無知の告白は「あまりにもしばしば、しかも強調的に行なわれるので、単にアイロニカルなものとして片づけてしまうことはできない」であろう[94]。

いずれにせよ注意すべきは、他者との対話の文脈においては、他者との関係において、彼の無知の告白はさまざまな意味をもちうるということである。しかるに、今問題なのは、その告白と対話者との関係ではなくて、ほかならぬソクラテス自身との関係である。したがって、事態を判然とさせるためには、われわれは対話の文脈から離れなくてはならない。そして、ソクラテスが自己自身との関係において、自己自身について述べた言

（93）Gulley (1968) pp. 69–71.
（94）Irwin (1977) p. 39.

葉に目を向ける必要がある。

その時、ヴラストスが指摘するように、ソクラテスの知の否認がきわめて誠実なものであることを示す最も強い証拠を、われわれは『弁明』に見出すことができる。すなわち、友人のカイレポンがデルポイに出かけ、「ソクラテスよりも知恵のある者はだれもいない」という巫女からの神託を受けたことを聞いて、ソクラテスは困惑の状態に投げ込まれる。かくして彼は、その神託を反駁するために、世に知者だと言われている人たちを訪ね歩くことになるが（21A–C）、その遍歴の最初に政界の人物と出会い対話をした後、次のように考える。

> この人間よりも、私は知恵がある。なぜなら、われわれのどちらも、おそらく善美の事柄は何も知らないらしいけれども、この男は、知らないのに、何か知っているように思っているが、私は、知らないから、ちょうどそのとおりに、また知らないと思っている。（21D）

この告白が、それに先だって前置きとして述べられた発言、

> それでは聞いて下さい。そしておそらく、あなた方のうちには私が冗談を言っているのだと思う人たちもいるかもしれない。しかし、これから私があなた方に話そうとすることはすべて真実である（πᾶσαν τὴν ἀλήθειαν）ということを、よく承知しておいて下さい。（20D4–6）

という言葉と結ばれて読まれるとき、われわれはソクラテスの無知の告白を、彼自身に関する事実を述べたものとしてそのまま受け取らなければならないであろう。ソクラテスが善美の事柄について知っていると思っていないことは、確かな事実なのである。

だとすれば、いったい彼は何によって自分の行為と生を導いたのであろうか。アーウィンは、「知の否認はあらゆる積極的な確信の否認を要求するわけではない」としたうえで、ソクラテスは、徳について「それが何であるか」という彼の問いに答えうるような「厳格で明示的な正当化」（stringent explicit justification）を欠いてはいても、なおも信頼できる「肯定的な信念」（positive beliefs）を依然として主張できる、なぜならソクラテス自身の信念は矛盾をはらまず、エレンコス（吟味論駁）をくぐり抜けてなおも存立しうるものだから、と考える。[95] ここでアーウィンは、「肯定的な信念」を「知識を欠いた真なる信念」（true belief without knowledge）と同定しているが、アーウィンも認めるように、ソクラテス自身は〈知識〉と〈真なる信念〉あるいは〈真なる思いなし〉とを明示的に区別してはいない。この区別は移行期対話篇『メノン』の最終部（97A以下）ではじめて現われるプラトン的なものであり、確かにそこでは「〈真なる思いなし〉（ἀληθὴς δόξα）は、行為の正しさに観点を置くなら、導き手として思慮に何ら劣るものではない」（97B9–10）と言われており、もしソクラテスが知識をもたないとすれば、その場合、この「真なる思いなし」で彼は自分の行為を導いたということも考えられる。だが、この解釈には難点がある。

まず、〈真なる思いなし〉とは、どのような資格のものであろうか。プラトンは『国家』篇（第五巻476C以下）でイデア論を背景にして、「あるもの」を対象とする〈知識〉と「ありかつあらぬもの」を対象とする〈思いなし〉とを厳しく区別している。すなわち、このような区別に基づくなら、ソクラテスの行為は、「真なる」という形容を付加された〈思いなし〉によってさえ説明することはできないであろう。なぜなら、プラトンは「知識

（95） Irwin (1977) p. 40.

を欠いた思いなしというものは、すべて醜いもの」であり、「たとえそれの最良のものであっても盲目」なのであって、「知ることなしに何か真実のことを思いなす人たちは、目の不自由な人がひとり歩きしてたまたま道を間違えない」のと同様である、と主張しているからである（第六巻506C）。「真なる信念」であれ「最良の信念」であれ、それが「信念」（あるいは「思いなし」）であるかぎりは、他の信念と同様、本質的に「盲目」である、というのがプラトンの見方である。

このような信念によって、ソクラテスは自分の生と行為を導いたのであろうか。それとも、アーウィンがソクラテスに帰する「真なる信念」はプラトン的なものではないのであろうか。徳に関するソクラテスのさまざまな見解は、アーウィンの言うようにエレンコス（吟味論駁）を生き延びるものである。だとすれば、そうした見解はけっして「盲目」なものではないはずである。吟味を経た見解であるかぎり、あるいは論駁に耐える見解であるかぎり、ソクラテス自身、それについて何らかの説明を与えうるものと考えられるからである。

他方、ソクラテスに「真なる信念」以上のものを認めないアーウィンの解釈のもう一つの難点は、『弁明』における次の言葉である。

> 不正をなすということ、そして神であれ人であれ、自分よりもすぐれた者にしたがわないということが、悪であり醜であるということを、私は知っているのです。（29B6−7）

アーウィンは、ソクラテスが正・不正との関連でこのように知識を主張するのは「まったく例外的」としたうえで、この強調的な言明は、ソクラテスの行為原理が幸福を度外視した正義にあることを示唆するものであると解し、正義が他の徳と違ってソクラテスの倫理説において「重大な例外」（serious anomaly）となるかどうかという問題を起こしている[96]。

確かに、このようなソクラテスの知識主張は例外的である。しかしながら、ソクラテスが「私は知っている」(οἶδα)と言うとき、その言葉は彼の主張の意味内容を強めるためだけのものではない。というのも、彼はこの発言の直後に(29B8)、また後にみずからの刑を申し出るときに(37B7–8)、同じ主旨の発言を「私は知っている」、あるいは「私はよく知っている」という言葉を使ってくり返しているからである。実際、善美の事柄との関連で「知らない」という表現を、「知っていると思う」という事態との鋭い対比のもとで使用するソクラテスが、不正や、悪、醜という、同じく倫理的・価値的な事柄に関して「知っている」という表現を無造作に使うとは考えられないであろう。そうだとすれば、ソクラテスは正・不正について、あるいは善悪・美醜について何ごとかを単に信じていたり、思いなしたりしているのではなく、事実「知っている」とわれわれは考えざるをえない。これはしかし、彼の無知の告白と衝突する。

2―ソクラテスの知識概念

ソクラテスの無知の告白を誠実なものと認めるとすれば、そしてソクラテスに単に「真なる信念」を帰さないとすれば、またソクラテスを何か逆説的な哲学者と見なさないとすれば、ここでソクラテスの「知っている」

(96) Irwin (1977) p. 58.

「知らない」の不整合を解消する方向は二つある。一つは、ソクラテスの〈知っている〉の用語法が多義的であると考えることであり、もう一つはソクラテスの〈知っている〉対象とそうでない対象を同一のものとせず、そこに何らかの区別を設けることである。

第一の方向は、このような不整合の問題を改めて掘り起こした、ほかならぬヴラストスによって採られた。彼はソクラテスの〈知っている〉の用語法は二義的だと想定し、一方でソクラテスは、誤ることのない、確実性を有するきわめて強い意味での知識概念を用い、他方で、彼自身の哲学的探求方法であるエレンコス（吟味論駁）によって正当化される、より弱い意味での知識概念を用いている、と主張する。[97] それゆえ、ソクラテスの探求のすべてが関わっている倫理の領域において、彼が何ごとかを「知っている」と言うとき、彼は「エレンコス的知識」（elenctic knowledge）に言及しており、他方、何も「知らない」と言うとき、「不可謬な確実性」（infallible certainty）を有するような知識に言及している、とヴラストスは論定する。[98]

もしソクラテスが何らかの倫理的命題について知識を主張するとすれば、もとよりそれはエレンコスを通じて正当化された知識以外ではありえない。しかしその知識は、ヴラストスの言うように、確実性の点でもう一方の種類の知識とは対極的なものであって、ソクラテスには不安定さのつきまとうようなものと意識されたのであろうか。[99] それはおそらく事実ではない。なぜなら、そのような不安定さは、少なくとも『弁明』で「私は知っている」と語るときのソクラテスに認められるものではないからである。われわれは彼の発言の文脈に注意しなければならない。彼はこう言っていた。

なぜなら、死を知っている人はだれもいないからです、それが人間にとってあらゆる善いもののうちで、ひょっとしたら最大のものであるかもしれないのに、人々はまるでもう、それが悪いもののなかで最大のものであることをよく知っているかのように恐れているのです。

(29A6–B1)

続いて、ソクラテスは「あの世のことについては、よくは知らないから、その通りにまた、知らないと思っている」(29B5–6)と述べ、これとの対比で、不正を行なうことが悪であり醜であることを、「私は知っている」と語ったのである。この事態は何を意味するだろうか。もしソクラテスの「知っている」内容が「確実性」を欠くものであるとすれば、彼はここで「私は知っている」とは語ることができなかったであろう。というのも、死は最大の善いものであるかもしれないが、しかし人々が恐れるように、「悪いもののなかで最大のもの」であるかもしれず、死の善し悪しのこのような不透明性に対して、ソクラテスは不正を行なうことの悪であり、醜であることの知を対置しているからである。彼の「私は知っている」という言葉は、その知識内容の確実性を含意しているはずである。

そして、このような確実性は知識の可謬性を排除するであろう。確かに、ヴラストスの言うように、誤りうる知識とともに生きることは人間の条件に組み込まれており、そうした知識なしに生きられるのは、ひとり神のみであるかもしれない。[100] しかし問題はそこにはないのである。今、「確実性」という言葉を、ヴラストスに

---

(97) Vlastos (1985) pp. 12, 18, (1994) pp. 49, 55–56.
(98) Vlastos (1985) pp. 19–20, (1994) pp. 57–58.
(99) Vlastos (1985) p. 19, (1994) p. 57.
(100) Vlastos (1985) p. 14, (1994) p. 52.

したがって強い意味に解し、これをいわば絶対的な「不可謬性」と同義とするならば、われわれの生の場面ではそのような確実性はありえぬ以上、もはや確実か否かの二項図式は意味をなさないはずである。その種の確実性を基準にすれば、どのような知識も誤りの可能性を含むものと見られるからである。

問題は、人間的次元における確実性である。何らかの仕方で真と見なされる知識を、たとえそれが絶対的基準に照らして誤りの可能性を含むとしても、人は生活場面でそれをまさに確実な知識として承認し、受け入れ、それによって生きるのである。たとえば、『国家』篇第一巻でソクラテスは、友人から武器を預かったけれども、そのとき正気だった友人があとで気が狂い、狂ってから返してくれと言ってきた場面を想定し、このとき武器の返却がけっして正しくないことは「すべての人」が認めるだろうと述べ、対話者ケパロスは直ちに同意している（331C）。こうした「すべての人」が承認せざるをえないような知識は、少なくとも人間の生活においては確実なものであり、その真理性は前提されていると言わなければならない。

このような知識はほかにも数多くある。私が手を二つもっていること、その手を火につっこめば火傷するだろうこと、火は熱く、雪は冷たいこと、明日太陽が昇るであろうこと、2＋2＝4であること、そして人に危害を加えたり、殺したりするのはよくないこと等々。また現に『弁明』においても、ソクラテスは国外追放の刑を斥けるに際して、「どこへ私が行こうとも、私の話を聞いてくれるのは、ここと同様に若者たちであるだろうことを、私はよく知っている」と述べている（37D）。こうした知識の一つ一つはたとえ無条件に真であるとは言えないにせよ、それらを真としなければ人間の生活が成り立たなくなるような一群の基礎的な知識を構成する。それらは絶対的な意味での「不可謬性」をもつものではない。しかし、人間の経験に根ざし、論理の規則にしたがうかぎり、人間の生活においては十分に確実性を主張できるものであり、その次元では可謬性を免れていると言ってよい。倫理的事柄に関するソクラテスの「私は知っている」という表現は、その知識内容に関してこのような確実性を含意していると見られる。その確実性を否定することは、人間の生活をいわば括弧にくくること、あるいはそれから離れることに等しいであろう。

それゆえ、ソクラテスの知の主張がこのような意味での確実性を含意するとすれば、彼の「知っている」という用語法は二義的でないということになる。不正をなすことが悪であり醜であることを、彼は人間の経験と論理に根ざした確実な知識として、そしてそれによって彼が生きるところの知識として主張しているのである。それならば、なぜ彼は自分を無知な者と表明するのか。

われわれはこの問題を解く鍵をソクラテスの知の対象に求めなければならない。すなわち、彼が何を知っており、何を知らないかが問題なのである。彼が手を二つもっていること、このようなことは彼もよく知っている。しかし、彼の手が一つであろうとなかろうと、あるいは三つもっていようと、あるいはそうしたことを知っていようといまいと、彼には重大なことではないであろう。多くの事実知は彼の生にとって本質的なものではない。「人を殺すのはよくない」といった基礎的な倫理的知識でさえ本質的ではない。彼にとって最大の関心事であり最も重要なのは、人がそれによって生き、それによって〈善き生〉を達成するところの知識、すなわち人間の生の核心にかかわる倫理的知識にほかならない。

だとすれば、こう考えられる。多くの初期対話篇が示すように、彼は、何らかの人間の徳について「それが何であるか」(τί ἐστιν;)と問われたときに、答えうるような知をもっていない。すなわち、徳のどのような属性をも見通すことができ、個々のどのような行為をもそれの有徳か否かを判別しうるような、したがって、あらゆる場面で〈よく生きること〉を可能にするような、徳に関する終局的かつ綜観的知を、彼はもっていないのである。このような知に、彼の探求法であるエレンコスは原理的に到達することができない。エレンコスは対話者の主張の吟味論駁という目的に方向づけられており、それを通じて得られる知識は必然的に断片的なものにならざるをえないからである。ソクラテスが知を否認し、かつ知を主張するという矛盾したふるまいは、こうした事情によるものと考えられる。

以上の考察が誤りでなければ、ソクラテスがもっていないのは徳に関する終局的・綜観的知であり、もっているのは個別的・断片的知だと考えられる。[101] 彼の無知の告白はまさにこの点にかかわっていよう。「善美の事柄」について自分自身が理解し、知っていると言える事柄の、あまりの少なさが彼にみずからの無知を告白させるのである。夢をさますような知が得られるや、他者との対話によって、あるいは自己自身との対話によって、それを乗り越えるような考えがくり返し立ち現われ、たえず夢のなかにいるという思いがソクラテスにつきまとう。この思いがソクラテスをして、「〈人間の知恵〉(ἀνθρωπίνη σοφία)というようなものは、何かもうまるで価値のないものだ」(『弁明』23A)と語らせるのである。

しかし反論されるかもしれない、思いなしにも似た、そのような個別的・断片的な知によってソクラテスは自己の生と行為とを導くことができたのか、と。ここで注意すべきは、ソクラテスの断片的な知の断片性は、神ではないという彼の人間的自覚に由来するものであって、その知は文字通りに無価値なわけではない、ということである。こうした自覚は彼の哲学の根底にあるものであり(そうでなければ、そもそも知恵を求める哲学は成り立たない)、どのような知識を彼が得ようとも、それはこの自覚によってたちまち彼には最終的ではない、ある種の暫定的なもの、部分的なものとして、言い換えれば、神の知ではない「人間的な知恵」として受け取られるのである。彼は自分の知をいつも吟味する用意がある。彼の知の断片性は、彼の哲学の態度、および深度に由来する。

したがって重要なのは、知の断片性ではなく、その根拠の了解であろう。ソクラテスの「知っている」事柄は、たとえ断片的なものであっても、その根拠は、幾たびものエレンコスを通じて導き出され、彼自身に了解されたものであって、そのかぎりにおいて、彼の断片的な知は、その根源性のゆえに終局的・綜観的な知に近いものとも言えるであろう。それゆえ、ソクラテスの知が倫理の根幹にかかわるものであるかぎり、またその知が充分な根拠によって正当化され、その知に彼自身の理解が伴っているかぎり、それは彼のものとして、彼の生と行為を導く力をもつはずである。

ではそれは、実際にはどのような内容のものであろうか。われわれはその中心的なものを直ちに確認できよう。『クリトン』において、ソクラテスは〈よく生きること〉と〈美しく生きること〉、あるいは〈正しく生きること〉との同一性を語り（48B6–9）、それに基づいてまた、「不正をなすことは、けっして善いことでも、美しいことでもない」（49A5–6）と主張するが、こうした見解がわれわれにとってどのような意味をもつにせよ、少なくともそれはソクラテスにとっては生きることの核心に触れるきわめて重要な原則であり、しかも「何度も」（πολλάκις）他者との議論によって同意され、確認された事柄なのである（49A6–7）[102]。

（101）この点において私の解釈は基本的にクラウト（Kraut［1984］pp. 283–284）と同じである。また cf. Nozick（1995, p. 144）。さらに、ソクラテスの知と無知の表明に関する包括的研究として Ohkusa（2008）がある。

（102）こうした原則は、「思慮ある人たちの（τῶν φρονίμων）思いなし」（47A10）あるいは「知識をもっている人たちの（τῶν ἐπαϊόντων）思いなし」（47D9）という前提のもとに語られているがゆえに、ここでは単にソクラテスの「思いなし」にとどまるものではなく、「知識」としての資格を与えられていると考えられる。

のみならず、このような一般原則ばかりでなく、ソクラテスは、「哲学をし、自他を吟味しながら生きてゆかなければならない」ことが神に命じられていると、「私は考え、かつまたそのように解した」(ἐγὼ ᾠήθην τε καὶ ὑπέλαβον)とも述べている(『弁明』28E)。つまり、彼は自分が何によって生きるかを、言い換えれば、自分の人生の意味をまさに了解しているのである。それゆえ、彼は人間の徳について終局的・綜観的知をもたないにせよ、人間の生き方の、そして自己自身の生き方の核心に関して、吟味を通じて得られた何らかの知識、すなわち理解をもち、それによって行為し、それによって生きたと考えられる。[103]

3―ソクラテスの「快楽主義的立場」をめぐる問題

以上のような生き方をしながら、自他の吟味と哲学を自分の仕事とするソクラテスが、『プロタゴラス』で快楽主義的立場に立って、快苦の「計量術」(μετρητικὴ τέχνη, 356D4)の構想を展開するとき、われわれは彼のそのような立場に対して疑義と抵抗感を覚えるであろう。しかも、『ゴルギアス』でソクラテスがカリクレスの快楽主義を批判するのを見るとき、われわれはソクラテスが快楽主義的立場には加担していないという想定にいっそう傾くであろう。

しかし、前章第1節で指摘したように、徳に関するソクラテスの見解がキュニコス派やストア派のものとは違って、振幅のあることにわれわれは留意しなければならない。ソクラテスが実際に快楽主義的立場を採っていたかどうかを判定し、「計量術」の内実を明らかにするためには、われわれは『プロタゴラス』と『ゴルギアス』に現われる彼の快楽に関する、相反すると見られる見解を比較検討しなければならない。この課題は、同時に、プラトンの前期作品群における両対話篇の位置を確認する作業を伴うであろう。両対話篇の、またそれらと他の対話篇との関係を考慮しなければ、快苦の「計量術」が説かれる意義も、さらにはまたプラトン自身の倫理思想の展開過程も充分に明らかにならないからである。[104]

両対話篇において、ソクラテスの快楽観が衝突すると見られるのは、次の三点である。[105]

（1）『プロタゴラス』351E2–3で、ソクラテスは「快楽それ自体は善である」と主張するが、『ゴルギアス』ではカリクレスが「快と善とは同じもの」と認定し（495A）、ソクラテスはこれを論駁する（495C－500D）。

（2）『プロタゴラス』351B–Cで、ソクラテスは善き生を快楽の生と同定するが、『ゴルギアス』ではカリク

（103）エレンコスによって正当化される知識の重要な特質は、このように「理解」という点にある。この方向の解釈は、Moravcsik（1979）, Burnyeat（1980a）に負っている。

（104）両対話篇がプラトンの前期作品群に属することは、今日一般に承認されている（Kraut［1992］pp. 3–6）。しかし、両対話篇が前期のどの段階に位置するかについては、見解が分かれている。たとえば、カーン（Kahn［1981］［1988］）は『プロタゴラス』を中期との連絡を示す作品と解し、ドッズ（Dodds［1959］pp. 16–21）やアーウィン（Irwin［1977］p. 292）は『ゴルギアス』をそのようなものと見なす。両対話篇の前後関係についてはカーン（Kahn［1988］pp. 69–70）参照。

（105）これを私は Gosling and Taylor (1982, pp. 69–70), Rudebush (1989, p. 38 n. 1) に負っている。

レスが同じ主張を行なっていると見られ（491E－492C, 494C）、ソクラテスは彼の主張を論駁する（494E－497A）。

（3）『プロタゴラス』354A–Dで、ソクラテスは善悪の究極理由（τέλος）を快苦に帰着させ、人は快楽を善きものとして追求し、苦痛を悪しきものと見なして避けると主張する。しかし『ゴルギアス』では、ソクラテスは、人の行為はすべて善を目指しており（468A－B）、善こそがあらゆる行為の究極目的（τέλος）だとし（499E－500A）、快楽は善のために追求されるべきであって、その逆ではないと主張する（500A, 506C）。

さて、これら三点に見られるソクラテスの立場の齟齬について検討してみよう。第一の論点は、ソクラテスが『ゴルギアス』で「快と善との同一説」（以下、「同一説」）を放棄しているのではないかという疑問である。この疑問の処理のためには、ソクラテスが『プロタゴラス』で確立する「同一説」と、『ゴルギアス』でカリクレスが認定し、ソクラテスが論駁しようとする「同一説」が同じ内容をもつものかどうかをまず調べてみなければならない。

カリクレスは、さまざまな欲望の充足による快楽は、それがどのようなものであれ、善だと想定する（491E－492A, 492D–E, 494C, 494E－495A）。ソクラテスはこの想定を論駁し、カリクレスに善い快楽と悪い快楽との区別を認めさせる（499B－E）。しかしここで注意すべきは、ソクラテスが善い快楽とは有益な快楽のことだと主張し、例として、たとえば身体に健康や強さをもたらす快楽を指摘している点である（499D－E）。われわれはこの事例から逆に、カリクレスの想定する「同一説」の内容を判然とさせることができる。すなわち、たとえ身体に病気や弱さのような害悪をもたらすような快楽であっても、それをカリクレスは善きものだと考えているのである。ある快楽が結果としてどのような事態を引き起こすにせよ、それはカリクレスにとっては問題ではない。欲望の充足によって生じる快楽、その点だけに着目するならば、どのような快楽もそれぞれ善としての資格をもつ、とカリクレスは見ているのである。

他方、『プロタゴラス』においてソクラテスが、「楽しいものは、それが楽しいものであるということだけに観点を置くかぎりは、善なのではないか」と述べ[106]、「そこから何かほかのことが結果するかどうかは問題にしない」とつけ加えるとき(351C)、ソクラテスの確立しようとする「同一説」は、カリクレスのそれと実質的に同じ内容をもつと解することができよう。そこで問題となるのは、ソクラテスが『ゴルギアス』におけるカリクレスの「同一説」を、すなわち『プロタゴラス』における彼自身の「同一説」を論駁しているかどうかということである。

(106) この発言はそれだけでは、楽しいもの以外のものも善である可能性を排除しない(Vlastos [1969] pp. 76–78)。すなわち、それが主張するのは、快→善であって、快⇅善ではないからである。しかし、プロタゴラスはソクラテスの発言を「快楽と善とが同じである」(351E5–6)という意味で捉えている。これを単にプロタゴラスの思考の混乱(Vlastos [1969] p. 77 n. 24)とするのは当たらない。なぜなら、先行する351B3–C1における善き生と快い生との同定は快⇅善の読み取りを促すからである(cf. Irwin [1977] p. 307 n. 9, Zeyl [1980] pp. 265–266 n. 11)。のみならず、この種の同値関係について、プロタゴラスは明確な理解もっているからである(350C–351A)。実際、ソクラテスは快を善と同定するプロタゴラスの捉え方に異議を唱えず、彼の提案を受けて「同一説」の検討を開始しているのである(351E8ff. *pace* Zeyl [1980] pp. 254, 267 n. 30)。

論駁の焦点は、善い快楽と悪い快楽との区別にある。このような区別に『プロタゴラス』のソクラテスは気づかないのだろうか。答えは明らかに否である。それどころか、『プロタゴラス』のソクラテスはその区別をはっきりと念頭に置いたうえで、快と善との「同一説」を確立し、かつまたそれを擁護しているのである（351C, E, 353D, 354B）。病気や貧乏をもたらす快楽の例は（353D）、『ゴルギアス』の悪い快楽と照応していよう。快楽の善し悪しの区別は、『プロタゴラス』においても『ゴルギアス』においても、同様にソクラテスの認めるところである。ただ『プロタゴラス』では、その善し悪しの構造分析をさらにソクラテスが行なっているという点が異なる。すなわち快の善悪は、結果としてもたらされる快苦に帰着させられるのである（353E）[107]。

それならば、ソクラテスは『ゴルギアス』において何を論駁しようとしたのか。それは「同一説」そのものではない。健康や強さをもたらす快楽の例からわかるように、ソクラテスの論駁のねらいは、カリクレスが快楽の結果を考慮に入れていないという点である[108]。カリクレスは「同一説」を、広範な善悪の経験の理論的分析から導き出してはいない。それゆえ彼は、ソクラテスの提示する善い快楽と悪い快楽の区別に対処することができない。「同一説」の明確な把握があれば、彼はソクラテスの論駁をかわすことができたであろう。ソクラテスはカリクレスの思考における欠落をついているのであって、『プロタゴラス』における自己の立場の論駁を試みているのではないと言わなければならない。

第二の論点に移ることにしよう。第一の論点と同様、ここでもわれわれは、ソクラテスが『プロタゴラス』で善き生と規定している快楽の生と、『ゴルギアス』でカリクレスが主張する快楽の生とが同じ内容をもつものかどうかをまず確認しなければならない。

ソクラテスはプロタゴラスの同意を得て、次の二つの主張を確立する（351B）。

(P) 人が苦しみのうちに生を送るとき、その生は善き生ではない。
(Q) 人が快さのうちに生を送るとき、その生は善き生である。

ここで(P)はその対偶の、

(R) 人が善き生を送るとき、その生は快い生である、

と等価である。かくして、(R)と(Q)より善き生と快楽の生との間に必要かつ十分な関係が成立し、両者の同一性が導かれる。(109) 文脈では、この同一性が快と善との同一性の問題を呼び起こすが、ここで注意すべきは、ソクラテスが(P)(Q)を確立するとき、彼は一時的な、あるいは個々の断片的な快苦に目を向けているのではないと

(107) この点において、『プロタゴラス』のソクラテスの快楽主義的立場は洗練されたものである。『ゴルギアス』でカリクレスはその地点に到達していないが、ソクラテスもそうだとすることはできない(Guthrie [1975] p. 304)。したがって、アーウィン(Irwin [1979] p. 205)のように、『プロタゴラス』のソクラテスは快楽の量によるほか、快楽の善悪の区別を拒む、という認定から、『ゴルギアス』におけるソクラテスの快楽の善悪の承認(499D-E)は『プロタゴラス』の彼自身の快楽主義への批判を意図したものと見るのは正当ではない。
(108) ここからカリクレスは単純な快楽観をもっているとするのは当たらない。実際には彼はある種の快の善悪の区別を、『プロタゴラス』の「多くの人々」(351C)と同様、すでに了解しているからである(499B)。問題は、彼がその区別の一般化への見通しをもたない点にある。
(109) Irwin (1977) p. 307 n. 9.

いうことである。(Q)を彼の言葉通りに引用してみよう。

> では、快く生涯を送って一生を終える（ἡδέως βιοὺς τὸν βίον τελευτήσειεν）場合はどうでしょう。そうして送った生涯は、善き生であったことになると思えませんか。
> （351B6–7）

すなわち、ソクラテスは人の生の全体に及ぶ快苦に言及し、それによって善き生と悪しき生とを区別するのである。そしてこの意味において〈よく生きる〉（εὖ ζῆν, 351B5）と〈快く生きる〉（ἡδέως ζῆν, 351C1）とが結ばれているのである。

しかし、ソクラテスが善悪を快苦に翻訳し、善悪の質の差異を快苦の量の差異に還元するとき、しかも行為の選択基準をより大なる快に求めるとき、ソクラテスの善き生とは、原理的に、最大の快楽の生に帰着する。この点においてソクラテスはカリクレスの立場と一致することになる。幸福は快楽の最大化によって達成されるとカリクレスも考えているからである（『ゴルギアス』491E–492C）。

それならば、ソクラテスは『ゴルギアス』において、幸福を最大の快楽の生と見る『プロタゴラス』での自己の見解を批判しているのだろうか。そうではない。ソクラテスの論駁の対象は、快楽の最大化という事柄そのものではなくて、カリクレスの主張するそれの達成方法なのである。カリクレスの主張は次の二つの発言に明らかである。

> 正しく生きようとする者は、自分自身の欲望を抑制するようなことはしない（μὴ κολάζειν）で、これを最大限にゆるしてやり、そして勇気と思慮をもってその最大限にのばしたもろもろの欲望に仕え、欲望

の求めるものがあれば何でも、そのつど（ἀεί）これを充足させてやるだけの力をもたなければならない。（491E8－492A3）

また、

（飲食への欲望や）その他ありとあらゆる欲望（ἐπιθυμίας ἁπάσας）をもち、それらを満たすことができて、それによってよろこびを感じながら幸福に生きる、ということを言っているのだ。（494C2－3）

カリクレスは欲望の充足による快楽の最大化を主張する。しかしカリクレスの言う欲望とは、それがどのようなものであれ、自己の内部に次々と生起してくるものであり、充足とは生起する欲望を抑制することなく最大にしながら、それをそのつど満たすことである。すなわち、そのつどの無差別的な最大の欲望充足によって快楽の最大化は達成されると彼は考える。[110] このような考えを、『プロタゴラス』のソクラテスはもたない。もしもっていたなら、彼は快苦の「計量術」を語りはしなかったであろう。その技術は生の全体における快苦の選択を行なうものであったからである。[111] カリクレスは快苦への全体的視点をもたず、快の最大化が、後に生じるかもしれない苦によって相殺される事態の可能性を考慮しない。この点にソクラテスの論駁はかかわってい

（110）ゴズリングとテイラー（Gosling and Taylor［1982］pp. 70–71）は、カリクレスの主張する快楽の生は短期的な肉体的快楽の充足によって達成されるものと見なすが、カリクレスはそのような欲望だけを念頭に置いているのではない。たとえば、「自然の正義」と「哲学する年齢」に関する彼の発言（482D–486D, esp. 484C–D）を見よ。「ひとかどの人物となって名声を博する」（484D1–2）ことを彼は人生の目的と見ているのである。

るのである。

第三の論点に移る。快楽は善のために求められるべきであって、その逆ではない、という『ゴルギアス』におけるソクラテスの見解は、快楽を行為の究極目標と見る『プロタゴラス』のソクラテスの立場を論駁するものであろうか。『ゴルギアス』でソクラテスはポロスに、善くも悪くもない「中間的なこと」が善のためになされるということを承認させている（468A–B）。そしてこの議論の結論をソクラテスは499E–500Aで一般原理として採用し、それに基づいて自己の主張を確立する。すなわち、「すべては善のために」から、「快いことも善のために」という帰結を導き出すのである。しかし、ここで言われる「快いこと」あるいは「善」とは何であろうか。

われわれは、この議論が、第一の論点を扱う際に取り上げた、善い快楽と悪い快楽との区別をカリクレスに認めさせる議論（499B–E）に直接接続していることに注意しなければならない。「快いこと」とは、それが単に快楽を提供するという点だけに注目して言われる言葉であり、「善」とはその快楽のもたらす結果のあり方を指示する言葉である。しかるに、結果の善さとは何か。われわれはそれの何であるかをさらに問うことができる。だが、ソクラテスはこの点に立ち入らないし、またその必要もないのである。日常的な快楽の善し悪しの事実をカリクレスに提示し、それが承認されるだけで論駁は成立するからである。善い快楽の善さが快楽に、しかもより大なる快楽に結びつく可能性をソクラテスは否定も肯定もしない。それゆえ、快楽は善のためにという立場が、『プロタゴラス』のソクラテスの立場を批判するものかどうかは、ここでは善の内容の論究がなされていないがゆえに確定できない。

しかしながら、ソクラテスはこの議論の帰結について、カリクレスに問う。

では、いったい、いろいろの快い事柄のなかから、どのようなことが善いことであり、どのようなことが悪いことであるかを選び分けるということは、だれにでもできるようなことだろうか。それとも、それができるためには、それぞれの場合に技術者を必要とする（τεχνικοῦ δεῖ）のだろうか。（500A4−6）

この問いが「いかに生きるべきか」（500C3−4、また492D5）という、いっそう重要な問いと結ばれて読まれるとき、それは『プロタゴラス』の「計量術」の構想を暗示する。

4 「計量術」とソクラテスの「快楽主義的立場」

ソクラテスの快楽に関する見解が、『プロタゴラス』と『ゴルギアス』で衝突すると見られる箇所を検討してきた。そして(1)(2)の論点では、その衝突が見かけ以上のものではないことをわれわれは確認した。問題は(3)の論点である。「快楽は善のために」という立言が「計量術」の構想を呼び起こしたのか、それともそれは「計

(11) アーウィン（Irwin［1979］pp. 203–205 n. on 499A–B）は、カリクレス的な快は苦の最大化によってのみ最大化されると想定し、臆病な者こそ快を最大化しうる以上、「計量術」は正当化されないと主張する。しかし『ゴルギアス』497E以下におけるソクラテスの、快苦の相関関係に基づくカリクレス批判にもかかわらず、どのような快であれ、快の最大化を臆病で無思慮な者が達成できるとは、カリクレスのみならず、ソクラテス自身も考えないであろう。最大化は何らかの計画を伴うからである。

量術」に何らかの批判を加えるものであるのか、あるいはまた、それは「計量術」と両立する何かある事柄を示すものであるのか。ここでわれわれは、「計量術」そのものを考察することにしよう。

快楽であるかぎりの快楽と善との同一性、最大の快楽の生と善き生との同一性、これらが「計量術」の構想を要請する。「計量術」は快苦を比較考量する技術である。それは快苦の選別を行なう。善き快苦と悪しき快苦とを選び分けるのである。『プロタゴラス』では善き快楽とは結果としてより大なる快楽に終わるものであり、悪しき快楽とはより小さな快楽、あるいは苦痛に終わるものである（353C−354E）。したがって、「計量術」はある事柄や行為がもたらす未来の快苦、あるいは長期的な快苦を見通す技術だと考えられるかもしれない。(112)しかし現在の快楽と未来の快楽との、あるいは直接的快楽と長期的快楽との区別は「計量術」に本質的なものではない。たとえば、現在のより小さな快楽と未来のより大きな快楽との間で、人が選択を迫られるとしよう。彼は必ずしも未来のより大きな快楽を選択するとはかぎらないのである。これは何に由来するものとソクラテスは見ているのだろうか。現在のより小さな快楽を、人はその現在性あるいは直接性のゆえに選択すると考えられるかもしれない。だがソクラテスは次のように言う。

もしだれかが、「しかし、ソクラテス、その瞬間における快楽は、後になって起こる快や苦と比べて、たいへんな差異があるのではないか」と言うならば、ぼくとしてはこう主張するだろうからね、すなわち、差異といっても、よもや快楽と苦痛以外の何らかの点で差異があるというのではあるまい？　他に差異のある点はないはずだから、と。（356A）

すなわち、ソクラテスは現在と未来との差異を本質的なものと考えず、現在の快楽であっても未来の快楽であっても、ただその快楽の点だけの差異に、しかもその大小に注目するのである（356B）。

それならば、現在のより小さな快楽の選択はどのように説明されるのだろうか。ソクラテスは、同じ大きさのものが、近くから見ればより大きく、遠くから見ればより小さく見える事実を、また同じ大きさの声が、近くで聞けばより大きく、遠くで聞けばより小さく聞こえる事実を指摘している（356C）。こうした事例から類推すれば、問題は快楽の直接性ではなくて、その直接性によって引き起こされる快楽の現われだと考えられる。直接性は、より小さな快楽をより大きなものとして見えさせるのである。[113] したがって、現在のより小さな快楽の選択とは、未来のより小さく見える快楽を捨てて、現在のより大きく見える快楽を選ぶ事態だと説明されよう。見かけと実際との区別、これをソクラテスは本質的なものと考えているのである。そして「計量術」は、まさにこの見かけを剥ぎ取る技術として提出されるのである。

> 計量術というのは、このような見かけから権威を奪うとともに、他方、真相を明らかにすることによって、魂がこの真相にとどまって落ち着くようにさせ、生活を保全しえたものではないか。　（356D7–E2）

それゆえ、現在のさまざまな快楽の間での選択であっても「計量術」は行使されうるだろう。直接的快楽と長期的快楽との区別は、有意味な区別ではない。それはかえって、「計量術」の意義を見失わせるだろう。何

（112）たとえば、Gosling and Taylor (1982) pp. 55–58.

（113）実際、直接性そのものを行為選択に影響を与える独立の要因と見るならば、快苦の大小を査定する「計量術」は成立しないであろう。ソクラテスの想定する快苦の通約可能性が否定されるからである（cf. Rudebush［1989］pp. 30–31）。

が真に大きな快楽であるかを「計量術」は明らかにするのである。それは単に生涯における個々の断片的な快苦の総和を計算する技術ではないと言わなければならない[114]。

しかしながら、見かけと実際との区別は、見る、聞くなどの知覚経験と事物のあり方との間には成り立つとしても、快苦の経験には妥当しないのではないかと人は異議を申し立てるかもしれない。より大きく見える快楽には、より強い欲望が呼び起こされると考えられるからである。それは同じ大きさの声が、近くでより大きく聞こえるという事実と同列である。しかるに、快楽の見かけの大きさが引き起こすより強い欲望の生成が事実であるとすれば、それの充足は実際により大きな快楽を生むことになるだろう。たとえどのような見かけの大きさの快楽によってであれ、ひとたび欲望が生じるなら、それの充足が快楽の内実を構成するからである。この時、見かけと実際との区別は無意味なものとなる。見かけの背後に実際を考えることができないからである。生成する欲望、それがどのようなものであるにせよ、それだけが確かな事実であり、これの充足以外に実際の快楽など存在しない、とカリクレスならば主張するであろう（cf.『ゴルギアス』491E–492A）。

おそらくこのような主張を想定して、『ゴルギアス』のソクラテスは、快楽の見かけと実際の区別ではなくて、それの善悪の区別によってカリクレスを論駁してゆくのである。どのような快楽であれ、快楽であることは疑いえない。とすれば、快楽に見かけや実際という言葉は有意味ではなく、無差別的な快楽の充足を唱えるカリクレスの立場の論駁には、快楽の善し悪しの区別によるほかはない。こうして、善き快楽、すなわち善に貢献する快楽が提出され、「快楽は善のために」という見解が立言される。

しかしそれならば、『ゴルギアス』は『プロタゴラス』よりも発展した見解を示しているのだろうか。必ずしもそうではない。より大きく見える快楽へのより強い欲望、これを『プロタゴラス』のソクラテスは否定しないし、またそれの充足による快楽も否定しないであろう。それどころか逆に、彼はそのような人間の経験にこそ目を向けていると言わなければならない。なぜなら、その経験のうちに重要な事柄が含まれているからである。それは、ほかならぬ〈悔恨〉（μεταμέλειν, 356D6）という事態である。「計量術」が構想されるのは、人間の〈生の保全〉（σωτηρία τοῦ βίου, 356D3）と〈幸福〉（εὖ πράττειν, 356D1）とが何によって実現されるかを第一の動機としていることにわれわれは留意しなければならない。要するに、悲惨を免れ、悔恨をくり返さないために、「計量術」が要請されるのである。ひとたび悔恨という事実が認められるならば、快苦の経験における見かけと実際との区別は、一転して有意味なものとなる。大きな見かけの快楽からしばしば結果するところの、悲惨と苦痛が人に悔恨をもたらすからである。

それゆえ、「計量術」の本領は、そのつどの状況における快楽計算にあるよりもむしろ、人間にとって、あるいは私にとって、生涯にわたって悔恨をもたらすことのないような快楽、一時的な快苦をこえて私の魂を真に満たすものとは何であるのかということを査定することにあるだろう。しかるに、人生の全体において考えられるこのような快楽を、ソクラテスが人間にとって善きもの、追求されるべきものと見なしているとすれば、この意味では彼は確かに快楽主義的立場に立っているのである。しかしながら彼は、通常の意味での一時的・断片的な快楽を追い求めることを人生の目標と考えるわけではない。したがって、この意味では彼はけっして快楽主義者ではない。そしてここから、「すべては善のために」という立言がなされたと考えられる。だがそ

（114）「快苦の総和の計算」を事実ソクラテスはどこにおいても主張してはいない（*pace* Guthrie［1975］pp. 233–235, 303）。

の場合の善、すなわち究極目的としての善は、快楽とは独立のものではないであろう。それゆえ、最大の善を最大の快楽としての幸福と見る「計量術」の構想は、その立言と必ずしも矛盾するものではない。

しかしながら「快楽」とは善きもの自体ではなく、それの魂への感情的効果という局面において語られる言葉であり[115]、快楽をもたらすところの善きものとは何であるかを、さらには端的に善きものとは何であるかをわれわれは問うことができる。しかし、そのとき問われる善きものが、快楽を否定するものではなく、逆にそれをもたらすものであり、それと結びついていることは、ソクラテスによって前提されているであろう。言い換えれば、どのような意味においても苦痛しかもたらさないようなものは、『プロタゴラス』のソクラテスばかりでなく、『ゴルギアス』のソクラテスも、善きものとして是認しないであろう、ということである。

それならば、最大の快楽としての幸福をもたらす善きものとは何であろうか。それはほかでもなく、ソクラテスによれば、知に還元される徳なのである。なぜなら、彼は次のように言っているからである。

> したがって、カリクレスよ、まったく必然的に、その思慮ある人（ὁ σώφρων）というのは、正しくて勇気があり、敬虔なのだから、完全に善い人（ἀγαθὸν ἄνδρα τελέως）であって、しかるに善い人というのは、何ごとを行なうにしても（ἃ ἂν πράττῃ）、それをよく、かつ美しく行なうのであり、そしてよくなす人というのは幸せであり幸福である（μακάριόν τε καὶ εὐδαίμονα εἶναι）が、他方、劣悪であり、悪くなす人はみじめ（ἄθλιον）なのだ。
>
> （『ゴルギアス』507B–C）

しかるに、徳は善悪の知であった。その知が対象とする善悪は、それゆえ、徳と直ちに同じものではない。その善悪は人間の幸不幸の内実を構成するものである。そうした善悪を知るには、人は幸福につながる善きものを一つ一つ検討し、自分の生の全体においてそもそも幸福が何にあり、何によって確保されるかを改めて考えなければならない（cf.『プロタゴラス』361D）。またその時、われわれは自分の生の意味を、あるいは究極目的をあらゆる存在との関連で問わざるをえない（cf.『ゴルギアス』507E–508A）。前者の問いは『エウテュデモス』において、後者の問いは『リュシス』において追求されることになる(116)。いずれの対話篇も中期への移行期に位置づけられる(117)。

---

(115) ソクラテスが「快」と並べて「楽」（τερπνόν）や「悦」（χαρτόν）に言及していることが（『プロタゴラス』358A7–8）、これを示している。それゆえ、『プロタゴラス』のソクラテスの立場を Psychological Hedonism と捉えるハックフォース（Hackforth［1928］p. 42）の着眼は誤っていない。

(116) その追求は、とりわけ『エウテュデモス』278E–282E, 288D–293A における、若者を知恵と徳へと促すいわゆる「プロトレプティコス・ロゴス（説き勧めの言論）」（προτρεπτικὸς λόγος, 282D6）、および『リュシス』216C–222E における「愛の第一の対象」（πρῶτον φίλον, 219D1）をめぐる議論に見られる。

(117) 「移行期」対話篇の区分に関しては、アーウィン（Irwin［1977］p. 291 n. 33）ではなく、ヴラストス（Vlastos［1983］pp. 57–58,［1985］pp. 1–2,［1991］pp. 46–47）に従う。それはまた、近年の文体研究からも支持を得るだろう（cf. Brandwood［1990］p. 252,［1992］p. 115）。

5―ソクラテスの倫理説の問題とプラトンの課題

以上の考察が受け入れられるならば、『プロタゴラス』と『ゴルギアス』両対話篇の前後関係、およびソクラテスの見解の異同はもはや問題ではない。両対話篇は相互に対立するものではなくて、ソクラテスによる善き生の問題への異なった接近だからである。この見方は従来の解釈への批判でもある。この点をここで確認しておくことにしよう。

『プロタゴラス』と『ゴルギアス』に関する解釈者たちの主要な見解は、基本的に、

(1)『プロタゴラス』の快楽主義的立場から、『ゴルギアス』におけるそれの批判へ、[118]

(2)『ゴルギアス』のやや粗雑な快楽観から、『プロタゴラス』における洗練された快楽主義的立場へ、[119]

(3)『プロタゴラス』の快楽主義的立場から、『ゴルギアス』におけるそれの発展拡充へ、[120]

(4)『プロタゴラス』における快楽主義的立場は、歴史的ソクラテスの、あるいは『プロタゴラス』執筆時のプラトンの見解ではない、[121]

という四つに分かれるだろう。

第一、第二の見解を私は採らない。『プロタゴラス』と『ゴルギアス』との間に本質的な批判関係も、洗練度の相違も見ないからである。そして第四の見解も採らない。理由は二つある。一つは、『プロタゴラス』の快

楽主義的立場は、「多くの人々」の見解でもなければ、プロタゴラスの見解でもなく、ソクラテス自身が「多くの人々」の経験的事実からそれを掘り起こして提示しているからである。[122] その議論は、「多くの人々」との、あるいはプロタゴラスとの対話に基づいているのではなく、実質的に、ソクラテス自身が構成しており、「多くの人々」の見解はソクラテスによって語られ、「多くの人々」（すなわち、ソクラテスのいわば分身）とソクラテスとの間で対話は進行し、プロタゴラスは相槌を打つだけになっているのである（352A–357E）[123]。もう一つは、快楽主義的立場は、それに基づいてソクラテスが徳は知識であるという彼の重要な見解を導くものとなっているからである（358B–360E）[124]。

---

(118) E. g. Hackforth (1928) p. 42, Dodds (1959) p. 21, Irwin (1977) pp. 121–122, 311–312 n. 15, (1979) pp. 8, 204–205.

(119) E. g. Grube (1980) pp. xii-xiii, 58–62, Taylor, A. E. (1926) pp. 260–261. ただし両者とも、快楽主義的立場をソクラテスに帰さない。

(120) E. g. Gosling and Taylor (1982) pp. 69–72.

(121) E. g. Sullivan (1961), Zeyl (1980), Kahn (1988) p. 72, (1981) pp. 318–319, Vlastos (1991) pp. 300–302.

(122) Cf. Dodds (1959) p. 21 n. 3.

(123) このソクラテスの流儀をザイル（Zeyl［1980］pp. 253–257）のように「診断的」と解して、ソクラテスは快楽主義的立場を採っていないと見なすのは正当ではない。アーウィン（Irwin［1977］p. 106）が主張するように、「無抑制」の不可能性を示す議論は快楽主義的立場を前提にするからである。ザイル（Zeyl［1980］p. 262）は善を快楽以外のものと同定したとしても、「無抑制」の不可能は帰結すると論じるが、「快楽や苦痛に負ける」という事態（352D–353A）が、「おかしなこと」（355A6）であることの説明は、善を快と同定してはじめて可能となる。

そこで残るのは、第三の見解である。この立場を採る者たちは、ソクラテスの快楽に関する見解が『プロタゴラス』と『ゴルギアス』で一貫していると考える。この点をわれわれの解釈は支持する。しかし、『プロタゴラス』から『ゴルギアス』へ、という直線的な発展関係を想定している点で、この見解と立場を異にする。両対話篇に見られるソクラテスの快楽観の相違は、視点の相違であって、発展関係を示すものではないからである。『ゴルギアス』における、魂と肉体との区分対立という図式の導入は、確かにわれわれに『パイドン』を予想させる。しかしプラトンの思考の道筋を、その図式だけによって辿ろうとする解釈は、『饗宴』を考察の外に置くことになろう。[125]むしろ『プロタゴラス』の善き生の記述は、『饗宴』におけるソクラテスとディオティマとの、幸福をめぐる対話を予期するものと見られる。『プロタゴラス』と『ゴルギアス』の両対話篇は、快楽に関するその見かけの対立にもかかわらず、[126]それぞれに善と魂の問題の考察を要請するであろう。

したがって、それらはいずれも移行期対話篇『エウテュデモス』『リュシス』の前段階において書かれた作品であると考えられる。そしてこの移行期において善への問いがはっきりとしたかたちをとり、それの解決の困難があらわにされてゆくことになる。プラトンは『饗宴』において、人間のエロースが究極的に向かう対象としての超越的な〈美〉のイデアに言及しながらも（210E）、『パイドン』（97B－99D）においてはソクラテスに善の探求の挫折経験を語らせている。こうした経緯を経て、プラトンは『国家』篇第六巻で「学ぶべき最大のもの」としての〈善〉のイデアの提示に至るが（505A）、しかしそこでも〈善〉の内実は明示されず、比喩を通じてしか語られない。〈正義〉その他の徳に積極的な定義が与えられるにもかかわらず、〈善〉はその内容が暗示されるにとどまる。

この事態は、一つには〈善〉の把握の論理的困難（505B－D）、もう一つは〈善〉の宇宙論的位相における理解の困難（509B）によるであろう。いずれの困難も〈善〉の超越性ないし根源性にかかわっている（509C）。他方、人の生の宇宙における位置の問題は、魂の起源とゆくえの問題を呼び起こすことになる。とりわけ『パイドン』『パイドロス』における、魂不死、イデア論、想起説、あるいは魂の人間界とイデア界との、あるいは地上と天上との間の往還の思想は、こうした問題の論究である。

このような見取り図は、われわれをプラトンの哲学の形而上学的局面に導くが、それ以前に、われわれはプラトンの倫理思想の展開における、劣らずに重要な思考経路に注意を払う必要がある。なぜなら、プラトンの思考をつき動かすものは、ソクラテスの徳の探求から呼び起こされる善と魂、あるいはイデア論といった種々

（124）Cf. Vlastos (1956) p. xl. しかしヴラストスは後に考えを変え、快楽主義的立場をソクラテスのものとせず、それを「徳の至上性」への理解をもたぬ者に対する「程度の低い功利道徳」の提示と考える（1991, pp. 300–301）。だが、『プロタゴラス』358B3–6において主張される快さ、美しさ、善さの結びつきは、けっしてヴラストスの言うような「その場かぎりの」（ad hoc）見解ではない（cf. Irwin［1992］p. 245）。快楽主義的前提はソクラテス自身の論理によって確立されたものであり、それに基づいて徳＝知の見解が導かれるとき、彼はその前提を偽とは考えないであろう。無論、『ラケス』や『カルミデス』が示すように、徳＝知の導出は必ずしも快楽主義的前提を要求するわけではない。

（125）ゴズリングとテイラー（Gosling and Taylor［1982］pp. 122–125）は、わずかに『饗宴』204Aの知恵を求める哲学を快楽と欲求充足の観点から扱うだけである。

（126）ザイル（Zeyl［1980］pp. 263–264）は、徳の最重要性と魂の完成を訴える『弁明』や『クリトン』もまた、『プロタゴラス』の快楽主義と相容れないと考える。しかし、それらの作品における徳と魂の概念は、『プロタゴラス』の快楽主義を否定も肯定もしない（cf. Irwin［1977］p. 103, Gosling and Taylor［1982］pp. 62–65）。

の理論的問題だけではなく、ソクラテス裁判から刑死に至るまでの歴史的事実そのものであったと見られるからである。そしてその事実は、ソクラテスの倫理説の問題をプラトンに強く意識させたであろう。それは〈他者〉の問題である。

ソクラテスは徳を善悪の知識に還元する。その知識をどれだけ自分のものにできるにせよ、あるいはその知識がどれだけ善き生を実現するにせよ、人は人間の生活を営むかぎり、必然的に、〈他者〉とともに生きてゆかなければならない。このような社会生活を成立させるものは、プロタゴラスによれば、人々の間に〈友愛〉をもたらすところの、〈つつしみ〉と〈いましめ〉であり（『プロタゴラス』322C–D）、とりわけ〈いましめ〉としての正義である。すなわち、人々が互いに不正をはたらきあわないことが、共同生活の成立要件と考えられるからである（322B）。しかるに、ソクラテスは、人間のさまざまな徳を互いに異なった性格のものと見るプロタゴラスの見解を論駁し、あらゆる徳を知識に収斂させてゆく[127]。したがって、正義もまた知識に還元されることになる。

ここで二つの問題が生じる。一つは、そのような正義が〈私〉の善き生を実現するものとソクラテスに見られるにせよ、それは人々が了解している通常の正義概念と異質なものであるとすれば、依然として人々は、自分の幸福を約束するのは、富や名誉などであって、正義ではない、と主張することができる。それどころか、本来は不正の方が自分の幸福にとっては有利ではないかと考えることもできるであろう。もう一つは、ソクラテスの正義概念が、まさに〈私〉の善き生を追求し実現する内容のものと見なされているとすれば、その概念には人々の通常の正義感覚に含まれている他者の利益への配慮という視点が欠落しており、場合によってはそのような正義概念によって生きる人は、他者を配慮せず、さらには通常不正と思われるようなことも行なう可能性があるのではないかということである。

これら二つの問題は、もともとソクラテスを刑死に至らしめた裁判に含意されていたものである。人々は不正を行なうことよりも死を恐れる、とソクラテスは言う（『弁明』29A–B）。また、彼は自分が〈正義〉に関しては譲ることがなかったと主張する（『弁明』33A, 37A）。しかし、当のソクラテス自身が、多数の裁判員たちに不正を行なっていると見られたのである。(128) 問題の根は、ソクラテスの見解と「多くの人々」の見解との宥和しがたい不一致にある。このことは、『クリトン』でもくり返し言及されている（44C, 48C, 49B, D）。ソクラテスはクリトンに自分の考えに反して同意することのないようにと注意を促しながら、正義の原則に関する自分たちの議論についてこう言っている。

（127）このソクラテスの議論については第二章で論じた。

（128）バーニエット（Burnyeat［1997］p. 4）は、ソクラテスに対する正式な告発理由が、「国家の認める神々」を認めない点（『弁明』24B–C）にあるのに、『弁明』におけるソクラテスの神あるいは神々への重要な言及はすべて、「国家の認める」神々ではなくて、単に「神」あるいは「神々」であることから、彼の弁明の有効性を疑っている。しかしソクラテスはメレトスに対して、「国家の認める神々は認めないで、別の（ἑτέρους）神々を認めており、この点が、すなわち別の神々を認めているという点が、君のぼくに対する告発理由なのだろうか、それとも君の主張によれば、ぼくは自分でも神々をまったく認めていないし、他の人々にもそのことを教えているということなのだろうか」（26C4–6）と問いただして、告発理由の内容をはっきりと確認している。そしてメレトスが、「あなたはまったく神々を認めていない」と即座に答えた（26C7）のを踏まえて、ソクラテスは弁明を展開している。それゆえ、神への言及に関連して、ただちにソクラテスの弁明の有効性を疑うのは必ずしも妥当ではない。

このようなことは、ただ特定の少数の人々（ὀλίγοις）の考えるところであり、今後もそうであろう、ということをぼくは知っている（οἶδα）のだから。（49D2）

たとえソクラテスが、不正に対して不正を報いてはならない、という見解をクリトンに説得できたとしても、その見解は少数者の間のものにとどまる。ソクラテスはそのことを了解している。しかし、ひとたび正義が問題になるなら、それについての見解は「多くの人々」のそれと何らかの接点がなければならない。しかるにソクラテスのいわば〈自己〉に収斂する正義概念は、他者とのかかわりを核とする通常の正義概念とは隔たりがあるだろう。「少数の人々」にのみ理解され、「少数の人々」にのみ妥当するソクラテスの正義概念の、このようないわば独我論的性格は、その正義概念自体の存否にかかわる重大な難点と見られる。かくして、正義の対他性をめぐる問題にプラトンは『国家』篇で改めて取り組み、彼の正義論を展開することになる。その議論は、正義とは「他者の善」（ἀλλότριον ἀγαθόν）である（第一巻343C）、とするトラシュマコス説から呼び起こされるのである。

第二部　プラトンの倫理学

第一章　魂の正義

ソクラテスは『国家』篇第一巻で、正義とは「他者の善」であり、不正こそ自分自身の利益になるものだとするトラシュマコスの見解（343C–344C）を、初期対話篇と同様、とりわけ、正しい人を知識ある人、あるいは知恵ある人と同定することによって（349B–350C）、あるいは正義を魂そのものの徳と位置づけることによって（353D–E）論駁してゆくが、プラトン自身の目にはそのような論駁が十分に成功したものとは映っていない。なぜなら彼は、第二巻の冒頭で主人公のソクラテスに、第一巻の議論を「前奏曲」（προοίμιον, 357A2）だったと語らせており、また対話者のグラウコンにも「トラシュマコスは、まるであなたに魅入られた蛇のように、あまりにも早く降参してしまったようです」という感想をのべさせ、しかもトラシュマコス説を改めて「復活させて」（ἐπανανεώσομαι）いるからである（358B–C）。かくして以後、『国家』篇の主要議論は、トラシュマコス説の論駁をめぐることになる。

しかしプラトンは実際、ソクラテスの議論のどのような点に不満を覚えたのであろうか。われわれはそれをグラウコンとアデイマントスの熟慮された異議申し立てから読み取ることができよう。彼らにとって問題と思われたものは二つある。一つは、第一巻がソクラテスの無知の表明に終わったことから起因する問題、すなわち、(1)そもそも〈正義〉と〈不正〉とは何であるのか、ということであり(cf. e. g. 358B)、もう一つは、(2)〈正義〉と〈不正〉は、それらを所有している者の魂の内にあるとき、それぞれはそれ自体としてそれ自身の力で、どのようなはたらきをなすがゆえに、一方は魂が自己自身の内にもつ最大の善であり、他方は最大の悪であるのか(cf. e. g. 366E)、という問題である。

これら二つの問題は連関している。なぜなら、第一巻末の、「そもそも正しさが何であるかということを、私が知らないとすれば、……それをもっている人が幸福であるかどうかもとうてい私にはわからないだろう」(354C1–3)というソクラテスの発言が示すように、(2)の問いの正式な解決は、(1)の問いの解明を要請するからである。しかるに(2)の問いは、正・不正の価値を魂との関係において問題にしている。これは、われわれに牢獄のソクラテスがクリトンに語った謎のような言葉を想起させる。

> 不正が損ない、正しさが益するところのかのもの(ἐκεῖνο)が、もし壊されてしまったとするならば、われわれの生は生きるに値するであろうか。
>
> （『クリトン』47E6–7）

プラトンが『国家』篇執筆時に、このソクラテスの言葉を念頭に置いていたことは疑われないであろう。徳に関するソクラテスの見解をさまざまなかたちで検討し確認したにもかかわらず、彼は『国家』篇でこの言葉に立ち返っているのである。正義が、他の徳とは異なる特別のものと考えられているからである。『国家』篇は、したがって、さまざまな徳の知識への収斂というソクラテスの立場の再検討の意味をもっていよう。その中心主題は正義であるが、『クリトン』で表明されたソクラテスの見解の内実に迫り、その見解がどのような仕方で、どこまで正当化されるかという問題こそ、『国家』篇の主要議論の基底にあるものである。

しかるに問題解決のために、プラトンはソクラテスの立ち入ることのなかった国家論と「魂三区分説」を展開する。そして国家の構造と魂のそれとのアナロジーに立脚して、彼は(1)の問いについて第二―四巻で論じ答える。すなわち、真実の〈正義〉とは魂の「理知的部分」「気概の部分」「欲望的部分」という三つの部分が「自分のことをすること」(τὰ αὑτοῦ πράττειν)であり(441E, 443B)、魂内部の秩序と調和の原理の意味をもつ(443C–444A)。他方、〈不正〉とはそれらの部分間の余計な手出しであり、他の分をおかすことであり、一種の内乱である(444B)。こうした正・不正の概念に基づきながら、今度は、プラトンは秩序ある魂をもつ正しい人の生がどれほど幸福であり快いものであるか、また逆に倒錯した魂をもつ不正な人の生がどれほどみじめで不快なものであるかを、第五―七巻の形而上学的議論の深まりを経て、第八―九巻で論じ、(2)の問いに答える。

『国家』篇の主軸をなす議論の道筋は明確であり、提出された二つの問いそのものへの応答は適切有効であるように見える。しかしながら、それらの問いを敷衍するグラウコンとアデイマントスの発言を顧みるとき、サックスの提出した重要な問題が立ち現われてくる。すなわち、彼らは正・不正の一般観念に基づいて、不正な人間をある特定の行為を行なう者、つまり分をおかして他人のものに手をつけ、自らの利益をはかるという行為(たとえば盗み、姦通、殺人等々)を行なう者として特徴づけており、他方、正しい人とはこうした行為を差し控えるような人だと理解している(e. g. 360B–C)[1]。そして彼らが関心を注いでいるのは、このような意

(1) トラシュマコスもこのような理解を共有している(cf.『国家』第一巻344B)。

味での正しい人・不正な人の幸不幸なのである。

つまりサックスの指摘するように、魂の各部分がそれ自身の仕事を果たし、内面的に秩序づけられている人が、そうでない人々のだれよりも幸福な生を享受するだろうことの証明の成功あるいは失敗にもかかわらず、そもそもその証明へのプラトンの努力が徒労に終わらないためには、プラトンの見出す〈正義〉がグラウコンら対話者たちの共有する正義概念と抵触しないばかりか、それに即するものでなければならない[2]。

これは、どのような正義概念であれ、それを正当化しようとする場合に最低限満たさなければならない不可欠の要件である。なぜなら、正義は第一義的に社会的・共同体的なものであり、他者が共通に抱く観念を含意し、それを基礎にしているからである。言い換えれば、どのような正義概念も、どのような正義論も、それに含まれる何らかの基礎的観念が人々に共有されていなければ意味を失うのである。正義は単に自己収斂的な徳ではない。勇気や節制などの徳ならば、その概念が他者と共有されていなくても深刻な問題は生じない。それらに基づく行為、あるいは基づかない行為は他者よりもむしろ自己自身の幸不幸に直接かかわってくるからである。それに対して、正しい行為や正しい事柄の焦点は、何よりも他者の利益を損なわない点にある。プラトンは、この重要な点を見落としてはいない。もしそうであったなら、グラウコンらに第一巻のソクラテスに不満を表明するかたちで、一般的な正義観念について語らせはしなかったであろう。問題は、プラトンがその点に関してどのような対応をし、どのような彼自身の倫理理論を展開しているかである。これを見定めることが、本章の課題である。

1 ─「通俗的正義概念」と「プラトン的正義概念」

今、対話者たちの共有する分をおかさぬという正義の一般観念を、サックスの用語を借りて、「通俗的正義概念」(the vulgar conception of justice, 以下Jvとする)と呼び[3]、他方、第四巻で見出される魂の内なる正義という概念を「プラトン的正義概念」(the Platonic conception of justice, 以下Jpとする)と呼ぶことにしよう。そこで、トラシュマコス説を復活させ、その論駁を要請するグラウコンらの問いかけに対して、もしソクラテスの応答が真に有効であろうとすれば、サックスの提示した次の二つの命題の証明が要求されるだろう。

(P1)ある人がプラトン的正義の人であれば、彼は通俗的正義の人でもある(Jp→Jv)。

逆に、

(P2)ある人が通俗的正義の人であれば、彼はプラトン的正義の人でもある(Jv→Jp)。

---

(2) Sachs (1963) p. 46.

(3) サックス(Sachs［1963］pp. 36–37)は「通俗的」という形容を、ショーリー(Loeb叢書)によって‘vulgar tests’と訳されたプラトンの用語‘τὰ φορτικά’(442E1)から借りてきている。しかしそのギリシア語は、そこではむしろ、「一般に思われている事柄」を意味するであろう。コーンフォード訳は‘some commonplace notions’であり、藤沢訳(岩波文庫)は「世間で思われているようなこと」である。なお、以下でプラトン『国家』からの引用は、藤沢訳に準拠する。

プラトン的正義の人こそ幸福を享受しうるのだから、もし(P1)が証明されるなら、幸福な人々とは通俗的正義に従う人々のクラスに入っていると結論され、このゆえに通俗的不正を唱道するトラシュマコスの立場は論駁されることになる。しかしプラトンが(P1)だけに対処し、(P2)に対処しなかったとすれば、通俗的には正しいがプラトン的には不正であって、通俗的に不正な人々よりも幸福でないような人々の可能性を残す。他方、もし(P2)が証明されるなら、通俗的に正しい人々こそが幸福な人々であることになり、このこともまたトラシュマコスの立場を論駁するだろう。しかしこのとき(P1)の証明を欠くならば、プラトン的に正しく、それゆえに幸福ではあるが、通俗的不正をおかしうる人々の存在の可能性を容認することになる。それゆえ、いずれの命題の証明も不可欠である。[4]

サックスは、プラトンは『国家』篇では(P1)を繰り返し断言しているけれども、どこにおいてもそれを証明してはいず、単に想定しているにすぎないとし、他方(P2)については、証明はもとより想定すらしていないと主張して、『国家』篇の主要議論は「誤謬」であると判定した。[5] 彼の主張に対して多くの反論がなされたが、そのほとんどは『国家』篇あるいは他の作品に散在する関連素材を手がかりにJpを分析し、それに基づいてJvとの絆を作り上げようとするものであって、このかぎりにおいてはただプラトンの議論を「誤謬」と呼ぶかどうかを別にすれば、多くの解釈者たちはJpとJvの連関をプラトンは論じていない、とするサックスの判定にかえって同意していよう。[6]

この問題に関して最も寄与をなしたのは、おそらくヴラストスであろう。彼はJpとJvとを架け橋する明示的な議論を『国家』篇のうちに見出したからである。その議論は彼によれば、第四巻435Aで措定された原理を前提にして441C–Eで現われており、次のように進行する。[7]

(Q) 人が同じ名で呼ぶものは、それが大きなものであれ、小さなものであれ、同じ名で呼ばれるちょうどその点に関するかぎり、少しも異なるところがなく、似ている（435A5−8）。

(A) 国家のなかにも、それぞれの個人の魂のなかにも、同じ種族のものが同じ数だけある（441C5−7）。

(B) こうなるとあのことは、もはや動かぬ必然ではないだろうか、すなわち国家が知恵ある国家であったのとちょうど同じ仕方で、また国家をそうあらしめたのと同じ部分のおかげで、個人もまた知者であるということは？（C9−10）。

(C) そして個人が勇敢であるのと同じ仕方で、また同じ部分のおかげで、国家もまた勇敢なのである（D1−2）。

(D) その他すべてについて、両者は徳に関して同じあり方をもつことになる（D2−3）。

（4）Sachs (1963) pp. 46–47.

（5）Sachs (1963), pp. 47–49.

（6）たとえば、Demos (1964), Weingartner (1964–65), Kraut (1973a) など。

（7）Vlastos (1971a) pp. 82–86.

(E) こうしてまた、思うに、グラウコン、人が正しい人間であるのも、国家が正しくあったのとちょうど同じ仕方によるものであると、われわれは主張すべきだろう（D5−6）。

(F) しかるに、この点はわれわれがよもや忘れてしまっているはずのないことだが、国家の場合は、その内にある三つの種族のそれぞれが「自分のことをする」ことによって正しいということだった（D8−10）。

(G) すると、ここでわれわれは、われわれのひとりひとりの場合もやはり、その内にあるそれぞれの部分が「自分のことをする」場合、その人は、

[a] 正しい人であり、

[b]「自分のことをする」人である、

ということを、憶えておかなければならないわけだ（D12–E2）。

(Q)と(A)から(B)(C)が導かれ、(D)で一般化される。そして(D)の一般原理に基づいて(E)(F)(G)で正義について推論される。ヴラストスは各人が「自分のことをする」（τὰ αὑτοῦ πράττειν）という定式を、〈正義〉の「社会的定義」（the social definition, 以下Jsとする）と呼び、これをJvを吸収するものと解するとともに[8]、(G)においてJpとJvとの関係づけの一方(P1)が行なわれていると考える[9]。まさにその通りであり、ヴラストスのこの認定が問題解決の突破口をひらいた。

だが、彼は(D)の(E)への適用は誤っており、ゆえに(G)の導出は無効であると主張する。すなわち、「正しい」

とは第一義的には関係的述語であり、ある人をこの特性をもつものとして語ることは、彼が習慣的に彼の行為において自己自身をさまざまな集団に関係づけるその仕方について考えることにほかならない。他方、「正しい」は、ある集団に関しても、その成員あるいはその成員から構成される下位集団が、第一義的意味で正しい、すなわち相互に対して正しく行為する、という条件に基づいて、第二義的・派生的に述語づけられうる。これら「正しい」の第一義的、第二義的意味の各々を「正しい1」「正しい2」で表わし、この表記法で(E)を書き直せば、そこでは人が「正しい2」だとするいかなる警告も与えられていないから、

(E)′こうしてまた、……人が「正しい1」人間であるのも、国家が「正しく2」あったのとちょうど同じ仕方によるものであると、われわれは主張すべきだろう。

となって、人と国家が正しいのは「ちょうど同じ仕方による」のではなく、それらは「正しい1」と「正しい2」によって表現される、まさに異なった仕方で正しいのである、とこのようにヴラストスは論定する。[10]

この解釈にはしかし、無理がある。ゲイリスが指摘したように、(D)は道徳的述語のクラスのために(Q)の原理をくり返しているだけであり、(E)は(Q)と(D)で断言された一般的な意味論的原理の〈正義〉という特定の

(8) Vlastos (1971a) pp. 79–81.
(9) Vlastos (1971a) pp. 82–83.
(10) Vlastos (1971a) pp. 86–87.

ケースへの適用以上のものではない[11]。なぜなら、個人の正義を見出すための手がかりとなる国家の正義の方はすでに見出されているにもかかわらず、それはここの推論では(F)に至ってはじめて現われるからである。(E)でプラトンが国家の正義すらその内容を特定していないのであれば、発見さるべき個人の正義についてはなおさらである。それゆえ、(E)はまさにそれが言明しているところのもの、すなわち個人と国家とは同じ仕方で正しい、ということを言明しているだけなのである。

しかしながらヴラストスは、彼の *Platonic Studies* 収載の同じ論文でゲイリスの解釈を考慮しながら、自らの見解を修正した[12]。その論文で彼は、プラトンの議論のきずを(E)ではなく(G)に認める。彼は(G)[a]の「正しい」は直前の(F)より、明らかに「正しい2」の意味をもつがゆえに、さらなる結論である(G)[b]の「自分のことをする人である」、すなわち「正しい1の人である」あるいは「Jsの人である」はまったく保証されえないと判断した。

いずれにせよ、ヴラストスの最終的見解は、プラトンは(P1)を論じる明示的議論をもっているけれども、それは、「正しい2」であるための条件を満たす人は「その事実そのものによって」(ipso facto)「正しい1」であるための条件をも満たす、ということを確立する何ごとも行なっていないがゆえに誤っており、その原因はプラトンが「正しい」の多義性に十分な注意を払わなかったことに帰せられる、というものである[13]。はたしてプラトンは誤った推論を行なっているのであろうか。

2　二つの正義概念に関わるプラトンの推論

プラトンの議論をヴラストスの告発から救う一つの道は、ここでサックスの提出した問題の解決を断念して、(G)[b]で「正しい1」の意味を読まないことである。この方向の解釈は、アロンソン、アーウィンらによって採られた。[14] アロンソンは言う、(G)[b]の「自分のことをする人」というフレーズが国家の正義に関する先行の議論では「正しい1」の人を意味したのは確かだが、ここで個人の正義の議論に切り換えられるにおよんで、そのフレーズは、その個人自身の真なる本性すなわち彼の魂に言及するものと解釈するのが自然だと思われる、と。[15] その根拠として、次の有名な一節が引かれる。

真実はといえば、どうやら、〈正義〉とは、たしかに何かそれに類するものではあるけれども、しかし自分の仕事をするといっても外的な行為にかかわるものではなくて、内的な行為にかかわるものであり、本

（11）Galis (1974) pp. 290–291.
（12）Vlastos (1981) pp. 130–131 and n. 58, p. 139 n. 84.
（13）Vlastos (1981) pp. 130–131.
（14）Aronson (1972), Irwin (1977) pp. 331–332 n. 30. アーウィンの主張はアロンソンの解釈に基づいている。また問題枠は異なるが、松永（1985）pp. 107–111, (1993) pp. 214–217 参照。
（15）Aronson (1972) p. 388 and n. 14.

当の意味での自己自身と自己自身の仕事にかかわるものであるようだ。すなわち、自分の内なるそれぞれのものにそれ自身の仕事でないことをするのを許さず……真に自分に固有のことを整え、自分で自分を文配し、秩序づけ……。

（『国家』第四巻 443C9–D4）

アロンソンはここでプラトンは、「自己自身の仕事」（τὰ ἑαυτοῦ）をいかなる社会的意味からも注意深く区別していると言う。[16] しかしながら、このテクストに基づいて（G）[b]を読むことはできないであろう。理由は二つある。第一に、（G）[b]ではじめて「自分のことをする人」というフレーズが社会的意味から個人の魂に言及するものに転換されているのであれば、しかるべき説明が直ちに与えられるか、あるいはその用意のあることが示されなければならない。なぜなら、アロンソンも認めているように、そのフレーズは（G）[b]に先行する部分で社会的意味以外の意味で現われたことは一度もないからであり、しかもその意味を圧縮して示す一つの定式的表現として用いられていたからである。

第二に、443C–Dにおける、「自己自身の仕事」の社会的意味からの区別は、先行の（G）[b]の読み方を示すのではなくて、逆に443C–Dに至るまでそのような区別がなされていなかったことを示すであろう。そうでなければ、プラトンはその文章を「真実はといえば」（Τὸ δέ γε ἀληθές）という言葉で始めなかったであろう。この切り出しの言葉は、それまでの対話者たちの思考方法に修正を求めるものである。それゆえ、文脈を逆転しないかぎり、（G）[b]のフレーズはヴラストスの言うように、Jsの意味をもつと解する方が自然なのである。

だとすれば、その意味はどこから導かれるのだろうか。有力な可能性は、国家の対他関係を考えることであろう。この方向の解釈を示したのはゲイリスである。彼は第五巻470A–471Cでなされている内乱と戦争との区別は、「国家内関係」(intra-state relations)の語彙を「国家間関係」(inter-state relations)のレベルへと置換する試みであり、プラトンは「ギリシアの諸国家の一種の〈共同体〉の観念に少なくとも気づいている」と指摘したうえで、他方、第一巻の不正な国家は不正なやり方で他国を隷属させると述べた351Bの文章、および〈不正〉とは「およそ何ものの内に宿るのであろうとも、まずそのものをして、不和と仲違いのために共同行為を不可能にさせ、さらに自分自身に対して、また自分と反対のすべての者、すなわち正しい者に対して敵たらしめるものだ」と述べた352Aの文章とから、「その成員が不正にふるまうような国家は、それ自身不正にふるまうだろう」という原理を導く。[17] そして、ゲイリスは(F)について次のように論じる。

すなわち(F)は、

(a) 定義：国家の正義2＝その成員の正義1、

および

(b) 352Aの原理の肯定的ヴァージョン：国家はその成員が「正しい1」である場合、そしてその場合にのみ「正しい1」である、

(16) Aronson (1972) p. 388 n. 14.
(17) Galis (1974) pp. 288–290.

という二つの命題の「非常に圧縮された言明」であり、換言すれば（F）は、「国家は、その内にある三つの種族のそれぞれが自分のことをすることによって、正しい1&2である」ということを語っている、と。[18] かくして、（G）は（F）から直ちに帰結する。ゲイリスの解釈は（F）に多くを読み込む。しかし、その読み込みは正当化されるだろうか。

352Aの原理は対話者たちにとっては、一見して高い程度の信憑性をもつ原理であり、（F）では言及されるにおよばなかった、とゲイリスは主張している。[19] しかしながら、（F）（b）をもちこむにはテクスト上の根拠が薄弱である。（A）―（G）の推論過程およびそれに接続する前後の関連議論に、その原理へのいかなる示唆も見られないのはどうしても奇異である。のみならず、その関連議論は「国家間関係」を論じる方向には全然動いていないのである。このような文脈で（F）（b）を読み取ることはできまい。

さらに、かりにもし（F）（b）を読み取ることができたとしても、それの含意は（G）[b]を十分に保証しうるものではないだろう。なぜなら、「自分のことをする」という定式化されたフレーズは、ヴラストスが敷衍したように、またゲイリス自身も認めるように、「人の自然本性がその人に、その人の共同体に対して、かつその共同体のなかで、なすのを許す最善の寄与をなすこと」を意味しており、[20] この意味が国家自体に適用可能となるには、諸国家の共同体についての明確な構想がなければならない。しかるに、それへのわずかな示唆は見受けられるにしても、ヴラストスの言うように、「諸ポリス（πόλεις）の共同体の観念は『国家』篇では論議されていない」のである。[21] プラトンは、ゲイリスの導入する（F）（b）の読み取りを求めてはいなかったであろう。

それではやはり、プラトンは誤った推論を行なったと考えるべきであろうか。彼が（Q）を公理的真理と見なしたこと、および国家と魂のアナロジーが「正しい」という述語に無条件に適用可能だと思ったことの二点に、ヴラストスは推論の誤りの原因を求める。[22] いずれの原因も「正しい」という語の多義性に帰着する。「正しい1」と「正しい2」である。しかし、このような多義性にプラトンが注意を払わなかったとは考えにくい。先の443C–Dのテクストは〈正義〉の二様の意味への彼の明確な意識を示しているからである。われわれはここで(A)—(G)推論の細部を離れて、その推論がいかなる文脈に置かれ、いかなる性格をもつものかに留意してみよう。このとき、出発点の(Q)の直前で語られるプラトン自身の言葉は重要である。

> そこでいま、(a)その国家のなかにわれわれが見出したものを、今度は個人の場合に当てはめてみることにしよう。そして、(b)もしそのまま承認されるならそれでよいし、また(c)もし個人の場合には何か違ったものとして現われるのであれば、もう一度国家の場合に立ち返って、吟味し直してみなければならないだろう。おそらくは(d)そのようにして両者をつき合わせて調べ、両者を擦り合わせて行くうちに、やがてあたかも火切り木から火花が出てくるように、(e)〈正義〉を明らかにして輝き出させることができるだろう。そして(f)それが明らかになったならば、われわれは自分自身のうちでそれを確かめてみるべきだろう。[23]
>
> （434E3–435A3）

（18）Galis (1974) p. 291.
（19）Galis (1974) pp. 291–292.
（20）Vlastos (1971a) pp. 74, 86–87 n. 55, (1981) pp. 119, 130–131 n. 56, Galis (1974) p. 289.
（21）Vlastos (1971a) pp. 86–87 n. 55, (1981) pp. 130–131 n. 56.
（22）Vlastos (1971a) pp. 87–89, (1981) pp. 131–133.

この記述を後続の議論と重ね合わせるとき、実際の過程では（b）が成立し（441E–442D）[24]、したがって（c）の事態は起こらないけれども、（A）―（G）推論について次の諸点を読み取ることができる。第一、（e）よりこの推論は個人の正義と国家のそれとを問わず、〈正義〉そのものの発見を目指す文脈にあること。第二、（a）よりこの推論は国家の正義を個人に適用する役割を担っていること。第三、（b）より推論の承認のための吟味がなされるべきこと。第四、（c）より国家の正義は推論段階では暫定的性格のものであること。第五、（d）より推論の吟味の方法は国家の正義の個人への一方的な適用によるものではないこと。第六、（f）より推論で得られた結果が実際の経験のなかで検証さるべきこと[25]。

第一の点は、第二巻以降の論述の課題を示すものであり、自明だと見なされようが、次のことは忘れられてはならない。すなわち、〈正義〉そのものの発見が目的である以上、その〈正義〉が内在する〈正しい人〉の外的な行為を論じることは、さしあたって第一義的な目的ではないということである。それどころか逆に、〈正しい人〉の行動については対話者間に共通の了解が成立していたのであって、まさにこれがわれわれの問題を引き起こしたのである。しかも（A）―（G）推論に先行する議論でプラトンはこの事実に明確に言及し、国家の〈正義〉発見のための礎石にしている。

> そして、ともかく自分のことをすること（τὰ αὑτοῦ πράττειν）、また余計な手出しをしないことが正義なのだということも、われわれは他の多くの人たちから聞いてきたところだし、自分でもこれまで何度も口にしたことがある（πολλάκις εἰρήκαμεν）はずだ[26]。
> （433A8–B1）

ソクラテスはここで確認された「自分のことをする」という原則を国家の三階層に適用し、国家の内在的な正義を見出してゆくが、〈正しい人〉とは「自分のことをする人」だという事柄についての対話者たちの共通の了解は疑問にされない。プラトンの目的はこれを論じることではなく、この事実を可能にする〈正義〉の単一な相の発見にある。

次に、第二の点は推論を見れば明らかであり、説明を要しないであろう。第三、第五の手続きは推論に続く441E–442Dで実行され、第六の作業は続いて442D–443Bで行なわれるが、これらは国家の正義の暫定性

---

(23) アダムのテクスト、およびコーンフォード訳、藤沢訳に従い、(c)と(d)(e)を別の文と見る。後の議論(441C–444A)より、(c)の条件下でのみ、(d)(e)が行なわれるとは考えない。

(24)「それが明らかになったならば(φανερὰν γενομένην, 435A2–3)、われわれは自分自身のうちで……」という(f)の文章と、「……国家において明らかになった(ἐφάνη, 442D8)のとは違って見えるようなことはないだろうね」(442D7–8)という文章における、「明らかになった」の用語法の対応に注意せよ。

(25)「……それを確かめてみるべきだろう(βεβαιωσόμεθα, 435A3)」という(f)の文章と、「われわれの心のなかにまだ疑問が残るようなら、一般に思われている事柄を当てはめてみることによって、われわれの考えを完全に確かめてみることができるだろう(βεβαιωσαίμεθα, 442D10)」という442D–Eの文章における、「確かめる」の用語法の対応に注意せよ。

(26)「われわれはこれまで何度も口にしたことがある」(πολλάκις εἰρήκαμεν)という言い回しは、アダム(1902, p. 239 note on 433B9)が注意しているように、それまでの『国家』篇の議論にも、あるいはどの初期対話篇の言葉にも言及してはいず、ギリシア人の「日常会話」を指示するものであり、その正義観念は「他者の権利を尊重するという法的な正義観と親近性を有する」ものとして、通常の言語における正義という言葉の一般的な意味内容を示すものであろう。

を示す第四の点とともに、（A）―（G）推論が〈正義〉の探求の一部にすぎず、推論段階ではその探求過程が未完であることを予示している。事実ソクラテスは推論の締めくくりの（G）を、「憶えておかなければならない」（Μνημονευτέον, 441D12）という先々の敷衍を予想する言葉で語ってもいるのである。

さてそうだとすれば、（A）―（G）推論はいかなる仕方で読まれるだろうか。問題は最終段階の（G）にあった。（F）までの諸前提から（G）[a]は導出されるが、（G）[b]は帰結しえないのではないかと疑われた。確かに、（G）[b]は直接的には帰結しない。しかし、〈正しい人〉とは「自分のことをする人」だという対話者間の共通の了解事項がはたらいているとき、（G）[b]の付加は対話者たちにとっては自然なものであるだろう。さらに、（G）の導出が暫定的試行的なものであってみれば、（G）[b]を（G）内の前件から想定しうる事柄として付加することは不当ではない。後に充分な吟味検証が伴えばよいからである。しかるにこのとき、（G）[a]の〈正しい人〉は二様の意味を担わされていることが判明する。すなわち、「正しい1」と「正しい2」である。

ここでわれわれは、（A）―（G）推論に対するプラトンの吟味検証の方に目を転じてみよう。ソクラテスは推論に続いてただちに、国家について見出されたものを考慮しながら、魂の三部分のはたらきを論じたうえで、個人における〈勇気〉〈知恵〉〈節制〉の徳を次々に確認してゆく。これら三つの徳について、国家で承認されたものがそのまま個人にも承認されたことに自信を深めて、ソクラテスは言う。

> さらにまた、正しい人になるのは、われわれが何度も口にしている（πολλάκις λέγομεν）あのことによってであり、またそういう仕方によるのだ。（442D4－5）

そしてグラウコンは答える、

それはもう動かせない結論（Πολλὴ ἀνάγκη）です。　（442D6）

ここで「何度も口にしている」あのこととは、アダムやショーリーの指摘を待つまでもなく、「自分のことをする」という原則のことであり、[27] また対話者たちの念頭に置かれているのは、文脈より明らかにその原則の魂の各部分への適用である。しかし、ソクラテスの言葉は(G)を再言明しただけのものであり、個人の〈正義〉についての吟味は省かれている。だが、この手続きは許されるであろう。なぜなら、第一巻で示されているように、そもそも徳が〈はたらき〉（ἔργον）に応じてあるのだとすれば（353B–C）、国家の三階層の〈はたらき〉と魂の三部分の〈はたらき〉との相似関係が確認されるだけで、個人の諸徳を同定できるからである。しかるにソクラテスはこのような確認のうえに、さらに三つの徳を同定しており、それゆえに残る〈正しい人〉について、先の 442D4–5 の言葉を断言できたのであり、グラウコンもすぐさまその「大いなる必然」（Πολλὴ ἀνάγκη）を認めることができたのである。

だが、そのソクラテスの言葉にある〈正しい人〉はなおも二様の意味をもつ。何らの注意も与えられていないからである。もしソクラテスがここまで議論を打ち切っていたなら、われわれは(G)[b]の付加の根拠をプ

（27）Adam (1902) p. 261 note on 442D25, Shorey (1930–35) p. 410 n. a. ここでは「われわれが何度も口にしている」事柄とは、直接的には日常会話における一般的な正義規則のことを言っているのではなく、433A4で「われわれが原則として立て、その後何度も口にしていたはずだ」（ἐθέμεθα δὲ δήπου καὶ πολλάκις ἐλέγομεν）と言われていたように、むしろ『国家』篇の議論において対話者たちが「原則として立てた」うえで、文字通り「何度も口にしている」ところの原理を指しているであろう。

ラトンが論ずるのを怠ったと見なさざるをえないだろう。しかし、プラトンは注意深く続く442D10–443B2においてソクラテスとグラウコンとの、次の重要な対話をつけ加えている。

「もしわれわれの心のなかにまだ疑問が残るようなら、一般に思われている事柄(τὰ φορτικά)をそれに当てはめて、われわれの考えを完全に確かめてみることができるだろうからね」

「どのようなことをですか?」

「たとえば、……あの国家と同じような生まれつきと養育を受けた個人について、いったいそのような人が金や銀の預かり物を受け取って、それを横領するだろうと思えるかどうか、……そのような人間がそうでない人々よりも、そういう行為に走りやすいと考える者が誰かいると思えるかね?」

「誰もいないでしょう」と彼。

「また神殿を荒らしたり、盗みを働いたり、私的には仲間を、公的には国家社会を裏切ったりすることも、とうていそのような人間にはできないのではなかろうか」

「とうていできません」

「さらにまた、誓いやその他の約束に関しても、絶対に信を破ることはないだろう」

「もちろんです」

「さらに、姦通し、両親をかえりみず、神々への奉仕を怠るといったことは、たとえ他のすべての者がするとしても、このような人間のけっしてするはずのないことだ」

「まったくそうです」と彼。

そして、ソクラテスは理由に言及する。

（R）「なぜすべてこうした点についてそうなのかといえば、その理由・原因は、そのような人間においては、彼の内なるそれぞれの部分が、支配することと支配されることについて、それぞれ自分のことをしている（τὰ αὑτοῦ πράττει）、ということにあるのではないか」

ここでプラトンは視点を転換し、Jv（τὰ φορτικά）による（G）[b]の吟味検証を通じて、（G）[a]の正当性への承認を求めている。しかるに、この点検作業が正当なものと判明すれば、われわれはプラトンに向けられた批判を斥けることができるだろう。

問題は一連の個別的事例への〈正しい人〉の適用後に述べられた（R）の言明である。サックスは（R）は、JpがJvの必要条件ではなく、十分条件であることを示したものだと解し、しかもその言明は信憑性なき主張だと見なし、上の引用文全体はJpとJvとの関係の単なる断言であって、論証ではないと主張した(28)。が、この主張は先行の議論のつみ重ね、すなわち「魂三区分説」、（A）—（G）推論、およびその推論の吟味への考慮を怠っている。

本性上、人をして分をおかす行為へと駆り立てうるものは、第一に、魂がそれによって恋し、飢え、渇き、その他もろもろの欲望を感じて興奮するところの非理知的な「欲望的部分」の抑制なき欲望と快楽であり（439D, 442A–B）、第二に、本来「理知的部分」の補助者であり、不正に対して憤りを覚えるはずの「気概の部分」に見られる、時には理知を欠いた盲目的な衝動である（440C–441C）。しかるに、これら二つの部分が「理知的部分」によって統御抑制されるならば、分をおかす行為への可能性は絶たれる、とプラトンは考えていたはず

（28）Sachs (1963) pp. 49–50. また篠崎（1985, p. 203）は、（R）は「証明されるべき論点を殆ど議論抜きで訴えている主張にすぎない」と判定する。

である。

この特別の点を言明したのが(R)であり、それは外的に正しい行為を促すという特定の局面において、魂の正義のあり方を示したものにほかならない。なぜなら、プラトンは(R)で、「自分のことをしている」に「支配することと支配されることについて」という限定句をつけ加えているからである。したがって、(R)の言明は魂の各部分が「自分のことをする」場合の、魂のあり方の重要な一つの相を表わしたものであり、その相はJpに吸収される。それゆえ(R)は、先行の議論のつみ重ねに基づいて、JpとJvとの関係を明らかにしている、と言わなければならない。

他方、外的な不正行為の原因が、魂の下位二部分に求められるとすれば、そのときJvの原因はそれらの部分の統御抑制にしか原理的には求めることができない。このゆえに(R)は、もし人がJpである場合、そしてその場合にのみ、Jvであることを含意しており、単にJpがJvの十分条件であることを述べただけのものではないであろう。かくして、(R)をソクラテスが問いかけるや、直ちにグラウコンは「たしかにそうです。それ以外ではありません(οὐδὲν ἄλλο)」(443B3)と応答したのである。プラトンは(P1)(P2)両命題の証明を、忘れてはいない。

人はしかし、なおも問うかもしれない。JpでないJvの人は、日常経験に照らして存在するのではないか、と。確かに存在するだろう、しかも数多く。事実、プラトンは「寡頭制的人間」をそのようなものとして鮮明に描き出している(第八巻554A–555B)。彼はこの種の人をけっして擁護しないだろう。われわれの問いはしかし何であったか。それは端的にJpとJvとの必然的連関を問うものであった。いわば無条件にJvであることの原因としてJpを求めうるか否かであった。第二巻冒頭のプラトンの叙述はこの事情をあらわにしている。「ギュゲスの指輪」を与えられた人が、「それでもなお正義のうちにとどまって、あくまで他人のものに手をつけずに控えているほど、鋼鉄のように志操堅固な者」でありうるか、「何ごとにつけても、人間たちのなかで神さまのように振る舞えるというのに！」(360B–C)。これが対話者たちの問題関心であった。どのような状況下でも、「鞭打たれ、拷問にかけられ、磔にされる」ことになろうとも(361E–362A)、正しい行為を選びとりうる人、これが対話者たちの思い描いていた〈正しい人〉である。[29]

しかるに(R)に先行して言及されている一連の「一般に思われている事柄」の事例は、この叙述と照応する仕方で記されている。それらの事例はすべて、強い否定の言葉を伴っており、〈正しい人〉によるいわば無条件的な不正回避を示しているからである。したがってこの時、われわれはプラトン的に正しい人は、横領や盗み、裏切り、殺人など、通常不正と思われる行為をけっして行なわない人であり、また逆にそのような行為をけっしてしない人はプラトン的な意味で正しい人である、という結論を得ることができよう。

3―プラトンの正義概念の問題点

プラトン的に正しい人は、通常の正義概念に抵触せずに、自分とは異なる他者をも配慮しうる人である。のみならず、共同体の利益にも貢献しうる人である。この点はソクラテスの徳の探求が直接関与しないところであった。「魂三区分説」を展開するプラトンは、もはやさまざまな徳を善悪の知に還元するようなことはしな

(29) この点で、ヴラストス(Vlastos［1971a］p. 92,［1981］pp. 135–136)は確かな判断を示している。

い。しかしそれらを〈正義〉という一つの徳に還元するわけでもない。彼の規定によれば、それぞれの徳のあり方は互いに異なる。

〈知恵〉とは魂の各部分にとって、また魂の全体にとって何が利益になるかについて、「理知的部分」がもっているところの知識であり、〈勇気〉とは、苦痛と快楽のただ中にあって、恐ろしいものとそうでないものとについて理によって告げられた事柄を守り通すことであり、さらに〈節制〉とは、支配する「理知的部分」と、支配される「気概の部分」および「欲望的部分」とが、「理知的部分」こそ支配すべきことに意見が一致して、それら二つの部分が「理知的部分」に対して内乱を起こさないことである（442B–D）。しかるに〈正義〉とは、魂の三つの部分がそれぞれ「自分のことをすること」であり、そのことによって「理知的部分」は魂全体のために配慮し、熟慮し、他の部分を支配し、他方、「気概の部分」はそのような支配者にしたがって、熟慮された事柄を勇気をもって遂行し、また「欲望的部分」は肉体的快楽によって強大になることなく、他の二部分の監督指導に服して、欲望を適正に保つことができる（441E–442B）。

〈正義〉はそれゆえ、「魂の諸部分を自然本来のあり方にしたがって、互いに統御し統御される状態に落ち着かせる」原理であって（444D）、それの宿る魂には秩序と調和が実現される（443D）。このような魂の内なる秩序と調和が、他者に対する不正行為を回避させ、さらには共同体への貢献を可能にする、とプラトンは考えるのである。

しかしこうした見解のゆえに、われわれはプラトン的な意味で正しい人の幸福にかえって疑義を呈することができるであろう。どのような状況においても他者への不正を行なわないばかりか、みずからの利益よりも他者の、あるいは共同体の利益を優先させ、場合によっては過酷な受難の生を選ぶ人がどうして幸福でありうるのか、と。言い換えれば、プラトンは幸福よりもむしろ正義の方を、行為の至上原理と考えているのではないか、と。

ソクラテスと同様、プラトンもまた、〈自己〉の幸福を人間の願望の究極対象、あるいは行為の究極理由と見なしていた（『饗宴』205A）。しかし、〈正義〉の重心が、〈自己〉から〈他者〉へと移行するとき、〈正義〉と〈自己〉の幸福とは両立しがたいものにならざるをえない。倫理的行為と幸福との乖離の問題はプラトンの正義論の根幹にかかわるものであって、彼自身、『国家』篇第二巻冒頭（357A–358A）でその問題を原理的なかたちで提出している。その記述を検討することによって、われわれはこの問題をめぐるプラトンの見解を考察してみよう。その箇所でグラウコンはまず、さまざまな〈善いもの〉を次の三種類に分類する（以下、「三分類」と呼ぶ）。

(1) われわれがそこから生じるいろいろの結果を求めるがゆえにではなく、それをただそれ自体のために（αὑτοῦ ἕνεκα）愛するがゆえに、もちたいと願うような善いもの。たとえば、悦ぶことや、害を伴わない快楽。

(2) われわれがそれを、それ自体のためにも愛し、それから生じる結果のゆえにも愛するような善いもの。たとえば、思慮をはたらかせること、ものを見ること、健康であること。

(3) われわれがそれらを、それら自体のためにではなく、それらから生じる結果のゆえにもちたいと願う善いもの。たとえば、身体の鍛錬や、病気のときに治療を受けること、また医療やその他の金儲け仕事。

そしてグラウコンが、〈正義〉はこれらのどれに属するのかと問いただすと、ソクラテスは次のように答える。

ぼくとしては、そのなかでもいちばん立派な種類のもの、つまり、幸せになろうとする者が（τῷ μέλλοντι μακαρίῳ ἔσεσθαι）、それをそれ自体のためにも、それから生じる結果のゆえにも、愛さなければならないようなものに属すると思う。（358A1−3）

すなわち、ソクラテスは〈正義〉を第二のクラスに入れている。そして、「幸せになろうとする者」という彼の言葉は、プラトンが〈正義〉と幸福との必然的連関を想定していることを示しているように見える。しかし、〈正義〉が第二クラスに入るならば、それは幸福とは無関係に「それ自体のために」愛されるべきものという可能性が生じる。この可能性は、一般の人々の見解と抵触する。なぜなら、グラウコンはソクラテスの返答に対して、次のように応答しているからである。

ところが、多くの人々には、〈正義〉とはそのようなものではなく、つらいものの一種であると思われています。つまり、報酬のためや、世間の評判に基づく名声のためにこそ、行なわなければならないけれども、それ自体としては、苦しいから避けなければならないような種類のものに属するのだと。（358A4−6）

ソクラテスと違って「多くの人々」は〈正義〉を第三クラスに入れており、それのいわば自体的な価値を認めてはいない。問題はむしろ、プラトンが〈正義〉を第二クラスに位置づけている点にある。しかしここで、〈正義〉が「それ自体のために」愛されるべき善いものと見なされているのは、どのような意味においてなのかを、まずわれわれは考えてみなければならないであろう。

「それ自体のために」善いものとは、それが「その結果のゆえに」善いものと対比されるとき、普通にはいかなる結果をも離れて、それ自体で端的に善いもの、ということを意味すると考えられる。今、正義についても

「それ自体のために」善いものということがこのように考えられるなら、他方、正義が「その結果のゆえに」善いものということの方は、具体的にはたとえばグラウコンの発言が正義の結果として幸福に言及していることから（361D）、正義はその結果として幸福をもたらすがゆえに善いもの、という意味に解される。

しかしこのような解釈には、善いものの「三分類」の後に展開されるグラウコンとアデイマントスの発言内容とうまく合わない面がある。というのも、彼らはソクラテスに正義がいっさいの結果を離れて、それ自体で端的に善いものであることを示すようにとは一度も明確な仕方で要請してはいないからである。「私が望んでいるのは、正義がただそれ自体として（αὐτὸ καθ' αὑτό）讃えられるのを聞くことです」（358D1−2）というグラウコンの発言は、そのような要請を行なったものと最も考えられそうなものだが、しかしこれを「ギュゲスの指輪の物語」の後に語られる彼の言葉と重ね合わせてみるならば、その予想は裏切られるのである。彼は次のように言っている。

> 正しい人間からは、この〈思われる〉（δοκεῖν）を取り去らなければなりません。なぜなら、もしも正しい人間だと思われようものなら、その評判のためにさまざまの名誉や褒美が彼に与えられることになるでしょう。そうすると、彼が正しい人間であるのは、正義そのもののためなのか、それともそういった褒美や名誉のためなのか、はっきりしなくなるからです。（361B8−361C3）

すなわち、この発言によれば、「ただそれ自体として」という限定句は、「結果」との対比を示すものではなくて、「思われる」あるいはそれに基づく名誉や褒美との対比を示す言葉と考えられる。

一方、アデイマントスもまた、「それ自体として、それ自身の力だけで」（αὐτὸ τῇ αὑτοῦ δυνάμει）という限定句、あるいはそれに類する言葉を繰り返し口にしているが（363A1, 366E5, 367D2, 367D3, 367E3）、それらはすべて「評判」やそれに基づく「報酬」の排除を示す言葉として使われている。なぜなら、彼もまたソクラテスに次のように言っているからである。

先にあなたは、〈正義〉が最高の〈善きもの〉に属すること、すなわち、そこから生じるいろいろの結果のためばかりでなく、むしろずっとそれ以上に、それ自体をただそれ自体のためにもつ値打ちのあるようなものに属することを、お認めになりました。……それならば、〈正義〉を讃えるにあたっても、まさにこの肝心の点を讃えて下さい。〈正義〉はそれ自体として、それ自身の力だけで、その所有者にどのような利益を与えるのか、……報酬や評判を讃えることの方は、他の人々におまかせになればよろしい。

（367C5－D5）

「三分類」の内容を踏まえて語られるこのアデイマントスの発言から明確に知られるように、彼らの要請の主眼は、正義がそれ自体で、その所有者にどのような利益をもたらすのか、はたして正義はそれ自身の力でその所有者を幸福にしうるものか否かを問うところにある。すなわち、彼らは正義それ自体、あるいは正義の力とその結果との必然的連関を聞きたがっているのであって、正義が端的に善いことを示すようにとは言っていない。ただその結果とは、正義それ自体の結果のことであり、それの「思われ」から生ずる「報酬」であってはならないということである。

だとすれば、われわれはグラウコンらの発言と「三分類」との間に不整合を認めるべきだろうか。フォスターは「三分類」から提起される問題、すなわち〈正義〉は「それ自体のために」善いものかどうかは、『国家』篇では論じられることのない問題であり、またそれはグラウコンとアデイマントスが提出しようとする問題でもないとし、『国家』篇で実際に論じられているのは、幸福が〈正義〉の自然的結果であるかどうかという問題であり、それゆえ「三分類」はこの問題とは無関係であって、プラトンはその分類を導入した点で誤りをおかしている、と主張する。[30] しかし、プラトンが第一巻のアポリアーを受けて、議論の立て直しのために導入した「三分類」が問題の定式化のために機能していないとは考えにくい。現に、アデイマントスも「三分類」を踏まえて発言しているからである。ここで「三分類」の記述そのものに立ち返ってみよう。

第一クラスは、議論のためには直接的には利用されていないけれども、ただ「それ自体のために」善いもの、と言われるそのクラスは、明らかに第二、第三クラスとの有効な対比を形成し、分類に一つの形式的均衡をもたせることを意図されている。しかるに、そうした均衡が成り立っているとすれば、「それ自体のために」あるいは「その結果のゆえに」という限定句の意味するところも、少なくとも基本的な点では各クラスで異ならないはずである。この点に留意しつつ、両限定句の意味を考えてみよう。第一クラスの事例については、次のように言われている。

たとえば、悦ぶことや、害を伴わない快楽、すなわち、それがつづく間の悦びそのものの他には、先になってから何らその快楽のために生じてくるもののないような快楽などが、これにあたります。（357B7–8）

問題は、ここの「悦ぶこと」や「害を伴わない快楽」が、快楽を生み出すところの活動や対象を意味してい

（30）Foster (1937) pp. 386–390.

るのか、それともその活動や対象によって生み出される結果としての快楽を意味しているのか、ということである。通常の言葉づかいから見れば、「悦ぶこと」の方はいずれの意味にも解することができ、「害を伴わない快楽」の方は結果としての快楽を指すと解されようが、サックスが指摘したように、「それがつづく間の悦び……」という限定の記述に留意すると、それらはここではむしろ快楽を生み出すところの活動や対象を指示していると解されねばならないであろう。[31] なぜなら、逆にもしここの「害を伴わない快楽」が快楽そのもの、すなわち結果としての快楽を意味すると解されるなら、「それがつづく間の悦び」が「その快楽のために生じてくる」と言われているのだから、結果としての快楽が、さらにまた悦び（快楽）を生み出すということになってしまうからである。[32]

マボットは「それがつづく間の悦び」は「悦びを生み出すところの活動や対象」を意味しえず、したがって始めに事例としてあげられている「悦ぶこと」もまたこれを意味しえないとしてサックスに反論しているが、[33] しかし文脈が異なっているのだから、事例の「悦ぶこと」と「それがつづく間の悦び」とが同じ意味内容をもたねばならぬ必然性はない。また、もし第一クラスの事例が結果としての快楽を意味するとすれば、それは他のクラスの事例との間に不整合をきたすことになるだろう。たとえば、第三クラスの事例としては「身体の鍛錬」や「治療」などがあげられているが、それらはすべて苦痛やつらさを生み出すところの活動である。

それゆえ、「三分類」の記述に基づけば、あるものが「それ自体のために」善いものというのは、普通考えられているように、それがそれ自体で端的に善いものという意味ではなくて、それがそれ自身の力で生み出す結果のゆえに、あるいはより適切に言えば、その効果のゆえに善いものという意味だと考えられる。しかしこれにはさらなる条件がつけ加えられねばならない。それは、「それがつづく間の」という時間的条件である。

サックスは、もしあるものの唯一の効果が快楽あるいは悦びであるとすれば、それは第一クラスの事例と見られるだろうと主張するが(34)、しかしそうだとすると、第一クラスと第二クラスとを区別しにくくなる。むしろわれわれは第一クラスの特徴を第三クラスとの対比から見て取ることができる。なぜなら、「身体の鍛錬」や「治療」などの第三クラスの活動が「つらい」と言われるのは、ただそれらが行なわれている間だけのことなのだから。したがって、「それ自体のために」という限定句は、「それ自身の力で生み出す結果、あるいは効果のために」という意味であるけれども、そこには因果の同時性という性格が含み込まれていることに注意しなければならない。結果あるいは効果とは、活動内のそれである。そして、正義が「それ自体のために」善いもの、ということもこのような意味内容を有するものとして理解されるなら、それはグラウコンらの要請とも基本的に合致することになる。彼らは、人が正義を魂の内に所有しているかぎり、その正義がそれ自身の力で人にどのような利益や幸福をもたらすのかを示してもらいたいと言っていたからである(358B, 361D, 367D)。

それならば他方、「その結果のゆえに」善いものとはどのような意味であろうか。それは第三クラスの事例から直ちに見て取れるように、活動と同時にではなく、その後に生み出されるところの善き結果のゆえに、言

(31) Sachs (1963) pp. 39–40.

(32) Sachs (1963) p. 40 n. 10.

(33) Mabbott (1971) pp. 60–61. アーウィン(Irwin [1977] p. 325 n. 8)もまたマボットと同じ解釈をしたうえで、「その快楽のために生じてくる」(διὰ ταύτας γίγνεται)の「ために」(διά)は論理的であって、因果的ではないと主張する。しかし「先になってから」(εἰς τὸν ἔπειτα χρόνον)という言葉は、「ために」の因果性を指示するであろう。

(34) Sachs (1963) p. 40.

い換えれば、活動外の成果のゆえに善いものという意味に解されよう。たとえば、「身体の鍛錬」や「治療」などは、それらの活動の後に生み出される身体の強さや健康などの、善き結果あるいは成果のゆえに善いものと言われる。この意味での結果は、われわれが通常行為・行動の結果と呼んでいるのと同じものであり、それ以上の特別な意味を有するものではない。

サックスは、第二クラスでは「その結果のゆえに」の意味を、「それ自体のために」に含意されている「それ自身の力で」という意味との対比で、他のものとの結びつきで生み出される付加的な結果のゆえに、という意味に解し、また第三クラスではそれを、それ自体の悪しき効果を凌駕する善き結果のゆえに、という意味に解している[35]。第三クラスの「その結果のゆえに」の含意は確かにサックスの言うとおりだが、しかし第二クラスの事例のうちには彼の解釈を支持するようなものは見あたらない。「思慮をはたらかせること」「ものを見ること」「健康であること」などの活動や状態は、もとより他のものとの結びつきで付加的な善き結果をさまざまに生み出すことができるが、こうした意味合いを示唆する言葉は何も語られてはいない。それらの結果としてごく普通に考えられるのは、適正な判断、経験的知識、快適な生活などであろう。

サックスの解釈を支持する事例はむしろ、第三クラスの「医療」その他の「金儲け仕事」である。それらの結果は金銭であり、他者から与えられるものだからである。しかし、第三クラスには「身体の鍛錬」や「治療」などの事例もあげられており、それらの活動の結果は、他のものとの結びつきで生み出されるようなものではない。要するに、「その結果のゆえに」の「結果」は、それ自身の力で達成されるものであろうと、他のものとの結びつきで生み出されるものであろうと、どちらでもかまわないとプラトンは考えていたであろう。「それ自体のために」と「その結果のゆえに」との対比を本質的に特徴づけるものは、活動の過程そのものと活動の後との、あるいは活動外の成果との対比である。

そこで正義もまた、それをもつと同時にではなく、もち続けた後に生み出される善き結果あるいは成果のゆえに善いものと言われるであろう。しかるに、その善き結果あるいは成果とは、「報酬」ではなく正義それ自体を讃えるようにという、グラウコンらの要請から逆に推しはかるならば、その内容についてどのように考えるにせよ、その当の「報酬」と解するのが筋道である。しかしながら、アナスは正義の「報酬」は人間の慣習に依存した人為的なものであるがゆえに、「三分類」の第二クラスとは適合しないと考え、プラトンに不注意を認める。[36]

だが、グラウコンらは、報酬の人為性を問題にしていたわけではない。「三分類」が提示された後、ソクラテスが正義を第二クラスに入れるや、グラウコンは「多くの人々には、正義とはそのようなものではなく、つらいものの一種であり、報酬のためや、世間の評判に基づく名声のためにこそ、行なわなければならないけれども、それ自体としては、苦しいから避けなければならないような種類のものと思われています」と言っていた(358A)。すなわち、グラウコンらのもともとの意図は、こうした「多くの人々」の考えとは逆に、正義を行なうこと自体が同時に快いものであり、幸福であることを示すようにというところにあった。

この時、報酬が排除されるのは、その「人為性」のためではない。グラウコンの言葉から明らかなように、

(35) Sachs (1963) p. 41.

(36) Annas (1981) pp. 66–67. アナスはこの点でグラウコンらの発言と「三分類」との間の不整合を認定するが、しかし彼女は「三分類」はまったく一般的なものであり、グラウコンらは正義の自然的ではなく、人為的結果の排除を要請していると見なして、その不整合を除去しようとする(pp. 67–68)。

ここでは報酬とは、ある活動に伴う労苦に対して代償として与えられるものであり、その活動に別の価値を付加するものである。アデイマントスがソクラテスに報酬を讃えてはならないと繰り返し要求していたのもこの理由によるであろう。もとより彼らは、報酬と罰の人為性を意図的に利用して、罰を正義に、報酬を不正の方に帰属させることまでしているが、これは正義それ自体がどのような価値をもつかという問題の明確化のための措置であって、その人為性のゆえに報酬を正義から剥奪すべきだとは主張していない。他方、グラウコンは「三分類」における第三クラスの事例について、「それらを、それら自体のためにではなく、報酬その他、そこから生じる結果のゆえにもちたいと願う」(357C8–D2)と語っており、「報酬」に言及しているのである。[37]「身体の鍛錬」や「治療」の結果と同様、「報酬」もまた活動の後に生じるところの、活動に基づく結果にほかならない。

クロスとウーズリーはしかし、「三分類」の第二、第三クラスには、プラトン自身気づいていなかったように見える二種類の結果概念が含まれており、それらを彼が区別しておかなかったがゆえに混乱が生じてきたのではないかと示唆する。すなわち彼らは、「報酬」とは人が正しい生を送ったことから正当に受け取るのを期待しうるようなものだとしながらも、正義がそうした歓迎さるべき結果を実際にもつということはしかし、けっして正義に関する必然的事実ではなく、それゆえ正義の結果や第二クラスの事例の結果は、目指されることのないいわば「付帯的帰結」(incidental consequence)にすぎないが、他方、第三クラスの事例は一定の目標をもって遂行されるべき活動であり、その結果はわれわれに「起こる」(happen)ところのものという意味での「帰結」(consequence)ではなくて、われわれが「なす」(do)ところのものという意味での「結果」(result)あるいは「成果」(outcome)なのだと主張する。[38]

第三クラスの事例の結果が、われわれの「なす」ところのものであり、活動の目指すべき「成果」であることはだれの目にも明らかである。しかしこれと同様に、第二クラスの事例の結果もまた、われわれの「なす」ところのものであり、目指されるものであるだろう。「思慮をはたらかせること」や「ものを見ること」の結果である適正な判断や経験的知識などは、たまたまわれわれに起こる帰結というような性格のものではなくて、まさにわれわれの「なす」ところの「成果」であり、第三クラスの事例の結果と同様、一定の必然性をそなえている。そしてそれらが、そうした活動そのものに劣らず善きものだと見なされるならば、それらもまた当然目指されるべきものとなるはずである。

かくしてわれわれは、正義が「それ自体のために」も「その結果のゆえに」も善いものと言われる意味を、正義は、それの活動自体がそのつど幸福をもたらすがゆえに、またその活動の結果として獲得される報酬のゆえに善いものだと解することができよう。そして、このような解釈はまた、第二巻以降の『国家』篇の展開ともいっそうよく適合するように思われる。正義が「それ自体のために」善いものということを、正義が幸福を離れて端的に善いものという意味に解する人たちは、第四巻で正義のそうした性格が論じられていると考える。[39]

しかしながら、プラトンは第四巻では、正義の「何であるか」を明らかにしているだけであって、それがなにゆえ善いものであるかについては、正義と、第二クラスの事例としてあげられていた健康とのアナロジーを

（37）アナス（Annas［1981］p. 67）は第三クラスの事例は「報酬」をもつと言われていても、その「報酬」は人為的結果という意味での報酬ではないと主張している。しかしグラウコンが第三クラスを念頭に置いて「多くの人々には、正義とは……報酬のためや、世間の評判に基づく名声のためにこそ、行なわなければならないけれども、……」（358A）と語るとき、彼は第三クラスの事例に「人為的結果」としての「報酬」を認めているであろう。

（38）Cross and Woozley (1964) pp. 66–68.

語っているとはいえ、論じてはいないのである。その論述は第八、九巻にまでもちこされ、そこにおいて彼は正義が幸福をもたらすことの証明を試みているのである。(40)したがってまた、第十巻でソクラテスは次のように言う。

これでわれわれは、さまざまの問題を議論のなかで片づけたわけだが、……われわれは正義について、その報酬や評判を讃えるということはしなかった。われわれが発見したのは、正義はそれ自体として魂それ自体にとって最善のものであるということ、そしてギュゲスの指輪をもっていようといまいと、さらにはそのような指輪に加えてハデスの兜をもっていようといまいと、魂は正しいことを行なわなければならぬ、ということだった。(612A8–B5)

このソクラテスの言葉は、第九巻まで彼が正義が「それ自体のために」善いものであることを論じてきたことを示すであろう。そして続くソクラテスの言葉もさらにわれわれの解釈を支持するであろう。

ではグラウコン、今ならもう、これまで論じてきた事柄に加えて、正義その他の徳に対して報酬のことも認めてやったとしても、何も文句は出ないだろうね。正義が魂に対して、人間たちからも神々からも、人が生きている間も死んでから後も、どれだけの、またどのような報酬をもたらすかを語ったとしても。(612B7–C3)

それゆえ、第二巻以降の『国家』篇の展開からしても、正義が「それ自体のために」も「その結果のゆえに」も善いものと言われるのは、正義は、それ自体が幸福をもたらすがゆえに、また結果として報酬がもたらされるがゆえに善いもの、という意味に解することができよう。

4 正義と幸福 —— 哲学者の場合

しかしながら、われわれの解釈には一つの大きな難点がつきまとっている。正義と幸福とが乖離し合うと思われる場面が、一箇所『国家』篇に描かれているからである。それは、ほかならぬ哲人王の場合である。第七巻でソクラテスは、洞窟から出て〈善〉のイデアを観るにいたった哲学者たちは、みずからの幸福を犠牲にして再び洞窟のなかへ降りてゆき、国家統治の任に就かなければならないと述べている（519D–520A）。なぜプラトンの哲学者たちは、自分たちの幸福を犠牲にしなければならないのであろうか[41]。

（39）Mabbott (1937) pp. 472–473, (1971) pp. 61–62, Annas (1981) pp. 168–169. アナスは「幸福の観念は第四巻ではまったく姿を現わさなかった」としたうえで、プラトンの最初の仕事は「正義が行為者にとって、行為者の幸福とは無関係に価値あるものである」ことを示すことであると主張している。しかし、クラウト（Kraut［1992］p. 332 n. 7）が指摘するように、正しいことを行ない、正しい人であることが、不正を行ない、不正な人であることよりも「有利である」（λυσιτελεῖ）かどうかをソクラテスが問うとき（444E7–445A4）、プラトンは実質的に正しい人が幸福であるかどうかということを問題にしている。なぜなら、クラウトの主張する通り、「有利である」その他の語を、プラトンは第二巻で「幸福である」と等価なものとして使っていたからである（cf. p. 313, また藤沢［1976］p. 815）。

（40）この点に関して、フォスター（Foster［1937］pp. 386–387,［1938］pp. 231–232）は誤っていない。

クーパーやホワイト、アナスらは、哲学者たちの洞窟への下降は、もはや人間への関心によってではなく、超越的な〈善〉そのものへの関心によって動機づけられており、だれの幸福を求めるのでもないような、絶対的な〈善〉の、いわば非人格的具現行為であると考える。[42] しかしそうした解釈は、クラウトが指摘するように、法は国家の各構成員の幸福あるいは利益を目指すという記述（519E－520A）と明らかに衝突する。[43] 哲学者たちは国民全体の利益のために支配の任に赴くからである。のみならず、洞窟への下降が超越的な〈善〉への関心によるのであれば、それは彼らの幸福を損なうどころか、かえって高めることになるだろう。なぜなら、彼らは本当に善きものを知っており、それの実現に向かうわけなのだから。[44] しかもその下降は、支配の地位がそれに就く者の願望の対象であってはならないという条件（第七巻 520C－521A）とも抵触する。

それならば、いったい何が彼らに幸福の犠牲を要求するのか。正義そのものである、とマボットは考える。というのも、グラウコンはソクラテスの主張を肯定して、国家統治の任が拒否されない理由を次のように述べているからである。

> われわれはまさに正しい人たちに、正しいことを命じようとしているのですから（δίκαια γὰρ δὴ δικαίοις ἐπιτάξομεν）。（520E1）

すなわちマボットは、哲学者たちが「正しい人たち」であることに、つまり彼らの魂の正義に、彼らの犠牲的行為の究極理由を見るのである。[45] しかしもしそうだとすれば、なぜソクラテスはくり返し、洞窟への下降を哲学者たちに「強制しなければならない」と言うのであろうか。[46]「正しい人たち」ならば、「正しいこと」をみずから進んで受け入れるはずだからである。問題はむしろ、ここで「正しい人たち」と言われているのはどのような状態にある人たちであり、また「正しいこと」というのはどのような意味で言われているのかということである。この点についてわれわれはプラトンの正義論に即して考えなければならない。

（41）アーウィン（Irwin［1977］p. 338 n. 61）は、プラトンは支配者たちが自らの幸福を犠牲にすることを認めていないと主張し、その理由をプラトンの国家があらゆる人々の幸福を意図しており、支配者の幸福もその国家によって確保されるという点に求めている。しかしアーウィンのこの主張の典拠は第五巻466Bの「守護者」に関する記述であり、それはまだ哲人王の構想（473C–D）が提出されていない段階のものである。第七巻の問題は、守護者と哲学者との間の懸隔にある。

（42）Cooper (1977) p. 157, White (1979) pp. 194–195, Annas (1981) p. 267.

（43）Kraut (1991) p. 54 n. 16. しかしクラウトは、その利益こそまた哲学者自身の利益にほかならないと論じる。すなわち彼は、人間相互の間に秩序をつくり出すことは、哲学者の目標であるイデアの秩序をまねること（500C）の一環だと解釈するのである（1991, pp. 51–54）。だが、哲学者におけるイデアの秩序の形成と、その秩序を他の人間たちのなかにつくり出す仕事をプラトンは明確に区別している（第六巻 500D）。後者の仕事は哲学者の目標そのものではない。

（44）事実アナス（Annas［1981］p. 268）は、哲学者たちはすでに私的な関心を離れているがゆえに、単なる個人的な幸福の犠牲は実際には重大な犠牲とは考えず、したがって洞窟への下降を自分たちの利益に本当に反する文字通りの犠牲だとは見ないと主張している。それに対して、「犠牲」を実質的なものと見るホワイト（White［1979］p. 195）は、哲学者たちは現に非常に幸福なのだから、その犠牲は「圧倒的なものではない」と判定する。

（45）Mabbott (1937) p. 474.

（46）一連の原語は、*ἀναγκάσεις*, 521B7, *προσαναγκάζοντες*, 520A7, *ἀναγκαστέον*, 540A7.

プラトンは第四巻で国家の正義と個人の正義とを定義していたが、それによれば国家においても個人においても、それの内なる各部分が「自分のことをする」ことが正義である（433A−434C, 443B−444A）。そして国家の内なる正義は、国家の成員としての個人が、国家において「自分のことをする」ことである以上、それはまた個人の「外的な行為」にかかわるところの、個人の外的な正義の原理でもあった（441D−E, 443C）。しかるに、プラトンは個人の外的な正義を、魂の内なる正義の「一種の影」（εἴδωλόν τι, 443C4−5）として捉えるが、両者の関係についてさらに次のように言う。

> 金銭の獲得に関することでも、身体の世話に関することでも、あるいはまた何か政治のことでも、私的な取り引きのことでも、すべてそうしたことを行なうにあたっては、そのような秩序ある魂の状態を保全するような、またそれをつくり出すのに役立つような行為をこそ、正しく美しい行為（δικαίαν μὲν καὶ καλὴν πρᾶξιν）と考えてそう呼び、そしてまさにそのような行為を監督指揮する知識のことを知恵と考えてそう呼ぶわけだ。逆に、そのような魂のあり方をいつも解体させるような行為は、不正な行為（ἄδικον δὲ πρᾶξιν）ということになり、またそのような行為を監督指揮する思わくが、無知だということになる。
>
> （443E3−444A2）

正しい行為と不正な行為に関するこのプラトンの正式な基準を、われわれは目下の問題に適用しなければならない。外的な行為としての国家統治の任は、このようなプラトンの基準をおかすものではなく、確かに「正しいこと」だと考えられてよいだろう。なぜなら、それは国家の正義に即するばかりか、魂の三部分のうちでも支配する仕事がふさわしいと言われていた「理知的部分」（441E）によって遂行されるべきものであるがゆえに、その仕事に携わる者の魂の秩序を解体させることにはならないからである。しかしながら、プラトンは哲学者たちについて次のようにも言っている。

> しかし順番が来たならば、各人が交替に国の政治の仕事に苦労をささげ、国家のために支配の任につかなければならないのだ、そうすることを何か美しいことと見なすのではなく、やむをえない強制的なことと見なしながら（οὐχ ὡς καλόν τι ἀλλ᾽ ὡς ἀναγκαῖον）。
>
> （第七巻 540B2–5）

すなわち、支配の任は「正しいこと」ではあっても「美しいこと」とは見なされず、「やむをえないこと」と考えられているのである。(47) これはどういうことであろうか。

われわれは支配の職務を要請される人たちが、「正しい人たち」であるばかりでなく、まさに哲学者であるという事実に留意しなければならない。しかるにこの時、第十巻のソクラテスの発言は重要である。最終巻にいたって彼は、「われわれは、魂がその現状においてどのような性格のものと見えるかについては、確かに真

（47）アーウィン（Irwin［1995］p. 299）は、「美しいこと」と「やむをえないこと」との対比がトラシュマコスの正義批判に含まれている真実の要素を表現しているがゆえに重要であると主張し、また第二巻においてトラシュマコス説を復活させるグラウコンの、「正しいことをする人々はみな、それを〈善いこと〉ではなく〈やむをえないこと〉と見なして（ὡς ἀναγκαῖον ἀλλ᾽ οὐχ ὡς ἀγαθόν）、しぶしぶそうしている」（358C3–4）という言明との連絡を見ている。しかし第七巻の対比は、この第二巻の対比とは異なる。なぜなら、プラトンは第六巻で〈善いこと〉と〈美しいこと〉とを区別しているからである（505D）。ここでは、支配の任は哲学者にとって善いものでないばかりか、さらには美しいものでもないとプラトンは考えているのである。

実のことを語ったけれども、しかし実を言えば、われわれが観察したその姿は、いわば海神となった漁師グラウコスにも比すべき状態にあるものだった」と述べたうえで、魂の本来の姿を見るためには、「魂の哲学の営みに」（εἰς τὴν φιλοσοφίαν αὐτῆς, 611E1）目を向けなければならないと主張し、「魂が、神的で不死で永遠なる存在と同族である自らの本性に促されて、何を把握し、どのような交わりに憧れるかを、われわれは注視しなければならない」と言う（611C–E）。そして次の言葉をつけ加える。

　このように魂が本来の姿に立ち返ったときにこそ、はじめて人は、魂の真の本性を見ることができるだろう、多種類のものが集まってできているものか、単一なものか、それともどのような性格とあり方をもつものかを。だがさしあたって今は、われわれは、魂が人間の生活において（ἐν τῷ ἀνθρωπίνῳ βίῳ）受け取るさまざまの様態と形状とを、ぼくのつもりではかなり適切に述べたわけなのだ。（612A3–6）

　この発言によって、プラトンは「魂三区分説」が究極的なものでなかったことに注意を呼び起こしている。そして彼は、哲学の営みに従事する魂のあり方を「人間の生活における」魂のあり方よりも上位のものと位置づけている。言い換えれば、彼は「魂三区分説」の枠組みで考えられるような正義が、いまだ表面的・暫定的なものであり、それよりも本来的な、いわば高次の正義を想定しているのである。それゆえ、支配の任は、哲学者の魂の正義を解体させるものでないとはいえ、その職務の遂行、たとえば戦争行為[48]などは、魂の状態をさらにより善きものにつくり上げるのに役立つような行為とはけっして見なすことができないであろう。

　このような意味において、支配の任は「正しいこと」だと言われても、積極的にそのように主張されているわけではなく、したがって、それは「何か美しいこと」だと言われることはできなかったのである。その仕事は、哲学者ではない「多くの人々」が存在するかぎり（519E）、そしてただ〈善〉を見きわめた哲学者たちのみがその職務をよく遂行しうる能力をもっているがゆえに（520B–C）、さらには哲学的生活の保証という見返りを条件としながら（520D）、なおも彼らに「強制されねばならない」仕事であった[49]。

それゆえ、哲学者たちに犠牲を強いる洞窟への下降という事態は、正義それ自体が幸福をもたらすというプラトンの正義論の基本原則を崩すものではない。なぜなら、その下降は積極的に「正しいこと」と呼べるものではないからである。したがってそれはまた、正義のいわば至上性、あるいは幸福とは独立の無条件的な道徳義務を示す事例でもない、と言わなければならない。

（48）この適切な例はアーウィン（Irwin［1995］p. 299）から借りられた。

（49）この強制が受け入れられることとの関連で、アーウィン（Irwin［1995］p. 300）は、プラトンの主張によれば、支配の任とは「共通の善、および人が受けた利益へのしかるべき返済の行為を要請する正義の原理によって、要求される正しい行為」である、と解する。確かに、支配の任は共通の善に貢献する。しかしその職務につくことが、哲学者たちにとって「返済」の行為になる必然性はないと考えられる。「返済」は他の方法によってもできるからである。プラトンはソクラテスに語らせている、「これが他の国の場合なら、そこで哲学者となる人々が、その国のなかのさまざまの面倒に参与しないとしても、それはそれでもっともなことなのだ……ひとりでに生まれたものが、誰からも養育の恩を受けていない以上、すすんで養育費を誰にも返済しようという気にもならないのは当然のことだからだ。……けれども君たちの場合は、われわれこそが君たちを、君たち自身のためばかりでなく、他の国民のためにも、いわば蜜蜂の群のなかの指導者・王者となってもらうために生み出したのである」（第七巻 520A–C）と。すなわち、プラトンの哲学者たちは支配の任に就くべく育てられているのである。したがって、その任への要求は「返済」以上のものを、すなわち正義の原理以上のものを含んでいる。

5―「自分のことをすること」としての〈正義〉

哲学者の事例はしかし、プラトンの正義論におけるいっそう重要な局面をわれわれに明らかにする。すでに論じたように（本章第2節）、プラトン的な意味で正しい人は通常の不正行為をどのような場合にも行なわない人であり、また逆にそのようなことをしない人はプラトン的な意味で正しい人であった。だが、このような人をわれわれは直ちに幸福な人と呼ぶことができるであろうか。すなわち、不正な行為を常に差し控えるということだけで、人は十分に幸福なのであろうか。プラトンの答えは、明らかに否である。なぜなら、不正な行為を差し控えるということは、プラトン的な意味で正しい人に要求される当然の事柄であるにせよ、中心的な事柄ではないからである。プラトンによれば、正しい人とは秩序ある魂をもつ人のことである。しかしその人はまた、国家社会という共同体において「自分のことをする」人でもあった。プラトンは次のように言っていたからである。

> ではわれわれが原則として立て、その後何度も口にしていたことは、君が憶えているなら、こういうことだったはずだ。すなわち、各人は国におけるさまざまの仕事のうちで、その人の自然本性（φύσις）が本来それに最も適しているような仕事を一人が一つずつ行なわなければならないということである。
>
> （第四巻 433A4−6）

すなわち、〈自然本性〉において靴作りである人は、他のことは何もしないで靴をつくることが、また同様にして、大工は大工の仕事をするのが正しいあり方だということである（443C）。この原則に伏在する問題は、各人にとって「自分のこと」とは何であり、「自分の仕事」とは何であるのか、また自分の〈自然本性〉とはいったい何であるのかということである。

プラトンが最初に言っていることは、「われわれのひとりひとりは、けっしてお互いに相似たものとして生まれているのではなく、〈自然本性〉の点で異なっていて、それぞれが別々の仕事に向いているのだ」（第二巻370A8–10）ということである。言い換えれば、「自分のことをする」というプラトンの正義論の原則は、〈自然本性〉にしたがう、という一般原理を提示するだけであって、各人が実際にどのような仕事をするかということについては、まったく無規定なままにしているのである。唯一の例外は「守護者」である。「守護者」となるべき人がどのような〈自然本性〉をもっていなければならないか、またどのような仕方で教育され、選抜されねばならないかをプラトンは詳細に論じているからである（第二巻374E以下）。プラトンは「守護者」となるべき「哲学者」の教育と選抜には最大限に国家の意志を介入させる（第七巻520B–C）。けれども、他の仕事に関してはそうではない。したがって、一般に人が、プラトン的な意味で正しくあろうとするならば、みずからの〈自然本性〉を、つまり自分とはそもそも何者であり、何をする存在なのかを問い、探求し、その答えを何らかの仕方で見出さなければならないのである[50]。

このようにしてはじめて、各人は「自分のこと」をし、「自分の仕事」をすることが可能となり、またその時にはじめて幸福を享受しうるとプラトンは考えていたであろう。なぜなら、各人が「自分のこと」をすることは、

（50）もとより、哲学者はこのような探求を「強制」される（第七巻519C8–D1）。

魂の内なる正義の「一種の影」と言われていたからである（第四巻443C）。実際に「自分のこと」をするようになるためには、人は本当の意味での「自分自身」にかかわり、魂を秩序づけ、かくして多くのものであることをやめて「完全な意味での一人の人間」にならなければならない、とプラトンは言う（443D–E）。さもなければ、何か一つの仕事を「自分のこと」としてすることはできないからである。

それゆえ、大工がみずからの〈自然本性〉を見出し、それにしたがって大工の仕事をするとき、その場合、ちょうど哲学を自分の仕事と了解していたソクラテスのように、その大工は自分が何によって生きるかを、何らかの仕方で理解しているのである。だが、このような大工はどのようにして生み出されるのであろうか。そして、彼の魂の内なる正義は何によって生み出されるのであろうか。それは必ずしもイデアの認識によってではない。そうしたことはすでに哲学者の仕事である。むしろ、魂の〈正義〉が、魂の自然本来の秩序であるとすれば、そうした秩序の形成は、洞窟の比喩で示される魂全体の「向け変え」（ペリアゴーゲー）によって達成されるものと考えられる（第七巻518C–519A）。なぜなら、プラトンによれば、洞窟の囚人たちの転向とは、「無分別を癒されること」であり、「自然本来の状態へと」（φύσει）[51] 向かうことにほかならないからである（515C）。それは、囚人たち（われわれ）の日常的な世界観の全面的な変更を意味する。

（51）φύσει の意味については、アダム（Adam［1902］vol. 2, p. 91 note on 515C18）の最良の注釈および藤沢訳（1976）にしたがっている。なお、囚人たちの転向をめぐる解釈については、朴（1983, pp. 31–34）参照。

第二章　弁論術・説得・対話

プラトンは自己収斂的なソクラテスの倫理説が〈他者〉の問題に関して難点をはらんでいると考え、『国家』篇で正義論を展開することによってその問題に対処しようとした。〈他者〉の問題はしかし、正義という倫理的概念の見直しに尽きるものではない。〈他者〉を組み込んだどのような正義概念が示されるにせよ、その概念が人と人との間で実際に有効に機能しようとするならば、それは自他の間で受容され共有され、それに基づく行為選択がなされるのでなければならない。すなわち、とりわけ対他的な正義の問題は、〈他者〉に生き方や行動の変更を要求するという事態を、不可避的にひき起こすのである。ここにおいて倫理は共同体における政治と接点をもつ。

しかるに、人に行動や生き方の変更を促す二つのよく知られた方法がある。説得と強制である。強制は多かれ少なかれその実効性を暴力に負っており、人の外的行動を支配する。それに対し、説得は相手の考えそのものを変更させ、その支配は内面にまでおよぶ。これら二つの方法はしばしば対比されるが、いずれも他者に特定の行動をとらせることを目標にするかぎり同じ力学に組み込まれている。説得はいわば巧妙な強制手段であり、時には詐術にさえ転ずる。こうした説得と強制との対比および類似をプラトンは熟知していた。[52] 哲学的に意義深い問題はその類似にある。説得は倫理的行為の前提である行為者の自由、あるいは自律をおかす可能性があるからである。

『国家』篇その他における「説得」の用語法の分析により、政治技術の方途として暴力とともに、「修辞宣伝」(rhetorical propaganda) すなわち「不当な手段による説得」(talking over by foul means) をプラトンは推奨しているとポパーは信じた。[53] しかしこのような批判よりも重要なのは、モローによるプラトン的説得とソクラテス的説得との区別である。両説得概念の相違は「自由な批判活動」の有無にあり、「魂が無事に成熟しうる」ために、そうした活動を許容しないプラトンは、「ソクラテス的な〈魂への配慮〉のより深い意味に盲目であった」と、『法律』の検討からモローは論定した。[54]

だが、プラトンは晩年の『法律』においても、「自由な批判活動」を通じての説得行為に正当な価値を認めることを忘れてはいない。[55] むしろ事実は、論駁行為による伝統的価値の否定が若い人々の生き方に深刻な影響をもたらすと判断したプラトンが、ソクラテス的な対話法の運用に厳しい制約を加えたということである(『国家』第七巻 538C–539D)。モローのすばらしい論述は、この制約が『法律』に至ってほぼ全面禁止となった経緯を描き出しているが、その動因を追求してはいない。この章では彼が検討抜きで「真の説得」(genuine persuasion) と呼ぶソクラテスの対話活動を、プラトンがどのように受けとめたかに関心を払いたいと思う。

周知のように、プラトンの前期作品『ゴルギアス』でソクラテスは、説得の技術としての弁論術を、医術に対置されるべき料理術にたとえて批判し、それから技術の資格を剥奪しているが (465C–E)、中期作品『パイ

（52）Cf.『国家』第一巻327C–328B. ここに見られるポレマルコスによるソクラテスの口説きは、ギリシア人の伝統的観念にくい込んでいる「贈り物による説得」（第三巻390E）の変容である。

（53）Popper (1945) ch. 8, n. 10. ポパーの指示する数多くの参照箇所は、ほとんどどれもが彼の主張を裏付けはしない（それどころか反証すら含まれている。たとえば彼の挙げる『国家』第二巻364B–Eに見られるアデイマントスの「呪文、魔術、供儀などによる説得」への言及は、ほかならぬプラトンの批判対象である）。唯一関連する典拠は第三巻414B–Cである。そこにおいてプラトンはいわゆる「高貴な嘘」（noble lie, ポパーは'lordly lie'と訳す）の必要性を述べるが、コーンフォードは問題の言い回し、γενναῖόν τι ἓν ψευδομένους を'noble lie'と訳すのは誤りとして、"ψεῦδος cannot, in this context, mean a 'lie', if a lie is a false statement made with intent to deceive. ψεῦδος has a wide range of meaning..... Myth, poetry, fable, romance are all ψεῦδος, *fiction*." と主張する（1950, pp. 132–133）。が、もとより ψεῦδος はこの文脈では明らかに fiction の意味をもっており（cf. 藤沢訳『国家』のこの箇所への注および415A2, C7 の μῦθος というプラトンの用語）、また414D–415C の「出生の物語」をソクラテスは人を「欺く意図」をもって語ってはいない。なぜなら、彼はその物語を偽りだと知ったうえで語っているわけではないからである（cf. 414C6, Contra Robinson [1969] pp. 79–80）。むしろプラトンは、その物語にある種の真実を見ているであろう（cf. 第八巻546E–547C）。したがって、この場合の「嘘」は不当な手段ではなく、ポパーの批判は論拠が薄弱だと言わねばならない。しかし物語は物語である。それゆえ、たとえ何らかの真実が含まれているにせよ、虚構としての物語を支配者たち自身や他の国民に説得するという行為そのものは一種の詐術であり、この点ではポパーの批判は必ずしも的外れではない。

（54）Morrow (1953) pp. 238–250.

（55）たとえば、『法律』第四巻720D–Eにおける、自由人である医者と患者についての記述を見よ。モロー（Morrow [1953] p. 243）はこうした医者と患者との治療におけるやりとりに、医者による教示としての説得行為を見て取るが、「医者自身も患者たちから何かを学ぶ」というプラトンの言葉は、医者の説得行為が教示だけではないことを示している。

ドロス』に至ってプラトンは、弁論術を魂の医術に転換する道を探り、技術として承認する方向に向かう（270B以下）。われわれはこの動きが何に由来するのかを考察することによって、ソクラテスとプラトンの説得観を再考し、倫理的価値の共有化に対して彼らがどのような見解をもっていたのかを明らかにしたいと思う。

1　弁論術における説得

『ゴルギアス』のソクラテスは説得に二種類の区別を設ける。一つは、相手に知ることを抜きにして確信だけをもたらす説得、もう一つは知識をもたらす説得である（454E3－4）。弁論家が工夫するのは前者の説得であり、したがってその説得が説得力をもつのは、ものごとを知らない人々の間であって、知っている人たちの間ではない（459A－C）。しかし説得が重要となるのは、何に関してであり、どのような場面においてであろうか。たとえば数の計算に関して、そのやり方がわからない場合であろうか。そうではない。そのような場合、人は計算術の心得ある人にしたがうからである。ソクラテスは医術や体育術をはじめ多くの技術も説得を行なうものであることを指摘しているが（454A）、こうした技術の扱う対象についても、問題が生じた場合、それがその技術知内部の事柄であるかぎり、人は通常専門家の判断にしたがうであろう。すなわち、確かな知識が確立されている事柄に関しては、人はその知識の所有者と争わないのである。ソクラテスが考えるように、各技術者が自分の特定の分野における説得の専門家なのであり、彼らだけが「知識をもたらす説得」を行なうのである。

しかしここに注意すべき点がある。なぜならそのような説得は、説得であるよりもむしろ「教示する」(cf. 455A1, 458E7)ことに近く、人に決断を促すたぐいのものではないからである。それならば、いつ本来の説得が必要となるのか。ゴルギアスは適切な例を挙げている。

私はこれまでに何度も、弟(医者)や他の医者たちと連れだって、患者たちのなかでも薬を飲んだり、医者に切ったり焼いたりしてもらうのをいやがる者のところへ出かけたのだが、医者が説得できないときに説得したのはこの私であり、それもほかならぬ弁論術を用いてであった。(456B1−5)

ゴルギアスはこれを弁論術の力を示す「大きな証拠」として述べている。医者は医術に関する専門知をもっている。にもかかわらず患者を説得できない。弁論家は医術の専門知をもってはいない。にもかかわらず患者を説得できる。この事態が含意するのは、説得の成否が医術という専門知の有無にかかってはいないということである。言い換えれば、説得はその専門知をはみ出すところに関係しているのである。医者は治療の必要性や有効性を患者に説明する。しかし患者はその治療を拒む。なぜ拒むのか。理由はさまざまに考えられよう。医者の態度が悪い場合もあれば、患者の生き方によることもあるだろう。だが通常の理由は、患者が治療の苦痛を避けようとする点にあるだろう(『ゴルギアス』479A、また cf.『国家』第三巻 357C)。いずれにせよ注意すべきは、そうした理由のどれもが医術という専門知の扱う事柄ではない、ということである。

したがってこのような場合の説得に関しては、医者はもともと専門家ではないのである。病気に関する充分な医学上の関連情報を患者に提供したとしても、患者は医者に説得されて、医者の治療方針を受け入れるとは限らない。説得という行為が真に重要となり、必要となるのは、特定の技術知が届かないまさにこのような倫理的状況なのである。「この薬を飲んだ方がよい」「この手術を受けるべきだ」という言明の妥当性は、厳密には医術内部の知識から引き出すことはできない。引き出せるのは、「この薬はこの病気に効く」「この手術をすれば寿命が延びる」といった、治療上の因果関係の記述である。のみならず、たとえ医者が自分の倫理的判断の正しさを患者に了解させることができたとしても、患者にその行動を実際に選択させることができるかどうかはなおもわからない。説得という行為の背後には、さらに心理的諸問題が横たわっているからである。

ゴルギアスは適切にも、弁論術の行なう説得とは「正しい事柄や不正な事柄についてである」と述べる(454B7)。ところが彼は、医者その他の専門家をもしのぐ弁論術の力について語りながら、それと関連して弁論術の誤用にも言及する(456C7–457C3)。ソクラテスはこうしたゴルギアスの主張について、彼に次のように問いかける。

いったい弁論家というものは、正と不正、醜と美、善と悪についても、健康その他、他のさまざまな技術の扱う事柄に関する場合と同じような態度をとるものなのでしょうか。つまり弁論家は、何が善く何が悪いのか、何が美しく何が醜いのか、何が正しく何が不正であるのか、こうした事柄そのものを知らずに、それらに関する説得だけを工夫して、実際には知らないにもかかわらず、ものごとを知らない人たちの間で、知っている人よりも知っているかのように、思われるようにするのでしょうか。それともそうしたことを知ることは必須であり、また弁論術を学ぼうとする者は、それらをあらかじめ知ったうえであなたのところに赴かなければならないのでしょうか。(459C8–E3)

これに対してゴルギアスは、弁論術を学ぶ者がそうしたことを知らない場合には、その知識もまた彼から学ぶことになるだろうと答える（460A3－4）。この返答によってしかし、彼は不整合に追い込まれる。すなわち、弁論術を学んだ者は同時に正しい事柄の知識をも身につけ、それによって正しい人になるのだから、弁論術の不正な使用はありえない、とソクラテスは論じるのである（460A5－C6）。

この議論の妥当性はともかく[56]、ソクラテス自身は弁論家が正不正その他の知識をもっているとは考えていない。彼によれば、弁論術とは技術ではなく、ある種の「経験」であり、自分が行なうそれぞれのことの原因を言うことができないからである（465A、また cf. 459C）。そのような知識を提供するのは、ソクラテスが弁論術をそれの「模像」と見なすところの司法術であると考えられるかもしれない。しかしその技術の専門知と個々の場面における正不正との間には空隙が存在しており、それゆえに何が正しく、何が不正かの判定をめぐってわれわれには意見の不一致や争いが生じ[57]、決着をつけるために説得や強制、暴力といった手段が採られるのである。そうした事態でたえず問題の核にあるのは、ソクラテスが指摘するように、ほかならぬ正不正、美醜、善悪をめぐる価値的判断なのである[58]。

だがそのような価値の絡む問題に関して、弁論家はなぜ説得に成功するのか。ソクラテスとゴルギアスの議論が示すように、弁論家は無知な者を相手に自分には知識があると思いこませるからなのか（459B－C）。ソクラテスによれば、決定的な理由はそれではない。続いてポロスが加わった議論において、弁論術とはある種

（56）この問題の追求については、木下（1997）pp. 22–33、および本書第三章参照。
（57）Cf.『エウテュプロン』8E.
（58）Cf.『エウテュプロン』7B-D、また『パイドロス』263A.

のよろこびと快楽をつくりだすものであり、つまるところ「迎合」である、とソクラテスは言う（462C, 463B）。そして魂の領域における弁論術の司法術に対する関係は、身体の領域における料理術の医術に対する関係に等しい、と彼は主張する（465C–E）。そして、料理術が身体に快楽を提供するように、弁論術は魂に何らかの快楽を提供するのであり、ここに弁論術が説得に成功する本当の理由があると考えられる。弁論術が装う知的権威はこのような快楽提供の仕事に支えられているのであって、その逆ではない。

それならば弁論術は、どのようにして相手の魂に快楽をもたらすのか。相手の気に入る言葉を語ること、つまり「迎合すること」によって、とソクラテスは考える。しかし単なる迎合は説得ではない。それは相手の見解を変更させるものではないからである。説得は、相手が受容している見解を捨てさせ、拒む見解を受け入れさせることである、あるいは判断を迷う相手にある特定の見解を受け入れさせることである。説得者は相手の気持ちを変えなければならない。治療を拒む患者に、治療を受け入れるように仕向けなければならない。相手が現に思うこと、感じることにいわば調子を合わせるだけでは、説得は達成できないのである。

ここでソクラテスの観察は意義がある。すなわち、料理術とのアナロジーによれば、弁論術は相手の魂の、そのつどの「最大の快楽」を目指すのである（464D2）。したがって、弁論家がどのような言葉を工夫し、どのような方法で語りかけるにせよ、説得が成功するためには、その言葉は何らかの仕方で、その時点における相手の魂の深部に届いて、その隠れた欲求を満たし、何か大きな快楽をもたらすものでなければならない。弁論術が迎合だと言われるのはこのような意味においてであり、迎合は「熟練」を要するのである（463B4）。

こうした迎合による説得は一時的なものだと言われるかもしれない。しかしその一時性は弁論術の弱点ではない。ある特定の場面で人を動かすことこそが、説得の最大の目標なのだから。あるいは弁論術の弱点はむしろ、ソクラテスの指摘するように、無知な者たち、つまり大衆の間でしか成功を収めることができない、という点にあると考えられるかもしれない（459A）。だがここでも重要なのは、説得の成否である。弁論術が無知な者たちの説得に成功するかぎり、その説得はそれ自体の意義をもつと言わなければならない。したがって、この観点からすれば、料理術とのアナロジーから、弁論術は「最善をさしおいて快をねらう」というソクラテスの批判も（465A2）、彼の意に反して、われわれの耳もとをすり抜けるだけであろう。逆に最善をねらう説得であっても不成功に終わるならば、説得としての意味をなさないからである。[59] しかしここには注意すべきことがある。どのような意味で、ソクラテスは弁論術の「快をねらう」点を非難しているのか。

ゴルギアスによれば、弁論術とは「言葉によって説得する能力」のことである（452E1, 453A2）。だが何を説得するのか。正と不正に関する事柄である。しかるにソクラテスは、弁論術から技術の資格を奪い、それが正不正その他に関する知識をもっていることを疑っていた（462B3–465E1）。したがって、ソクラテスによれば、弁論家は真の正しさや善さ、美しさを説得する能力をもたない。しかしそうした事柄を説得することが弁論家の第一義的な仕事なのではない。説得とは明らかに、どのような場合にも方向性をもった行為である。目標は定まっており、それの達成のために説得が行なわれるのである。弁論家が相手のそのつどの快楽に訴えるのは、言うまでもなく説得の方途であって、目標ではない。[60] 問題は、その方途がもたらす効果、めざす目標である。

したがって、ソクラテスの批判の矛先は快楽よりもむしろ、弁論術の行なう説得の目標そのものに向けられ

（59）Cf.『パイドロス』260D、また藤沢（1984）p. 30.
（60）「そのつど最も快いものによって」（τῷ δὲ ἀεὶ ἡδίστῳ, 464D2）という表現における手段の与格に注意せよ。

ているとと考えられる。すなわち、弁論術はそのつどの快楽につけこんで、見かけの正しさや善さといったものだけしか説得しない、と彼は批判するのである（464A－B）。しかしながら、見かけの正しさと本物のそれとを区別し、何が本当に正しいかを検討することは、ゴルギアスの唱える弁論術の仕事でもなければ、説得という行為の本来の課題でもない。説得は、説得すべき事柄がすでに前提されているからである。

のみならず、その内容が正不正、善悪、美醜にかかわっており、それらについて、少なくともソクラテスの見るところ、だれも確かな知識をもっていないとすれば、どのような説得も、それが説得であるかぎり、人は多かれ少なかれ正しいと思われるもの、善いと思われるものを相手に説得せざるをえない。それゆえ、説得する側にも、される側にも何らかの欺きと錯覚は避けられないことになろう。説得内容は「思われ」をこえるものではないからである。けれどもソクラテスは、説得という行為そのものを批判することはけっしてない。それどころか逆に、実際には彼もまた説得の仕事に明け暮れているのである。これはどういうことであろうか。

2―ソクラテスにおける説得

ソクラテスは『弁明』で次のように言う。

私はあなたがたの一人一人を目覚めさせ、説得し、非難し、終日どこででもあなたがたと膝を交えるのをけっしてやめない者なのです。（30E7－31A1）

また、

私がすでに多年にわたって、自分自身のことはいっさいかえりみず、家のことも放っておくにまかせ、いつもあなたがたのことをしているということは、しかも個人的に一人一人に近づいて、あたかも父親や兄のようにして、徳に配慮するように説得しているということは、人間的な事柄に似てはいないのです。

(31B1–5)

これらの発言からソクラテスの説得活動の特徴が浮かび上がる。(1)説得は個人的に行なわれる、(2)迎合するのではなく、非難する、(3)徳ではなく〈徳への配慮〉を説得する、(4)「父親や兄のようにして[61]」説得する。これらはいずれも弁論術の特質と対比をなすが、にもかかわらずソクラテスの説得活動は弁論術と同じ問題をはらんでいる。

非難と説得は表裏一体の行為である。非難は相手の誤りを咎め、説得は正しい見解を受容させることである。が、こうした行為はソクラテス独自の対話作業を通じて行なわれる。その作業は、相手に「問いかけ、吟味し、論駁する」(ἐρήσομαι καὶ ἐξετάσω καὶ ἐλέγξω)ことによって、すなわち問答を核とする個人的対話によって遂行さ

(61)「これは特別な愛情をもって」という意味に解される(cf. 29D3)。愛情はしばしば説得において大きな役割を演ずるが、ソクラテスの説得活動においては第一義的なものではない。人への愛情よりも重要なものがあると彼は認めるからである(cf. 29D3–4)。したがってヴラストス(Vlastos[1971b]pp. 16–17)が指摘し、ノジック(Nozick[1995]pp. 151–152)が注意を促したソクラテスの「愛の不足」(failure of love)の問題は、ソクラテスの説得活動に本質的なものではない。それゆえここでの問題は(1)(2)(3)にある。

れる（29E4–5）。では何をソクラテスは吟味論駁するのか。〈魂への配慮〉[62]、〈徳への配慮〉についての相手の誤った思いなしである（29E）。したがって、このような思いなしを吟味論駁することによって、ソクラテスは相手を目覚めさせ、非難するのである、つまり相手の誤りを明らかにすることを通じて、〈魂への配慮〉を説得し、勧告するのである（29D5–6）。

しかるにここで問題が生じる。すなわち、そのような非難や勧告の正当性は、説得作業としての吟味論駁の成功を前提するが[63]、その成功はどのようにして保証されるのか。もしその保証がなければ、事実はソクラテスもまた〈魂への配慮〉という自分自身の「思いなし」を対話相手に強要しているにすぎないように見える。

ソクラテスが人間であるかぎり（34D）、彼のさまざまな見解に正誤があるのは当然である。しかし誤り自体は、彼の論駁の作業に錯覚や欺きを導き入れるものではない。彼は対話者の見解ばかりでなく、自分の見解もまた吟味にさらすからである。とはいえ、たとえどのような吟味をしても、何らかの誤りは残るのではないかと言われるかもしれない。しかしここでも、問題は誤りではない。肝心なのは、その可能性を認める用意があるかどうかであって、この点に留意するのをソクラテスはけっして怠らない。彼は結論をたえず保留する。保留するだけではない。それをさらなる吟味にかける用意があり、対話者にもまたまさにそのことを促すのである（『ラケス』200E–201A、『カルミデス』176A、『プロタゴラス』361C）。

だがここで、もう少し注意する必要がある。相手を論駁するだけでなく、ソクラテスは本当に自分の見解をも吟味しているのだろうか。また、実際に自分の見解を撤回する用意があるのだろうか。確かに彼は、議論の主題について機会を捉えては、自分が「よく知らない」旨を表明する（『ラケス』200E、『カルミデス』166D、『ゴルギアス』506A, 509A、『国家』第一巻 336E）。しかしそこまでである。プラトンの作品に描かれるソクラテスは、驚くべきことに、一度も論駁されたことがないのである。これは、ソクラテスという人間が議論では、どんな相手をも、たとえスーパー・スーパー（この形容詞をどれだけ繰り返してもよい）カリクレスのような対話者であってもねじ伏せることのできる哲人であるという印象を与える。(64)

この印象は次の疑念を誘う。すなわち、ソクラテスの議論は対話者に〈魂への配慮〉を説得、あるいは勧告するという目標によって方向づけられており、しかるにソクラテスの見るところ、善美の事柄についてはだれ

（62）正確にはこれは、「魂ができるかぎりすぐれたものになるように配慮すること」である（29E1–2, 30B1–2）。〈徳への配慮〉と同義であり、またそれは〈自己への配慮〉とも言い換えられる（36C6–7）。

（63）リーヴ（Reeve［1989］pp. 122–123）は、「（ソクラテスの勧告に）異議を唱える」（29E3）という表現から、ソクラテスの吟味論駁の作業は、人々に非難が聞き入れられないときにはじめて開始されると主張するが、これは一面的な見解であるばかりか、吟味の後の非難を述べた 29E5–30A1 の記述と抵触する。確かに「神託事件」以後の経験に基づいて、ソクラテスが非難を説得に先行させるといったことは考えられるかもしれないが、実際の作業としてソクラテスが非難や勧告を吟味論駁の活動に先行させている場面をプラトンは初期作品のどこにも描いてはいない。他方、中畑（1997, pp. 2–3）は、勧告と吟味論駁は「別々の事柄ではなく一つの活動（ソクラテスの対話活動）の二つの側面」であるとして、両者の「一体性」を強調する。いずれにせよ、非難や勧告は相手に理由を説明する行為ではなく、その点で説得と区別される。したがって注意すべきは、ソクラテスの対話活動のすべては説得活動であるということである（cf. 中畑［1994］p. 16 n. 15）。だがこのことは、どのような対話も本質的に言葉の「やりとり」（exchange）であり、その「やりとり」は説得なしにはありえないという一般的見解（Williams［1993］p. 157）を、ソクラテスに帰するものではない。

（64）Vlastos (1994) pp. 22–23.

も確かなことを知ってはいない。したがって、そのような知恵を主張する者がいれば、その主張を論駁して、その者にぜひとも無知を気づかせねばならない。この仕事を遂行するために、ソクラテスはあらゆる論理を駆使する。時には彼は言葉の多義性を利用し、時には対話者との間で同意されていない想定を持ち込んでいるようにも見える（『国家』第一巻 335C4, 354A1 など）。

要するに、ソクラテスは実質的には、対話者たちを論駁しているのでもなければ、自己の見解を吟味しているのでもなく、ただ彼らの主張に反対するための議論を一方的に展開し、彼らをアポリアーに追い込んでいるように見える。それゆえ、ソクラテスの議論に相槌を入れながら、その帰結を単純に受け入れるような凡庸な対話者は、彼に欺かれているのではないか。逆に、カリクレスやトラシュマコスのような旗幟鮮明の対話者こそ、ソクラテスのいわば説教的な意図を見抜いて反論しているのではないか。だとすれば、問答によるソクラテスの吟味論駁の作業は形だけのことであって、それに基づく説得は、迎合ではないにせよ、ゴルギアスの弁論術のそれと異ならないということになるだろう。すなわち本質的には、知らない者たちを相手に、その思考力の弱さにつけ込んで、ソクラテスは彼らを説得しているのではないか。浮上するこのような疑念を、われわれは払拭できるであろうか。

3―ソクラテスの対話法の問題とプラトンの対応

われわれはまず、自他の吟味を可能にする対話の条件とは何かを考えなくてはならない。第一にそれは、互いに論駁しあう自由、すなわち「自由な批判活動」が確保されていることである。これの成否は、対話者双方が論駁を受ける意思をもつかどうかにかかっている。第二に、より重要なのは、互いに議論を共有できることである。共有してはじめて論駁は有効となるからである。これら二つの条件をソクラテスは対話において保証しているであろうか。この問題に対する答えはしかし、疑問の余地がない。ソクラテスは第一の条件を確保するためにゴルギアスに次のように言う。

私とはどのような人間であるのか。それは、自分が何か真実でないことを言うなら、喜んで論駁され、他方、人が何か真実でないことを言えば、喜んで論駁するような人間なのですが、しかし論駁するよりも論駁される方をむしろ喜ぶ人間なのです……ですから、あなたもまたそのような人間であると言ってくださるなら、対話を続けることにしましょう。しかしもしやめるべきだとお考えなら、もうこれまでにして議論を打ち切ることにしましょう。（『ゴルギアス』458A2–B3）

第二の条件についても同様である。彼は相手の同意抜きに議論を進めることは一度もない。同意がうわべだけのものにならないように、彼は自分の質問に誠実に答えるように対話者に要求する（『クリトン』49D、『国家』第一巻346A）。そして結論を導くときには必ず、対話者との一つ一つの同意事項に基づいてそれを引き出そうとする。

しかしポロス、われわれが同意しあった事柄が真実だとすれば、君はこの議論から帰結する事柄に気づいているだろうか。（『ゴルギアス』479C4–5）

のみならず、同意事項に誤りがあれば、いつでもソクラテスはそれを撤回する用意がある。

またもし同意しあった事柄のなかに、何か誤って同意されたことがあると君(ポロス)に思われるなら、その場合何でも君の意向に添ってぼくは撤回しよう。

(『ゴルギアス』461D2-3、また cf. 506A1-3)

ソクラテスは対話において、自他の吟味の条件を確かに整えている。それならばなぜ彼自身は議論で敗れないのか。理由は二つある。一つは、大方の対話者よりも彼の方が、徳の問題について実際よく考えているからである。[65] 彼はこの方面の議論の達人である。彼が行なう多くの論駁は成功している。しかしいっそう重要なのはもう一つの理由である。それは対話の破綻である。すなわち対話相手が議論を放棄することによって、ソクラテスの吟味論駁の作業がいわば無風状態で進行し終了するからである。[66] すなわち、不戦勝である。しかしなぜそうなるのか。ソクラテスの議論の進め方に異議を唱えて、カリクレスは言う。

ソクラテス、あなたという人はなんと強引(βίαιος)なのだろう! どうか私の言うことを聞く気があるなら、そのような議論はもうやめにしてくれたまえ。さもなければだれか他の人と話をしてくれたまえ。

(『ゴルギアス』505D4-5)

またトラシュマコスは、自分には「発言を許してもらえない」とソクラテスに不満を漏らす(『国家』第一巻350E6)。こうした彼らの非難は正当であろうか。もちろん不当である。なぜなら、ソクラテスは先の対話条件を破ってはいないからである。彼は強引でもなければ、相手の発言を封じ込めてもいない。[67] 彼らがソクラテスを非難する理由は明らかである。それは彼らが論駁されるのを好まないからである。カリクレスもトラシュマコスも、自分たちの主張がまさにひっくり返されるのが明白になった時点で、そうした非難をソクラテスにぶつけ、みずから対話を放棄しているのである。アリストテレスはこのような人たちを「意地の悪い人たち」（デュスコロイ）と呼ぶ(68)。だがこれで問題が済むわけではない。プラトンはソクラテスの対話の破綻を真剣に受けと

(65) Nozick (1995) p. 147.

(66) 『ゴルギアス』506C 以下、『国家』第一巻 352D 以下、また cf.『プロタゴラス』352E 以下。アーウィン（Irwin［1986］pp. 65–72）は、とりわけソクラテスとカリクレスとの対話が破綻し、ソクラテスの独白に転ずる事態に（『ゴルギアス』506C 以下）、ソクラテスの方法の重大な変化と哲学的意義を認める。すなわち、ソクラテスの対話法では結論の真理性は二人の対話者間の同意に基づくだけであり、客観性をもちえないが、『ゴルギアス』におけるソクラテスの独白は、合理的な対話者なら合理的に考えて受け入れざるをえない議論を展開しており、カリクレスという特定の個人を説得するためではなく、ソクラテスの立場の客観的な真理性を論じていると解され、『国家』篇におけるプラトンの正義論の組織的な展開はソクラテスの対話法の、このような変化発展であると見なされる。この見解はきわめて示唆的であるが、われわれにとって問題なのは、アーウィンの想定する「合理的な対話者」（rational interlocutor）であり、また対話の破綻要因である。

(67) このように言うのはトラシュマコスに対して公平を欠くかもしれない。なぜなら彼はソクラテスの問答法を二つの理由からはっきりと批判しているからである。一つは、ソクラテスが論駁に終始して自分の考えを述べないこと、もう一つは、ソクラテスの説明が明確さと正確さに欠けることである（336C–D）。すなわち、トラシュマコスは長広舌（μακρολογία）こそ問題を適切に処理する方法と考え、またそれを望んでいると考えられるからである（Nicholson［1974］p. 220）。しかし好戦的な彼は不用意にもソクラテスの問答に応じてしまった（339B6）。

(68) アリストテレス『トピカ』第八巻第一章 156b35. この参照箇所は Irwin（1986, p. 71）に負う。

めているのである（『国家』第二巻357A–B, 358B）。

その事態が意味するのは、カリクレスもトラシュマコスも論理そのものによっては説得されないということである。すなわちソクラテスと彼らとの間には根底に何か埋めがたい溝がある、ということである。ソクラテスはどのような場合にも論理に固執するが[69]、問題は、議論を組み立てる場合の前提である。ある前提について同意が得られなければ、ソクラテスは別の前提を持ち出して同意をとりつけようとするだろう（『国家』第一巻341B, 343A–Bなど）。けれどもたとえ同意が得られたとしても、その同意内容の受けとめ方は、ソクラテスと対話者との間で必ずしも同じではなく、しばしば本質的に異なっているのである。言葉の使用は、単なる論理記号の操作ではないからである。どのような言葉も言明も、対話者に固有の意味をもちうる[70]。

したがって、ソクラテスが同意事項に基づいて論理的に議論を進めても、そこには数々の彼の想定がはたらき、また同時にそれらとは相容れない数々の対話者の想定が入り込む。こうして対話者の意図しない結論へと議論が向かうとき、溝が深まり、対話が破れ、ソクラテスと根本的に見解を異にする対話者たちは、問答を放棄し、ある種の演説や無関心に追い込まれることになる。

しかしこのような事態こそがソクラテスをさらなる対話へと駆り立てるものであり、しかもその対話によって彼は〈徳への配慮〉を説得することができると考え、また実際にそうしようとした。それは彼が、対話に参加する人ならだれでも吟味を遂行することによって、自己の信念をこえる展望をひらきうるばかりか（『メノン』84A–B）、そのような対話そのものが「最大の善」であり、また「はかり知れない幸福」であると見なしていたからであった（『弁明』38A, 41C）。

プラトンはしかし、こうしたソクラテスの試みに懐疑的になっていったと考えられる。というのも、だれもが自己の生の吟味を望むわけではなく、またできるわけでもなく、したがってそうすべきでもない、と彼は見るからである。人の資質は大いに異なっているというのが、『国家』篇におけるプラトンの現実的な観察である（『国家』第二巻 370A–B）。問答法もまたそれにふさわしい資質を要求するのである（第八巻 537C, 539D）。だが彼は、人の資質の多様性が、議論における対話者間に本質的な視点の相違を生み出すと考えるわけではない。彼によれば、その相違はむしろ、人を現に支配する優先的な欲求 —— その起源が社会的なものであれ、個人的なものであれ[71] —— の差異に由来するのであり、その差異こそ人々の間にしばしば深い対立をもたらすものなのである。「魂三区分説」に基づく最も基本的な人間分類、すなわち「知（学び）を愛する人」「勝利（名誉）を

（69）『クリトン』46B 参照。アーウィン（Irwin［1986］pp. 57–58）は『クリトン』において国法の言葉が、あたかもコリュバンテス（女神キュベレの信徒たち）の耳に笛の音が聞こえるようにして、自分の耳のなかでぼんぼんとこだましているというソクラテスの発言（54D）に、ソクラテスが論理的な議論よりもむしろ、国法の力強い「弁論」に圧倒される例外的事態を見ているが、これは正当化されない。国法の言葉はソクラテスの内なる対話であり、脱獄の是非をめぐる考察だからである（cf. 50A6）。ソクラテスのその発言は彼の「忘我的な熱狂状態」を表しているかもしれないが、肝心なのはその状態が国法の言葉の修辞的効果によるものではなく、論理によって引き起こされているということである（cf. 内山［1981］pp. 51–52）。ソクラテスは修辞に「感動」はしても、「われを忘れ」はしない（『弁明』17A）。

（70）あるいは、無数の意味をもちうる（cf. Robinson［1969］p. 28）。

（71）『国家』第八巻 548D 以下で展開される、国制との対応に基づく「人間類型論」は、個人の資質と外的環境の両面から説かれている。

愛する人」「利得を愛する人」について、主人公のソクラテスはグラウコンに言っている。

もし君がそうした三種類の人間に、それらの生活のどれが最も快いかということを一人一人順番に尋ねてみる気になれば、それぞれが自分の生活を最もほめたたえるのではないかね。

(『国家』第九巻 581C)

そしてこのような判断の差異をプラトンは、ソクラテス的対話によって解消できるとは期待していなかったであろう。なぜなら、三種類の人間の欲望ばかりか、彼らの経験、思慮および言論の能力も、決定的に異なると見られるからである(580D, 582A–583A)。こうして彼は、ソクラテスが斥けた弁論術の方法を「魂の本性」の分析に基づかせることによって、〈技術〉として成立させる道を探るのである(『パイドロス』270B 以下)[72]。

しかしながら、プラトンは「自由な批判活動」を内実とする〈徳への配慮〉そのものに批判的だったわけではない。ただ彼は、ソクラテス的な対話法が有効であり可能なのは、その資質に恵まれ、しかるべき教育を受けた特定の人々に限られると考えたのである。魂の種類、および状況に応じて、相手を説得する言葉も多様に考えられるからである(271B–272B)。

だが何を説得するのか。無論、状況によって異なる。しかし何を語るにせよ、「神の意にかなうこと」を語らねばならないとプラトンは主張する(273E)。言い換えれば、説得の内容は自他の思わくをこえる何らかの真実に触れていなければならない(259E 以下)。したがって説得は真実についての知を要求し、それの探求すなわち対話を必然化する。[73] この見解においてプラトンはまぎれもなくソクラテスの徒であったが、彼は対話者を友としての「ふさわしい魂」に限定した(276E)。それゆえ、他の多くの場合の「魂の誘導」(ψυχαγωγία)は、多かれ少なかれ「偽り(虚構)」(ψεῦδος)と強制を伴わざるをえない。

この認識をプラトンは政治哲学に採り入れたが、[74] それは「洞窟」内の混乱と暴力を幾たびか経験した彼にとって、一つの必然的な理論的帰結であっただろう。その方途が人間の隷属化（あるいは解放）につながるかどうかはともかく、プラトンが師の哲学活動の意義を鋭く見通していたことは疑われないように思われる。なぜならソクラテス的対話は、何らかの虚構を不可避とする国家社会（ポリス）の否定を含意するものであったのだから。[75]

（72）後世のあらゆる説得技法の淵源がここにあり、今日では心理学がそのためのさまざまな「科学的知識」を用意してくれている（cf. Morrow［1953］p. 237）。
（73）この関連での弁論術とディアレクティケーとの関係については、cf. 藤沢（1984）pp. 35–37.
（74）Cf.『政治家』304C–E.
（75）Cf. Cornford (1950) pp. 59–67.

第三章　ソクラテスの遺産——魂の世話

「魂の世話」とはソクラテスにとって、魂に徳がそなわるように配慮することであった（『ラケス』190B）。そのモチーフの輪郭は、すでにわれわれになじみのものとなっている。彼の主張はこうである、「魂ができるだけすぐれたものになるよう、気づかわなければならない……金銭から徳が生じるのではなく、金銭その他のものが人間にとってすべて善きものとなるのは徳によるのだから」（『弁明』30B）。

その徳をソクラテスは知識に還元する（『プロタゴラス』361B）。のみならず彼は、大工のことを学んだ者は大工になり、医療のことを学んだ者は医者になる、同様に、正しいことを学んだ者は正しい人になる、と主張する（『ゴルギアス』460B）。徳を学べば徳ある人になる、というのがソクラテスの立場であり、彼にとっては徳の知が徳ある人になるための必要かつ十分な条件であって、徳の探求そのものが彼の「魂の世話」の全作業であった。しかしプラトンは、『国家』篇第一巻で徳を技術と見るソクラテスの見解の諸困難をあらわにする。本章でわれわれはそれらを見届け、ソクラテスの立場に対するプラトンの思索を探ることにする。

1 ソクラテスにおける徳と技術知とのアナロジー

プラトンの初期対話篇で、ソクラテスは彼の念頭に置く種類の知識が、技術以外のものに属することをけっして示唆しない(76)。技術とは、ソクラテスによれば、特定の作品をつくり出す合理的方法ないし理論的知識であって、単なる経験やこつ、勘とは区別される。技術者は自分の仕事について知識をもっており、何をどのようにすればよいかを理論的に説明できる人である(『ゴルギアス』465A, 501A)。このような技術知がソクラテスの知識概念であり、それは原理を欠いた単なる経験知でもなければ、行為と結びつかない純然たる理論知でもない。医術は健康をつくり出す知識であり、建築術は家をつくり出す知識である。ソクラテスが人間の徳を知識と同定するとき、その知識はこのような技術知と同じ次元にある。

しかし技術はそもそも何らかの目的を達成するための方法であり、それゆえソクラテスの想定する徳と技術とのアナロジーが成り立つためには、徳の目的、すなわち徳のつくり出す作品が明確なものとして指定されていなければならない。つまり、医術：健康＝徳：xの等式におけるxの内容があらかじめ特定されていなければならないのである。

「だれもが幸福であることを望んでいる」という基礎事実をソクラテスが承認していると見られることから(『エウテュデモス』278E)、xには「幸福」が入ると解される。この解釈は誤りではない。しかし徳はどのようにして幸福をつくり出すのであろうか。『エウテュデモス』におけるソクラテスの答えは、何であれ思慮や知恵が導くなら、そのものは正しく用いられて善きものとなり、人に幸福をもたらす(281D–282A)というものであり、この見解は『メノン』でも反復され、徳とは思慮（＝知恵）であり、思慮が魂の資質その他のものを導くとき幸福が結果する、という結論が導き出される（87E–89A）。

だが、この結論は疑念を呼び起こす。なぜなら、この見解によれば、徳はあらゆるものを正しく導くことになるが、たとえば、病んでいる身体に薬を正しく処方するのは医術であって、ソクラテスの主張する思慮としての徳ではないからである。特定の目的を達成する技術は、それのかかわる固有の対象領域をもち、固有の仕事をなしとげるものであるが、徳にはそうした対象や仕事がすぐには見あたらないのである。徳が技術知であるならば、それはいったい何を対象にし、何を固有の仕事とするのであろうか。これがまさに『国家』篇第一巻で問われた問いである。

「それぞれの人に借りているものを返すのが、正しいことである」という詩人シモニデスの言葉を支持する対話相手のポレマルコスに、ソクラテスは医術や料理術の例をあげたうえで問いかける、

正義と呼ばれてしかるべきものは、そもそも何に対して、何を与える技術のことであるか。（332D）

正義を技術と見る見解はもちろんソクラテスのものであって、ポレマルコスのものではない。したがってポレマルコスは、「これまで言われたことに準じて答えなければならないとすれば」という保留条件をつけたうえで、それは「友と敵に対して、利益と害悪を与える技術」と答える。しかしソクラテスはこの応答をきっかけに正義から一つ一つその実践的価値を奪ってゆく。たとえば、友や敵が病んでいる場合には、医者がそれに

(76)『ラケス』198D–199A、『カルミデス』165C–166B 参照。Irwin (1995) p. 68.

対処する能力をもっており、海の危険に関しては舵取りがそうである。いっしょに組んで何かをするときに有用なのは、碁を打つ場合なら碁の専門家、家を建てる場合なら建築家であって、正義の人ではない。また楯を使うときに有用なのは武術であり、琴を奏でるのに有用なのは音楽の技術である。こうしてソクラテスは「正義とは、それぞれのものの使用にあたっては無用、不用にあたっては有用なもの」という結論を引き出すが(333D)、これは、徳が事物の使用において指導力をもつという彼本来の立場をくつがえすものである。

この議論に対する注釈家たちの反応はほぼ一致している。彼らは、正義が通常の技術と同列の技術ではないという趣旨を読み取るのである。[77] たとえば、クロスとウーズリーは、正義はその作用領域として、人間の全活動分野をもっており、他の諸技術の全領域を包括するような技術であると主張する。[78] しかしこのような見方は、正義が「何に対して、何を与える技術か」というソクラテスの問いの肝心な点には触れていない。松永が指摘するように、徳に基づく行為が「われわれのいわばすべての行為の領域にかかわるもの」という答えは、『ゴルギアス』で「固有の対象領域を持たず、またそれに固有の仕事をなし遂げることのできない」弁論術が実は技術知ではなく、いわば「疑似普遍知」にほかならなかったことからも、不十分だと言わなければならないであろう。[79]

ソクラテスの解答はおそらく、『クリトン』における彼の発言(47E)から知られるように、正義とは「われわれに属するかのものに対して、利益を与える技術」であったと考えられる。[80] だがこれは、問題を振り出しに戻すように見える。魂の本質的なはたらきは〈生きる〉ことだから(『国家』第一巻353D)、魂が益されるという事態は、われわれの生に利益がもたらされる、ということになるが、われわれが何かをする場合に利益をもたらすのは、やはりそれぞれの分野の専門技術知と考えられるからである。松永は、徳における行為の意味を、「益する」という言葉を用いて規定することはできないとしたうえで、われわれは通常「よいこと」というのを「有用（有益）なこと」と置き換えられる場面でしばしば使用するにしても、最後的には、端的によいことをなすというのが、どこかで語られるのではないかと示唆する。[81] これは問題の核心に迫るものである。が、「かのものを益する」という言葉がソクラテス自身のものである以上、われわれはこの解釈に抵抗しなければならない。

ソクラテスの「かのものを益する」という表現は、これをそのまま受け取るならば、魂そのものにとっての利益、あるいはわれわれの生そのものにとっての利益を意味しており、その利益は個々の技術知がもたらす諸利益とは別ものと解されねばならない。これは松永の示唆する通りである。金銭や身体の健康は、魂にとってはいわば外的な利益にすぎない。事実、ソクラテスは魂を「自己」という言葉に置き換え、それを外的な「自己のもの」と峻別しているのである（『弁明』36C）。問題はしたがって、魂そのものにとっての利益とは何かということである。

ソクラテスによればそれは、魂自体がすぐれたものになること、言い換えれば、自己自身が善くなるということにほかならない（『弁明』30B）。魂ないしは自己の善さこそ徳の提供しうる利益である。その善さは、他の

（77）Joseph (1935) p. 9, Crombie (1962) p. 80, Cross and Woozley (1964) pp. 11–12, Annas (1981) p. 27.
（78）Cross and Woozley (1964) p. 12.
（79）松永（1993）pp. 167–168.
（80）松永は「徳の固有の仕事というのは、まさしく、われわれの〈よく生きる〉というそれ自身ではないのか」と言う（1993, p. 170）。
（81）松永（1993）p. 169.

あらゆる「自己のもの」を善きものにし、われわれの幸福をつくり出すところの源泉である。それゆえ、技術知としての徳の固有の対象領域は魂、あるいは自己、あるいは〈私〉であり、その固有の仕事は、魂を善くすること、自分を善くすることである。しかるに、徳について無知を告白するソクラテスにとっては「魂」や「自己」、あるいは「私」という言葉で指示されるもの、そして「善」の概念そのものもまた、必ずしも自明の前提ではなく、くりかえし問われるべきものであった。とはいえ、探求によって得られる自己と善についての何らかの知識が徳を構成するという立場を、彼が否認することはけっしてない。われわれの問題はしかし、ここに胚胎しているのである。

2 技術知としての徳とその使用の問題

徳が技術知であるかぎり、それの所有者がその知識内容に対して、どのように反応し、どのような態度をとるべきか、という問題が生じる。技術知は使用されるべきものだからである。「言われたことに準じて答えなければならないとすれば」(332D)という先のポレマルコスの保留条件は、正義が技術知でない可能性を暗示しているが、これに関連して重要なのは、続いてソクラテスが彼に示してゆく困難である。その議論は次のように進行する(333E3－334B7)。

(1) 闘いにおいて相手を打つことに最も有能な者は、守ることにかけても最も有能である。

(2) 人を病気から守るのに有能な者は、ひそかに病気にかからせることにも有能である。
(3) 敵の計画や行動を盗むことに有能な者は、軍隊のすぐれた（アガトス）守り手である。
一般化して、
(4) あるものの有能な（デイノス）守り手は、そのものの有能な盗み手である。
この原理を〈正しい人〉に適用して、
(5) 〈正しい人〉がお金を守ることに有能であるとすれば、彼は盗むことにも有能である。
それゆえ、
(6) 〈正しい人〉は一種の盗人であり、〈正義〉とは一種の盗みの技術である。

(5) までの議論にしたがってきたポレマルコスは、(6) の逆説的な帰結に「冗談ではありませんよ！」と言って激しく反発する（334B7）。

この議論を、まじめなものではなく、単にポレマルコスを困惑させるためのものというふうに考えてはならない[82]。同様の議論は『ヒッピアス小』（365B 以下、373C 以下）でも展開され、そこで導き出された、「真実の人」と「偽りの人」は同じ人物であるという帰結、あるいは、故意に過ちをおかし、醜いことや不正なことをする人は「善い人」（アガトス）以外にはいない、という帰結は、たとえどれほど逆説的に見えようとも、ソクラテスには論理的に避けられないと考えられていたからである（376B8）。

（82） そのように考えているのは、アダムの古典的な注（Adam［1902］note on 333E32）である。

問題の要点はこうなるだろう。技術の心得のある者は能力のある者であり、能力のある者はその能力を用いることも、用いないことも、あるいは誤用することもできる。[83]そこで能力としての技術にはこのような手段的中立性もしくは両価性が認められるならば、正義を技術と見なすことは難点をはらむことになる。すなわち、正義のそなわった人は、正しいことを実行することもあれば、逆に、それを実行しなかったり、不正な人にもなりうるからである。すなわち、技術としての正義は人を正しくするのに必ずしも十分なものではない、という可能性が生じるのである。

しかしこの難点は直ちに解消されるかもしれない。なぜなら、能力と技術とは同じではなく、能力の方は中立的であっても、技術は特定の目的を達成するためのものであり、けっして中立的な手段ではないと考えられるからである。かくして、アナスは主張する、「正義はさまざまな目的に対する中立的手段ではない。正しい行為を実行する場合に人は何らかの善を目指している、ということが正義に本質的であるとプラトンは考えている。ポレマルコスの正義概念にはこの点が欠落している」[84]。しかし、注意すべきである。(6)の逆説を導き出したのはソクラテスであり、それに反発しているのはポレマルコスの方なのである。

たしかに、健康をつくり出す医術が誤用され、病気をつくり出すことに使われた場合、その技術をわれわれはもはや医術と呼ぶことはできまい。医術という概念のなかには、人を病気にかからせるということは含まれていないからである。医者は医者であるかぎり、病気を治療し、健康をつくり出す人である。同様に、正義は正義であるかぎり、正しいことを実現するのであって、不正を達成するものではない。正しい人とは正しいことを行なうのであって、不正をはたらく人ではない。医者であれ、正しい人であれ、定義上そうなのである。とすれば、(6)の導出は誤りであろうか。

ポレマルコスは(1)から(5)までの議論の流れにはしたがっている。実際、ソクラテスはそこまで一貫して「有能な者」(デイノス)に言及しており、彼の主張は健全である。問題は(6)である。(5)から(6)を直ちに引き出すのは飛躍であるが、しかし必ずしも誤りではない。なぜなら、たとえ技術が目的従属的であっても、たとえば病気の原因を知る医者は、人を病気にかからせるのに「有能である」(デイノス)にちがいないからである。医者はそのような能力をもっており、その能力の行使は医術の行使とは呼ばれないかもしれないが、肝心なのは、医者が病気をつくり出す能力を現にもっているという事態である。

それゆえ、正義が技術であるならば、同様のことは正しい人にもあてはまるであろう。正しい人こそ、不正をはたらきうる人なのである。正しい人が「一種の盗人」であるかどうかは別にして、この論点がソクラテスの議論の核心にあるものであり、『ヒッピアス小』でも主張されていたことなのである。すなわち、偽る能力がなく、無知である者は、偽りの人でありえず(366B6–7)、逆に、真実を語りうる人こそ偽りを語りうる人であり、これが「同じ人が偽りの人であり、真実の人である」(369B3–4)という帰結の含意するものである。(85)

---

(83) Cf. Irwin (1995) p. 69.

(84) Annas (1981) p. 28.

(85) ヴラストス(Vlastos [1991] pp. 275–277)は、「対話篇を通じて、ソクラテスは〈プセウデース〉(偽りの人)を偽りを語る性格(character)の人ではなくて、そうしようと思えばそうすることのできる能力(ability)をもっている人だけを意味している」と正しく指摘するが、しかし彼は、この時われわれは「通常の語法からのあつかましい離脱」(the brazen departure from common usage)を見逃さなければならない、と主張する。〈プセウデース〉は通常、「うそつき」を意味するからである(p. 277)。

しかしながら、このように解してソクラテスの議論の妥当性を確保するとき、次の問題が浮上する。それは、正しい人には不正を行ないうる能力があるにもかかわらず、彼に不正をなすことを禁じるものは何か、という問題である。それは正義である、という答えは不可である。正義が技術であるかぎり、それのそなわった人は、必然的に不正への能力をもつからである。『ヒッピアス小』ではソクラテスは困惑を表明するが、しかし『国家』篇では続く議論において彼は再び技術知とのアナロジーに訴えて、正しい人が不正を行なう可能性を排除しようとする。すなわち、音楽家は音楽の技術によって、人を音楽の才なき者にすることはできない、また馬術家は馬術によって人を馬術の才なき者にすることができない、同様に、正しい人間は、自分が身につけている正義によって、人を不正な者にすることができない、それゆえ相手が友であろうがだれであろうが、およそ人を害するということは、正しい人のすることではなくて、不正な人のすることだ、と（335C–D）。これがソクラテスの確固たる立場であることは疑いを入れない。けれども、われわれの疑問が解消するわけではない。この議論では、技術知としての正義の、誤用可能性の実質的な排除理由が示されていないからである。ソクラテスは十分な理由を持ち合わせているだろうか。

3　アリストテレスの反応

この問題に関連して、アリストテレスは『形而上学』第五巻における「虚偽」（プセウドス）の章で次のように言う。

偽りの人とは、虚偽の言葉を平気で選択するような人である、……それゆえ、同じ人が偽りの人であり、真実の人であるという『ヒッピアス』の議論は、人を誤らせるものである。なぜなら、(1)その議論は、偽りを語りうる人を（つまり、知識があり思慮のある人を）、偽りの人と捉えているからである。さらに、(2)その議論は、故意に劣悪な人の方がよりすぐれた者としている。このような誤った想定はしかし、帰納推論（エパゴーゲー）によるものであって――すなわち、故意に足を引きずる者は意に反してそうする者よりもすぐれている、という事例に基づいているからである[86]――、この場合、当の足を引きずる行為というのは、足を引きずるまねをする、という意味なのである。現にもし故意にびっこであるような人がいるなら、その人はおそらくより劣悪な人であろう、ちょうど性格の場合にそうであるように。

（第二十九章 1025a2−13）

アリストテレスが『ヒッピアス小』の帰結を誤りとする根本的な理由は、その議論が「偽りを語りうる人」を、文字通りの「偽りの人」すなわち「うそつき」と同定している点、すなわちポレマルコスが反発したのと同様の点にある。しかし問題は、なぜ「偽りを語りうる人」が、「偽りを語る人」あるいは「うそつき」ではありえないのか、ということなのである。アリストテレスの解答は、人のあり方は能力ではない、というものである。

ほら吹きがほら吹きであるのは、その能力にあるのではなくて、選択にある。なぜなら、ほら吹きというのは、その状態（ヘクシス）に基づいて、すなわちその者がそのような人であることによって、ほら吹きであるのだから。

（『ニコマコス倫理学』第四巻第七章 1127b14−15）

（86）『ヒッピアス小』374C 参照。

そして、状態は能力や知識とは異なると言われる。

つまり、「能力」や「知識」は、同一のものでありながら、相反するものにかかわると考えられるが、「状態」の方はそのようなことはなく、ある「状態」が相反するものにかかわる、ということはありえないのである。たとえば、健康状態からは健康に反する事柄がなされるのではなく、ただ健康的な事柄だけがなされるのである。

（同第五巻第一章 1129a13–16）

このようなアリストテレスの見方に現代の解釈者たちも加担している。クロスとウーズリーは、正しい人と盗人とは両立せず、(6)の帰結は不合理であるがゆえに、正義は技術ではないとしたうえで、プラトンはその議論によって人間の能力と性格との相違に注意を呼び起こしていると解する。[87] またヴラストスは、ソクラテスは困惑しており、プラトンも打開策をもっているわけではないとして、「アリストテレスは正しい目的のために能力を行使し、誤った目的のためにそれを行使するのを断固拒否しようとする性格のあり方（the state of character）を示す言葉「ヘクシス」（状態）を導入することによって、道徳分析の語彙を豊かにした」と主張する。[88]

打開策は語彙の工夫に尽きるものではない。ソクラテスもまた正しい人は、不正を断固拒否するような人だと考えているからである。問題はそのような人のあり方が何に基づくかということである。

アリストテレスはソクラテスの基本的立場を批判する。

ソクラテスはある点では正しく探求していたが、ある点では誤っていたのである。というのも、徳はすべて思慮であると考えていた点で、ソクラテスは誤っていたけれども、思慮なしには徳はありえないと言っていた点では、彼は正しかったからである。

（『ニコマコス倫理学』第六巻 1144b18–21）

すなわち、思慮では十分ではない、ということである。ここでわれわれはむしろ視点を変えて、正しい人に不正をなすのを妨げるものは何かではなくて、何が正しい人を不正へと促す要因になるのかを考えた方がよいであろう。

だが、そうした要因は、ソクラテスによれば存在しないのである。彼はこう結論していたからである。

故意に過ちをおかし、醜いことや不正なことを行なう者は、かりにもしだれかそういう人がいるとすれば、すぐれた人以外にはありえない。

（『ヒッピアス小』376B4–6）

この発言における「かりにもし……」という保留条件が解釈者たちの注意を引いてきた[89]。アーウィンは次のように主張する、「ソクラテスはいかなる技術も誤用の可能性と論理的に両立することを認める。しかしソクラテスの当の保留条件は、単なる論理的な誤用可能性だけでは徳が技術でありえないことを証明することにはならない、ということを示唆している。最上位の技術（＝徳）の適切な使用が目指すところの目的、それがあらゆる人の望むような目的（＝幸福）であるなら、誤用の論理的可能性は実際にはけっして実現されない」。つまり、「徳の誤用は論理的には可能であっても心理的に不可能である」というのがソクラテスの見方である、

（87）Cross and Woozley (1964) pp. 13–14.
（88）Vlastos (1991) p. 279.
（89）Taylor, A. E. (1926) p. 37, Guthrie (1975) pp. 197–198, Irwin (1995) pp. 68–70.

とアーウィンは論定する。(90) しかしこれは、ソクラテスの主張を弱めるものであろう。「心理的に不可能」なのではなく、徳の誤用は、ソクラテスによれば、医者であるかぎりの医者が医術を誤用することがありえないように、論理的に不可能と考えられているからである。問題の根はむしろ、徳に関するソクラテスの論理が、魂の現実に照応するものかどうかという点にある。

4―ソクラテスの想定――善への欲求

悪、ないし悪と思う事柄の方へ自分からすすんで赴くような者はだれもいない（『プロタゴラス』358C）、だれも自分がみじめであることを望まない（『メノン』78A）、とソクラテスは主張する。もしみじめになっている人がいるならば、それは善悪についてのその人の無知に、すなわち徳の欠如に起因する、と彼は考える。はたしてソクラテスは正しいか。

今、善悪の判断が何によってなされるのかを、ソクラテスの立場に即して考えてみよう。われわれは直ちに、知識によって、という答えを期待するかもしれない。しかし、あるもの x が善いと認定されるのは、ソクラテスによれば、最終的には、人が望む究極的な善との関連によってである。言い換えれば、そのような願望との一致・不一致によって、x の善悪は判別されるのである。このとき、知識は願望に対して手段的位置にあり、従属的である。それゆえ、ソクラテスの立場に立てば、善悪を判別し決定する真の要因は、知識ではなくて、われわれの究極的な願望、すなわち幸福への願望であることになる。

ここで留意すべきことは二つある。一つは、その願望自体には理由がないという点であり、もう一つはその願望に貢献する知識がわれわれの生の全体を支配するという点である。第一の点に関しては、おそらくソクラテスは無知を表明し、幸福への願望を人間の基礎事実として承認するだろう。第二の点はしかし、ソクラテスが議論によって強力に擁護する見解である。だがここにこそわれわれの主題に関連する問題が含まれているのであり、青年メノンが疑義を表明した点なのである。

すなわちメノンは、「悪しきものを悪しきものと知りながら、にもかかわらずそれを欲求する人がいる」(77C5–7)と主張するが、ソクラテスは認めない。その論理の骨格はこうである。

(P)悪しきものはだれのものになっても、その当人を害すると考えるような人が、悪しきものを欲求する場合、その人は自分がその悪しきものによって害されるだろうことを知っている(77E5–7)。

(Q)害される人は、害されるかぎりにおいて、自分がみじめであり、不幸であると思う(78A1–2)。

しかるに、

(R)みじめで不幸になることを望む者は、だれもいない(78A4–5)。

それゆえ、

(S)悪しきものを望む者はだれもいない(78A6)。

(90) Irwin (1995) p. 69.

(P)は議論の前提であり、(Q)は経験的命題である。[91] メノンは(P)(Q)のいずれも「必然」と承認している(78A1, 3)。(R)はソクラテスが事実として承認する命題であり、メノンもそれを疑わない。そして推論も妥当であり、したがって(S)は論理的に帰結するように見える。しかしこの議論が成立するためには、アーウィンが主張するように、[92]

(T)人は、あるものxが自分の幸福に寄与すると考える場合、そしてその場合にのみ、xを欲求する。

という命題が必要である。すなわち、ソクラテスの議論には、われわれのうちには、幸福に寄与しないもの、悪しきもの、人をみじめにさせるものへの欲求はありえない、という想定がはたらいているのである。あるもののxは私を不幸(みじめ)にするにもかかわらず、私のうちにはxを欲求する何ものかがある、という事態を(T)の想定は斥けるのである。

人がxを悪いと知りながら、にもかかわらず激情や快楽、あるいは苦痛、あるいは恋の情熱、あるいは恐怖その他、一般にある種の情念によって支配され、行なうと考えられる事態は(『プロタゴラス』352B)、ソクラテスによればありえない。もしxを行なう人がいるなら、その人はxの悪を知らないのである。xの選択は、言い換えれば、意識的にせよ無意識的にせよ、何らかの仕方で行為者が、xを善い、と思っていることによるのである(『メノン』77E1–2)。したがって、行為選択においてたとえどのような心的葛藤が生じるにせよ、それは本質的に善悪に関する行為者の判断の迷いを示すものにすぎない、というのがソクラテスの考え方なのである。

5　プラトンの魂三区分説

プラトンが見たのはしかし、判断の迷いよりもむしろ、魂の分裂である。『国家』篇第四巻で「魂三区分説」を展開する彼は、xを悪いと判断し、それを避けようとする魂の傾向と、xを求める魂の傾向とは別種の心的機能に由来すると論じる[93]。前者のはたらきをするのは「理知的部分」と呼ばれ、それは魂全体にとって何が善いかを熟慮し、魂全体を配慮する部分である。後者は、xの種類によって、身体的欲求を引き起こす「欲望的部分」と正・不正に情動的に反応する「気概の部分」とに区分される（439D–441C）。この図式は、xがたとえ悪いと判断されるものであっても、xは依然、行為者をひきつける魅力ないしは局面をもつだけではなく、行為者の側にもまた、xに向かう何らかの欲求があることを認めようとするものである[94]。問題は、そうした欲求の強度である。

（91）ナクニキアンは、(Q)がなぜ導入されたのか明らかでなく、またその導入はソクラテスの議論を説得力を欠くものにしていると主張する。(Q)を「みじめ」の定義と読み、次の(R)は論点先取の可能性があると解するからである（Nakhnikian［1973］pp. 134–135）。しかし(Q)は「みじめ」の定義ではなく、「害される」ことが「みじめ」を構成することを主張するものである。

（92）Irwin (1977) p. 300 n. 51（ただしアーウィンの記号ではS2）.

（93）プラトンの基本的視点については、藤沢訳『国家』438A に関する注参照。

（94）Burnyeat (1980b) p. 87.

プラトンはこれら三つの部分の区別を、それらと対象との相関関係、およびそれらが互いに対立し葛藤し合うという事実から導き出しており、「気概の部分」や「欲望的部分」にも一定の自律性を付与している。その自律性はかなり強いものである。というのは、それら二部分もまた、理知およびその欲求とは独立に、対象に対して肯定や否定の態度をとるばかりでなく、魂全体をも動かしうる衝動を内包している、とプラトンは見ているからである（437B－441C）[95]。ここから原理的に、悪と知りながら悪を選ぶという「抑制のなさ」（アクラシアー）を認める可能性が開かれる。なぜなら、理知が悪と判定するものを、気概や欲望が肯定し追求し、さらには理知を圧倒することもありうるからである（431A－B）。

このような事態が実際に起こる場合、それの淵源は「悪しき養育」や「何らかの交わり」に求められるが（431A, 441A）、プラトンが深刻に受けとめたのはむしろ、理知が魂の一局面であって、いわば表層にしかすぎないという事態である。理知の背後には「ライオン」や「蛇」（＝「気概の部分」）が控えており、魂の奥底は、「巨大で複雑怪奇な多頭の獣」（＝「欲望的部分」）から成っている、と彼は言う（588C－D, 590A－B、また『パイドロス』230A）。こうした比喩表現を、プラトンは必ずしも誇張して用いているわけではない。それは魂の三部分の並列的な配置、あるいは等位的な力関係のイメージをわれわれに禁じ、意識と支配の及びがたい魂の深部の広がりを描き出すのに必要な言語表現である。力点はしかし、「ライオン」や「蛇」あるいは「巨大で複雑怪奇な多頭の獣」の悪い性にあるのではなく、それらの肥大化、緊張、弛緩、屈折等への可能性にある（590A－C）。そうした可能性は、ほかでもなく「理知的部分」にも認めうる。プラトンが見て取ったのは、そうした可能性の現実化が魂のあらゆる悪徳の源泉である、ということである。

〈不正〉とは、三つあるそれらの部分の間の一種の内乱であり、余計な手出しであり、他の分をおかすことであり、魂の特定の部分が魂のなかで分不相応に支配権を握ろうとして、魂の全体に対して起こす叛乱でなければならないのではないか……思うに、何かそのようなこと、すなわちそれらの種族の混乱や本務逸脱が、不正、放埒、卑怯、無知、一言でいえばあらゆる悪徳にほかならないのである。（第四巻 444B）

こうした悪徳を回避するための教育的方途ないし社会的装置は数多くある。事実プラトンもまたそうしたものに言及している。それは、音楽・文芸や体育による初等教育であり（第四巻 412A, 442A）、国民全体のための物語であり信仰であり（第四巻 414C－415D）、国家の法や社会の習俗であり（第四巻 425A、第九巻 590E）、あるいは親や身のまわりの者たちの助言であり（第八巻 549E－550B）、「不必要な欲望」のための訓練であり夢分析である（第八巻 559A、第九巻 571C－572B）。しかるに、こうした方途は基本的に「習慣づけ」であって（第七巻 522A）、それによって達成されるのはある種の信念の形成であるが、注意すべきは、プラトンがそうした信念の実質を、いわば括弧にくくっているということである（第四巻 425B－C）。この点は、彼が多重的でない「一人の人間」としての〈私〉の成立にかかわる「正しい行為」という、いっそう重要なモチーフを提示する場合も同様である（第四巻 443D－E）。

「正しい行為」とは、プラトンによれば、靴作りは靴作りの仕事をし、大工は大工の仕事をすること、つま

（95）「欲望的部分」は魂を「獣のように駆り立てる」（439B）と言われ、「気概の部分」は「盲目的に憤慨する」（441C）と言われている。これらの二部分に単純に「欲求」と「認識」の対概念を適用すべきでないことについては、中畑（1992）参照。

り、各人が共同体において「自分の仕事」をすることにほかならない（第四巻443C）。ここに含まれているプラトンの洞察は、自分のなすべき仕事への専心が、魂の均衡を保全するための不可欠の条件である、ということである。魂のさまざまな欲望が水路づけられるからである（第六巻485D）。しかしながら、だれが靴作りであり、だれが大工なのか。すなわち各人にとって「自分の仕事」と呼びうるものは何か、この中心的問題をプラトンは正当にも空白にしているのである。

こうしてわれわれは、「自分の生」の何であるかをたえず問い、吟味するソクラテスの始源的位置にまで連れ戻されることになるが（『弁明』38A）、プラトンが「魂の世話」において決定的に重要と見たのは、「洞窟の比喩」における影から実像への囚人の転向（第七巻515C−D）が示唆するように、この哲学的問いの追求よりもむしろ、そうした問いを有意味なものにするところの魂全体（生きることの全体）におよぶアポリアー（行き詰まり・困惑）であり、それを受けとめるソクラテス的な無知の自覚であった。なぜなら、それらなくして、魂の目の学びへの転回はありえず、世界の何ごとかを、そして「自分の仕事」を本当に了解することはできないだろうからである（『メノン』81D, 84C）。

第四章　プラトンにおける不死性

プラトンは『パイドン』その他の作品において、魂不死の証明を試みている。けれども魂が不死であるかどうかという問題が、ソクラテスの主要な関心になることは一度もなかった。その理由は、死（あるいは死後の生）がどのようなものであるかについてはだれも十分には知りえない、とソクラテスが見ていたことにある（『弁明』29A–B）。人間の経験の内部にとどまるソクラテスの哲学から出発しながら、プラトンは、いったいなぜ魂不死の証明に取り組んだのか。われわれは彼の哲学のさまざまな動機や要請（たとえば、〈学び〉とは〈想起〉である、という「想起説」からの要請）、あるいは外的要因（たとえば、ピュタゴラス派の輪廻転生説からの影響）などを推測することができるであろう。だがここで問題にしたいのは、魂不死をめぐるソクラテスの見解とプラトンの思想とのより直接的な関係である。

これについては次の見方が有力である。すなわち、ソクラテスは魂の不死を信じていたが、プラトンは信じていただけではなく、さらにその証明をも試みた、と。[96]これを、プラトンにおける、ソクラテスからの思想発展の一つと見るか、それともソクラテスの哲学からの離脱徴候の一つと見るかは、解釈者によって異なる。しかしながら、ソクラテス自身が魂不死を信じていたかどうかさえ、必ずしも明らかではなく検討を要する問題である。のみならず他方、プラトンがたとえ自分の行なった魂不死の証明の真理性を疑わなかったとしても、どのような意味で彼が魂を不死なものと見ていたのかは、なおも問題である。死によって肉体を離脱した魂とは、いかなる存在なのか。

たとえば『国家』篇第十巻（614B以下）でプラトンが提示する「エルの物語」（戦死した「エル」と呼ばれる人物が生き返って、あの世で見てきた事柄を語る）は、死後の魂を肉体的本性をもつものとして描いているが（なぜなら、魂たちは手足や頭をもち、移動したり、叫んだり、水を飲んだりするから）、それは虚構の枠組みにおいてのことである。つまり、死後の魂の姿と運命についてプラトンは、ソクラテスと同様、判断を保留しているのである。むしろより重要なのは、エルの物語が、魂たちのあの世での生活一般ではなく、彼らが新たな生を得るにいたるまでの特殊な経験と行為の過程を描いていることである。すなわち、魂の転生というモチーフによって、われわれの視点は、あの世の出来事から、われわれの「現在の生」の始まりに連れ戻されるのである。

事実、魂たちは〈忘却の野〉にやって来て、〈放念の河〉の水を飲み、一切の記憶を失うことになっている（621A–B）[97]。言い換えれば、その物語はわれわれの「現在の生」の背後に隠れているいわば宇宙論的諸条件を絵画的に示す意図をもっており、各人の魂の不死性はその物語に副次的な事柄としてはめ込まれているにすぎないのである。本稿が示そうとするのは、プラトンにとって意義のある不死性とは個人の魂の不死性ではなくて（彼がこれを信じてはいたかどうかは、定かでない）、この世に生きる〈私〉（この概念が問われねばならない）の不死性であること、そしてこうした彼の思想の方向性はソクラテスの死生観から触発されたものである、ということである。論述は後者の問題からはじめて、最後にプラトンにおける不死性の概念を明確にしたい。

1―ソクラテスの死生観の輪郭

魂の不死が問題となるのは、われわれの死あるいは死後の生とのかかわりにおいてである。ところが、ソクラテスは彼の裁判において次のように言う。

私はあの世における事柄についてはよくは知らないから、そのとおりにまた知らないと思っている。これに対して、不正をなすこと、そして神であれ、人間であれ、自分よりすぐれた者に服従しないことが、悪であり醜であるということを、私は知っているのです。だから私は、自分が悪だと知っているこれらの悪しきものよりも、善いものでさえあるかもしれないものの方を、まず恐れたり避けたりするようなことはけっしてしないでしょう。

（『弁明』29B）

こうしたソクラテスの発言はそれ自体、死後のうつろな冥界の生を思い浮かべるギリシア人の伝統的信念への批判であると見られるかもしれないが[98]、多くのギリシア人はおそらく、今日のわれわれと同様、死後の生

(96) たとえば、Guthrie (1969) pp. 482–484, Vlastos (1991) pp. 55–56.
(97) そこでは、決められた量以上の水を飲む魂に言及されているが、その記述は逆に、そのようなことをしない魂には、来るべき生において何らかの「想起」への可能性が開かれていることを暗示する。

について語られる物語をそのまま本気で信じるようなことはなかったであろう（『国家』第一巻330D–Eにおける老人ケパロスの発言。ケパロスがそのような物語に関心を向けるのは、死期が近づき、気が弱くなってからのことである）。この点で、ソクラテスと多くの人々との間に大きな隔たりはないように思われる。ソクラテスに特徴的なのはむしろ、死という事実に対する彼の態度、あるいはその態度の背景にある彼の哲学的視点である。「善いものでさえあるかもしれない」死を、不正その他の悪よりも先に恐れるようなことはけっしてしないとソクラテスは表明している。このようなソクラテスの態度は、不正その他のものが確実に悪であるという彼の認識に基づいている。しかし恐れとは、彼によれば「未来の悪の予期」であり、恐ろしいものとは「未来の悪」である（『ラケス』198B、『プロタゴラス』358D）。それゆえ、彼の主張するように、恐れが「予期」であるかぎり、それは実際に悪であるもの、確実に悪であるものばかりでなく、その可能性のあるものについても生じるであろう。何らかの仕方で重大な悪の起こりうることが予想されるなら、恐れは生じるのである。

したがってこのような観点からすれば、死の善悪の不確定性というソクラテスの理由は、人々の死に対する恐れを取り除くのにけっして十分なものではない。死のもたらす悪が予期されるかぎり、人が死に対して恐怖を抱き、それを「害悪の最大のもの」とさえ表象するのは不自然なことではなく、死は「善いものか悪いものかわからないからこそ、不気味で怖いというのがふつうの人の反応」であろう[99]。けれども人々のこうした恐怖感を、ソクラテスは無知に基づくものとしてきっぱりと斥けるのである。

死を恐れるということは、諸君、知恵がないのにあると思っていることにほかならないのです。なぜならそれは、知らないことを知っていると思うことだからです。というのも、死を知っている者はだれもいないからです。

（『弁明』29A）

ソクラテスは自らの行動を、不確かな思いなしや想像に基づかせるのではなくて、確実な知に立脚させ、その知を行動の原理とする。ここから、死は、いわば人間的で有限な知の圏外にあるものとして遠ざけられ、死に対する恐れもまた、同様に、遠ざけられる。こうして彼の関心は、もっぱら「よく生きる」ことに注がれることになる。

というのも、いったいどれだけの時間を生きながらえるかという、そういうことを少なくとも真に男子たる者は問題にすべきではなく、また自分の命に執着（ピロプシューケイン）してもならないのであって、そうしたことについてはすべて神に任せ、定められた死の運命はだれも免れることはできないであろうという女たちの言葉を信じて、その次に来る問題、すなわちこれから生きるはずの時間を、どのようにすれば最もよく生きることができるかという、このことをこそ考えなければならないからである。

（『ゴルギアス』512D–E）

それゆえ彼は、次のようにも言う。

たとえ人を不死にするほどの知識が何かあるとしても、その不死を用いるすべを知っているのでなければ

（98） West (1979) pp. 163–164. またホメロス『オデュッセイア』第十一歌における冥府の描写、とりわけオデュッセウスと彼の母の霊（プシューケー）との出会い（150–224行）参照。

（99） 藤沢（1980）p. 53.

ば、そうした知識には有益なところは何もないように思われる。

（『エウテュデモス』289A－B）

たとえ人が不死になりえたとしても、その場合今度はその不死性の意義が問題となる、というのがソクラテスの見方である。これは、ただ「生きる」ことではなく「よく生きる」ことこそが大切だ（『クリトン』48B）、という彼の倫理的立場に基づいているが、このような考え方に対して、人は素朴にこう問い返すことができよう。すなわち、「生きる」ことなしにはそもそも「よく生きる」ことすらできないのではないか、だから、もし死が「よく生きる」ことの可能性を全面的に奪うものであるとすれば、その場合、死とはまぎれもなく「悪いもの」であり、恐ろしいものではないか、と。あるいは、ソクラテス自身について言えば、「もし魂が肉体とともに死んでしまうなら、彼は実際に知恵その他の徳を失い、かくして害されることになる」のではないか、そして「息のつづくかぎりやめはしない」（29D）と彼が公言する哲学もまた、もはやできなくなるのではないか、と。[100]

ソクラテスが死を遠ざける理由は、死の不可知性にあった。彼が重要と考えるのは、われわれが実際に経験し知りうる人間の生のあり方であり、「よく生きる」という原則である。ひとたびこの原則が立てられたなら（これが立てられる理由は、「幸福」への不可疑の願望にある）、彼の関心の焦点は、「生きる」から「よく」に移行する。そして、この「よく」を、ソクラテスは「正しく」に置換し、その内実を特定する（『クリトン』48B）。こうして「正しく生きる」ことがソクラテスの行為原則になるとき、彼にとって、人間の生と死の意味もまた変容を受けることになる。すなわち、人の生が益されるのは〈正しさ〉によってであり、それが損なわれるのは、ほかならぬ〈不正〉によってである（『クリトン』47E－48A）。この主張が何を意味するにせよ、ここからわれわれは彼が何を最も恐れるのかを知ることができる。それは〈不正〉の内包するいわば絶対的な悪であって、不正とは彼にとってまさに彼の魂（生）の解体を意味する。今われわれに関連するのは、このような視点からすれば、通常の死がどのように眺められるかということである。

ソクラテスにおいては、通常の死は、不正の内包する悪と比較されれば多かれ少なかれ相対的な悪にとどまる、というふうにわれわれは考えるかもしれない。しかしこれは彼の見方ではない。なぜなら彼は、「死というものが人間にとって、あらゆる善いもののうちで最大のものであるかどうかさえ、だれも知らない」（『弁明』29A）と言っていたからである。彼は死についての判断を保留することによって、死が最大の善きものでさえある可能性をも示唆しているのである。ある事柄の不可知性は、必ずしもその事柄についての思考を禁ずるものではない。とはいえもしそうだとすれば、逆に、死に対する人々の恐れも単に「無知」によるものとして斥けることはできないであろう。むしろ問題なのは、死についての想念や思いめぐらしの人間的な根拠である。

裁判の最終場面にいたってソクラテスは、死が善きものと考えられる理由を述べている。彼は裁判以前の自分の生涯において、出征その他で死の危険には何度もさらされているが（28E 以下、31A 以下）、裁判の票決で自分の死が確実なものとなった段階にいたってはじめて、死について語っている。

ソクラテスは二つの理由をあげている。一つは、彼の個人的経験に基づくものであり、もう一つは彼なりの死の考察に基づくものである。個人的経験とは、彼のいわゆる「ダイモーンの合図」（神の告げ知らせ）が、法廷に向かおうとする彼の行動、あるいは法廷での彼の発言に対して何ら反対しなかったという、一種の宗教的経験である。その合図は、ソクラテスのそれまでの生涯において、彼の行動が正しくないような場合にはいつ

(100) West (1979) p. 175.

も現われて反対するたぐいのものである。それゆえ、裁判をめぐってその合図からの反対を受けなかったことから、死は何か善きものでなければならない、と彼は推論するのである（40A–C）。

このような推論はきわめて個人的なものであり、ソクラテスの経験は彼自身にとっては死の悪を否定する「大きな証拠」（40C1）であるかもしれないが、他の人々にとってはその私的な「証拠」はたやすく共有できるものではない。それどころか、ソクラテスにとってさえそれは「大きな証拠」にはならないかもしれない。なぜなら、「ダイモーンの合図」がいったい何に反対しなかったのかというのは、その合図についてのソクラテス自身の解釈に依存するからである。すなわちその合図は、死そのものに対してではなく、彼の一連の行動には反対しなかった、ということであるかもしれないのである。刑の執行は、時間的にまだ先のことである。それゆえ死の悪を否定するための、より重要な理由は、「ダイモーンの合図」ではなく、むしろ死そのものについての彼の考察に認められるだろう。

「死ぬ」ということは、ソクラテスによれば、次の二つのうちのどちらかである。つまりそれは、(1)まったくの「無」のようなものであって、死んでしまえばいかなる感覚もなくなるようなものであるか、あるいはまたそれは、「言い伝え」にあるように、(2)魂にとって、この場所から他の場所へと、住まいを取り替えて移り住むようなものであるか、このどちらかである。

そしていずれの場合であっても、ソクラテスは死を善きものと期待できると言う。すなわち、もし死ぬことが「無感覚」になるということであれば、その場合、死とは夢一つ見ない眠りのようなものであり、善きものである。他方また、もし死というものが他の場所、すなわちあの世へと旅立つことであれば、そこでは人は、ミノスやラダマンテュスといった本物の裁判官たちを見出すことができるばかりか、この世と同様、しかもはや殺される心配なしに、吟味と対話の生活（哲学の生活）ができるがゆえに、死は善きものである（40C–41C）。

さてここで、解釈上の問題が生じる。すなわち、ソクラテスは死に関する(1)と(2)の二つの選択肢を、同等の蓋然性をもつものと見なしていたのか、それとも彼はどちらかにより高い蓋然性を認め、それを採用しているのか。(1)は死による魂の消滅を、(2)は死を生き延びる魂の不死性を含意する。ソクラテスは(1)ではなく(2)の立場に立ち、魂の不死を信じていたと強力に論じるのは、ガスリーである[101]。

しかしながら、ソクラテスはすでに、彼の「無知の自覚」に基づいて、あの世のことはよく知らないと明言していたのであり（29B）、最終場面で彼がその自覚を踏み越えて突然考えを変え、(2)の見解を採用したというのは、ありそうにないように思われる[102]。すなわち、(2)はやはり一つの可能性として提出されたと見る方が自然なのである。ところが、ガスリーは、ソクラテスが「公の場での発言において、自分の内奥の確信を断言するなどとは、人は期待しないだろう」と言う[103]。けれども、この見方に対しても、われわれは次の事実を指摘できよう。それは、こうした死についてのソクラテスの発言がなされているのは、彼の死刑が確定した後の場面においてであり、しかも彼に無罪の票を投じてくれた人たちに対してである、ということである（『弁明』39E以下）。つまり、その状況はむしろ、ソクラテスが「内奥の確信」を述べるのにふさわしい場面と考えられ

（101） Guthrie (1969) pp. 478–484.
（102） West (1979) p. 229.
（103） Guthrie (1969) p. 480.

るのである。いずれにせよ、もしソクラテスが(2)の立場であるなら、それを示唆する積極的な証拠がなければならない。そうしたものはあるだろうか。

ガスリーによれば、二つある。一つは、ソクラテスの魂観であり、もう一つは『弁明』と『パイドン』との関係である。ソクラテスの魂観についてガスリーは、次のように言う。

> ソクラテスにとっては常に、それら（魂と肉体）は二つの異なるものであって、魂（すなわち、理性的能力）はすぐれた存在であるが、肉体は単に魂の、時には御しがたい道具であるにすぎない。ここから、〈魂の世話〉（すなわち、精神の訓練）が最高の重要性をもつことになるのであり、ソクラテスはこの世話が第一義的には、地上で実際に善き生を送るにいたるものと見ていたけれども、彼がほぼまちがいなく考えていたことは、ちょうど魂が肉体よりも完全にすぐれた本性をもつように、魂はまた肉体よりも長く生き延びるということであっただろう。(104)

疑問の余地のあるこの発言のいくつかの想定（魂を「理性的能力」と同定している点、〈魂の世話〉が「精神の訓練」であるといった点など）には立ち入らない。ガスリーの主張の要点は、ソクラテスが魂の肉体に対する優越性から、魂の肉体にまさる存続性を考えたにちがいない、というものである。ソクラテスによれば、たしかに魂は身体よりも貴重なものである（『クリトン』48A）。しかしながら、ガスリーの推測を正当化する典拠は、プラトンの前期作品（「ソクラテス対話篇」）にはまったく見あたらないし、現にガスリーもいかなる参照箇所も指示してはいない。

一方、『パイドン』との関係については、ガスリーは次のように言う。「もしソクラテスが人の不死性に確信を抱いていなかったとすれば、プラトンがソクラテス最後の会話と彼の死を伝える作品を——細部において どれほど想像的であったにせよ、不死性への確信を人に注ぎ込むことが全目的であったその作品を——書く、といったことはありえなかったであろう」と。[105] そしてさらに彼は、『パイドン』でも、「別の場所へ旅立つ」(61E)とか、「あの世へ移り住む」(117C)とか、『弁明』と同様の表現が使われているだけでなく、人が死ねば「無」になる可能性についても言及されており(91B)、しかもその言及は魂不死の最終証明以前になされている事実を指摘する。[106]

プラトンが『弁明』終結部のソクラテスの発言を念頭に置きながら『パイドン』で魂不死の証明に取り組んでいるのは、疑いの余地がない(たとえば、63B–C の記述を見よ。そこでソクラテスはまさに「弁明」という言葉を口にしている)。しかし、『パイドン』の「全目的」が「不死性への確信を人に注ぎ込むこと」であったわけではないし、またソクラテスが不死性を確信していなかったなら、プラトンはその作品を書かなかったというわけでもないであろう。事情はむしろ逆であって、ソクラテスが不死性について判断を保留したからこそ、プラトンは『パイドン』を書いたと考えられるのではないか。すなわち、魂が「無」になる可能性を、「魂の世話」を説くソクラテスその人が示唆したことが、プラトンに不死性の問題を触発したのであって、ソクラテスの「確信」をプラトンがそのまま受容したのではないように思われる。なぜなら、『パイドン』における魂不死の証明は、

(104) Guthrie (1969) p. 481.
(105) Guthrie (1969) p. 481, また cf. p. 354.
(106) Guthrie (1969) p. 482.

「あの世に行けば、善き主人たちと善き仲間たちにめぐり会えるだろう」と信じる主人公のソクラテスに対して、ケベスの語る次のような言葉から始まっているからである。

ソクラテス、ほかのことは適切に語られたと私には思われるのですが、ただ、魂に関する事柄は、人々に多大の疑念を呼び起こすことでしょう。つまり、魂というのは、肉体から離れ去ってしまうと、もはやどこにも存在せず、人間が死んだその日に、滅びてなくなってしまうのではないだろうか、魂は肉体から離れ去って外に出ていくと、たちまち、あたかも息や煙のように散りぢりになり、飛散し去って、もはやどこにもまったく存在しなくなるのではないだろうかと。（69E−70A）

これはケベスのみならず、プラトン自身の疑念でもあるだろう。こうした疑念を本質的なものにしたのは、『弁明』のソクラテスであろう。死に対して、あるいは不死性に対して強い関心を示さないソクラテスが、死を目前にしながら、魂の消滅をありうることとして（これは、彼によれば、悪いものであるどころか、善きものでさえあった）提示していたからである。とはいえ、ソクラテスの「不死性に対する態度は、はっきりと不可知論的」であると言ってよい[107]。ソクラテスが確信していたのは、魂の不死性ではなく、善き人、すなわち徳ある人と、幸福との必然的連関である。

しかしながら、あなた方にも、裁判官諸君、死というものに対して、よい希望をもってもらわなければならず、また次の一つのことを、真実のことと考えてもらわなければなりません、すなわちそれは、善き人には生きているときも、死んでからも、悪しきことはひとつもないのであって、その人のなすことが神々に配慮されない、ということはないのだ、ということです。（41C−D）

ソクラテスが「真実のこと」と断言する見解が、どのようにして導き出されたのかを探ることは、ここでの課題ではない。注意すべきは、「死んでからも」という表現が、必ずしも魂の不死を指示するものではなく、死についてソクラテスが提出した二つの可能性を含意する、ということである。しかるにその可能性の一つ、魂が無になるという事態を否定すべくプラトンは、『パイドン』でまさに魂の不死証明に取り組んだが、他方彼は、エロースを主題とする『饗宴』(『パイドン』と同時期の作品)において、今度は、魂が無になる可能性をあたかも認めるかのようにして、人間の不死性の問題を追求している。これは何を意味するだろうか。

2 『饗宴』における不死性の問題

通常、われわれが死後の魂の不死性について考えるとき、一つのことが前提されている。それは、その魂が「私の魂」であること、あるいはその魂が〈私〉であることである。すなわち、何らかの仕方で、〈私〉の存続が念

(107) Cornford (1927) p. 308. ヴラストス(Vlastos [1991] p. 55)は、『弁明』ではソクラテスは魂の不死について判断を保留しているが、『クリトン』ではその信念をあらわにし(54B–C)、『ゴルギアス』ではそれを明言している(523A以下)、と主張する。しかし、『クリトン』54B–Cにおけるハデス(あの世)への旅立ちの話も、『ゴルギアス』523A以下で「真実のこと」と見なされて語られる死後の裁きの話も、ソクラテスの不死性への信念を必ずしも含意するものではない。どちらの話においても、その信念への言及がまったくないからである。それらの話は、むしろソクラテスの別の信念(正義の価値への信念)を示すために利用されているように見える。

頭に置かれているのである。『パイドン』でケベスがソクラテスに証明を要求したのも、単なる魂の不死ではなくて、「魂が人間の死後にも存在して、何らかの能力と知恵をもちつづける」ということであった（70B）。そして死後、〈私〉の「身体」が焼かれたり埋められたりしても、この〈私〉は離れ去って存在し続ける、というのが『パイドン』のソクラテスの確信であった（115D－E）。

したがって、漠然と表象される亡霊のような魂、あるいは本体を失った影のような魂は、不死性が問題にされるときの魂ではないと言わなければならない。問題となるのは、〈私〉と同定されうるような魂、あの世へと他界してもソクラテスが依然ソクラテスであるような魂である。それゆえ、魂不死の問題とは、言い換えれば、〈私〉の不死性の問題にほかならない。

それではこの場合、当の〈私〉とは何であるのか。魂である、あるいは魂そのものである、というのは答えにならない。同語反復だからである。〈私〉が〈私〉であるのは何によるのかが、肉体をもつ〈私〉のあり方そのものに基づいて語られねばならない。のみならず、〈私〉の不死性の問題には、さらなる想定がはたらいている。それは、何らかの仕方で〈私〉の同一性が前提されているということである。というのも、不死性の問題とは、死による変容にもかかわらず、〈私〉が、あるいは何らかの意味での〈私〉が、同じものとして存在し続けるかどうかということだからである。こうした〈私〉の同一性がどのように考えられるかが、『饗宴』における謎の女性ディオティマ（＝プラトン）の言説（201D－212A）の背景にある問題である。

ディオティマは、最初に、(a)幸福な人々が幸福になるのは、善きものの所有によってであること、そして次に、(b)幸福への願望、幸福への恋は万人共通のものであって、「すべての人は善きものが自分のものになることをいつも望んでいる」ことを、ソクラテスとの間で確認する（205A）[108]。ここで「恋」（エロース）という言葉は「願望」（ブーレーシス）と同義に使われており、それは人間の恋愛関係における「恋」という通常の意味に限定されないことに注意しなければならない。こうしてディオティマが、「エロース」と「願望」を互換的に用いることによって暗示するのは、人間に内在する幸福への欲求の強度、およびその欲求が出産という行為と結びついていることである。実際、第一義的に性的欲求を意味するエロース概念は、その激しさと生殖行為によって特徴づけられる。

　一方、ディオティマはまた、「幸福を望む人は、いったい何のために幸福であることを望むのか」ということは問う必要がないと述べて（205A）、幸福への願望が究極的なものであることに注意を促している。何を恋し求めるのかという問いに対して、幸福という答えはもはや最終のものと見られているのである。

　しかしながら注意すべきは、(b)の「すべての人々は、善きものが自分のものになることをいつも望んでいる」というのは、対話者のソクラテスが承認した見解であるとはいえ、当のディオティマはそれについてまだ判断を示していないということである（205A）[109]。その理由は「いつも望んでいる」という言い回しにあると考えられる。なぜならそれは、必ずしも厳密な表現ではなく、「願望」そのものの記述、あるいは幸福への「願望」の正確な記述になってはいないからである。

（108）「いつも（ἀεί）」（205A7）は、ここでは、ビューリーが注意するように、「望んでいる」にかかっており、引用ではそのように訳出されている（Bury［1973］p. 106）。205B1 の「しかもいつも恋している」という表現がこの解釈を支持するだろう（cf. Dover［1980］p. 144）。

（109）Irwin の注（1995, p. 389 n. 20）は、この点を見落としているように思われる。

たとえば、私が何かを「いつも望んでいる」とする。この場合、その何かが実現されれば、私がそれを「望んでいる」という事態は一応終息する。それに対して、幸福への願望は、われわれの生の基底に「いつも」横たわっている根源的なものであり、生涯の全体にわたるものである。その願望はある状態の実現だけでなく、その状態の持続をも望む恒常的なものであって、それゆえこの事態を記述するためにプラトンは、「いつも望んでいる」という事態を「願望」そのものと「いつも」とに分節化し、「いつも」を願望の対象へと帰属させ、これによって、われわれが幸福を望む場合、端的にどのようなことを望んでいるのかを明らかにしようとするのである。すなわち、ディオティマはエロースについて次のように段階的な議論を展開するのである。

(1)人は「善きもの」を恋し求めていると、無条件に言うことはできない。
この言明には付加が必要であり、
(2)人は「善きものが自分のものになること」を恋し求めている、と言うべきである。
のみならずさらに付加が必要であり、
(3)人は「善きものがいつも自分のものになること」を恋し求めている、と言わねばならない。
ここから、
(4)「恋(エロース)は、善きものがいつも自分のものになることを求めている」と規定される(206A)。

この規定は、幸福への願望の重要な局面を明らかにする。「いつも望んでいる」というのは、その願望のいわば表面的な記述である。より本質的な記述の仕方は、願望される状態を明確にすることによって、「いつも望んでいる」という事態の根底にある、より根源的な願望を捉えることである。「いつも」をめぐるディオティマの用語法の変換は、これを意図したものであり、したがってプラトンの再記述によれば、人が真に望んでいるのは、単に「善きものが自分のものになること」ではなくて、「善きものがいつも自分のものになること」である。つまり、幸福への願望において重要なのは、幸福の永続性であって、願望のそれではないということである。

それゆえ、幸福の枠組みは、(a)「善きもの」、(b)「自分のものになる」、(c)「いつも」、という三つの条件によって構成される。この枠組みにおいて最も中心的な条件は、「善きもの」である。なぜなら、あるものが「善きもの」であればこそ、人はそれが「自分のものになること」を望み、さらには「いつも自分のものになること」を望むからである。

しかしここで「善きもの」とは何であろうか。『弁明』のソクラテスなら、まずこれを問題にし、富や名誉など、通常「善きもの」と考えられるものを一つ一つ取り上げて吟味するであろう。それが彼の関心だからである。ところが、ディオティマはそのような話の進め方をせずに、恋(エロース)の「はたらき」(エルゴン)とは、「身体の面であれ、魂の面であれ、美しいものにおいて子を生むこと」と述べて(206B)、男女の交わりの現象に触れ、「恋(エロース)が不死を求めているのは必然」という結論をくだすのである(207A)。

すなわち、彼女の視線は、エロースの規定において、「いつも」という条件に向けられているのである。その結論を導く論理は、「善きものがいつも自分のものになること」をエロースが目指すのだとすれば、エロースが「善きものとともに不死をも欲する」のは必然、というものである(206E8–207A1)。そしてエロースが出産を目指すのは、出産が「死すべきものにとっては、永遠なるもの、不死なるもの」だからである(206E5–8)。

ここから、ディオティマの語る「いつも」という語が強い意味を担っていることが判明する。その語は単に、「私はお金をいつももっていたい」というような場合の「いつも」ではない。彼女によれば、出産の現象が暗示するのは、永遠である。「いつも自分のものに」とは「永遠に自分のものに」を意味する。したがって、求められる幸福とは、「善きものがいつも（＝いつまでも、永遠に）自分のものになること」にほかならず、幸福を求める願望の実現は、手に入れられる「善きもの」も、それを手に入れる主体としての「自分」も、何か滅びることのない存在であってはじめて可能となる。ここにおいてわれわれは、人間の不死性の問題に出会うことになる。ディオティマが告げようとするのは、不死性が、人間の幸福への願望の基底に伏在しているという事態である。その概念を明確にし、またプラトンが魂の不死を想定しているのかどうかを探ることが以下の課題である。[110]ディオティマは、あらゆる動物が出産と養育の行動においてすさまじい状態になることを指摘した上で、その原因を不死を目指すエロースの本性に求めながら（207A–C）、次のように言う。

この場合（動物の場合）、先ほどと（人間の場合と）同じ道理で、死すべき本性は、いつも（＝永遠に）存在し不死であることを、できるかぎり求めるものなのです。しかしそれは、この出生という方法によってのみ可能なのです。なぜなら、出生というのは、古いものに代わって新しい別のものを残していくからです。（207C9–D3）

ここで想定されている不死性の意味は明らかである。それは個体そのものの不死ではなく、古びゆく個体の死と新たな個体の誕生が不断にくり返されることによって達成される不死性である。それは自己が滅び、代わって他の個体が生き延びるという意味で、いわば「代理の不死」であるとも言える。人間における出産の場合も事情は同じと考えられるが、しかしディオティマは続いて、驚くべきことを述べる。

まことに、動物たちの一つ一つがそれぞれ生きていて、「同じもの」と呼ばれる期間があるのです――たとえば、人は小さな子どもの時から老人になるまで「同じ人」と言われます。けれどもその人は、自分のうちに同じものを片時ももっていないにもかかわらず、「同じ人」と呼ばれており、髪でも肉でも、骨でも血でも、すなわち身体の全体にわたって、さまざまなものを失いながら、その人はたえず新しくなっているのです。そしてこれは身体の面に限らず、魂の面においてもまた、もろもろの傾向や性格、思い、欲望、快楽、苦痛、恐れ等々、これらの各々は片時も同じものとして各人にそなわっていず、あるものは生じ、あるものは滅びているのです。（207D4–E5）

すなわちディオティマは、個体間の関係から転じて、個体内部における不断の生成消滅の事態を指摘するのである。ここで重要なのは、幼少期から老年期にいたるまでの明らかな変化にもかかわらず、人が「同じ人」と呼ばれるのはなぜかということである。人が一定の期間を通じて「同じ人」と呼ばれるのは、単に一般的な次元のことであって、プラトン自身は、個人における人としての同一性を認めていないのであろうか。

（110）ガスリー（Guthrie［1975］p. 388 n. 3）によれば、ハックフォースら少数を除けば、ほとんどすべての解釈者たちは、『饗宴』が『パイドン』の意味における不死性を前提していると解している。「『パイドン』の意味での不死性」ということでガスリーが念頭に置いているのは、「死によって解体されるわれわれの死すべき部分の、代理の不死」ではなくて、「神的な魂（すなわち、理性）の真なる不死性」である（p. 389）。以下の論述はこの見解への批判を意図している。

われわれが一般的に、ある人を、その人が生きている間「同じ人」と呼ぶのは、まぎれもない事実である。また、その人が、身体の面においても魂の面においても、時々刻々変化しているのも事実である。しかし、変化するその人をわれわれが「同じ人」と呼ぶとき、注意すべきは、われわれが外からその人を眺める観察者の位置に立っているということである。その場合、われわれは何を基準にして、「同じ人」と呼ぶのであろうか。

それは、その人の「意識の連続性」ではない。「意識」は、外からわれわれの観察するものではないからである。成長してゆく子どもを、あるいは老いてゆく老人をわれわれが「同じ人」と呼ぶのは、その人たちが、ほかでもなく個体として存在していることによる。身体の個体性が「同じ人」であることの基準とプラトンが見ていたことは、「動物たちの一つ一つがそれぞれ生きていて、〈同じもの〉と呼ばれる期間がある」という彼の記述から知られるだろう。動物たちを〈同じもの〉と呼ぶ場合、われわれは彼らの身体を見ているのであって、彼らの「意識」を考慮するわけではないからである。

したがって、個体は厳密な意味で同一性を保持するのではないと言わなくてはならない。人が「同じ人」であるのは、時間の経過における連続的な変化を通じて、個体性（同一性ではない）を維持する点に認められるからである。やがてこのような個体は一定の期間が過ぎれば滅び去り、その個体によって新たな個体が生み出されると、それに取って代わられる。プラトンが目を向けるのはしかし、まさにこの事態が個体内部においてもそのつど生じているということである。それは身体の面だけに限られない。魂の面においても、もろもろの傾向、性格、思い、欲望、快楽、苦痛、恐れ等々は、片時も同じものとして各人にそなわってはいない。人は身体と魂の両面においてつねに変化し、つねに古び、かつ新しくなっていると見られるのである。骨や肉、血液ばかりでなく、性格や思い、欲望なども生成消滅をくり返す。だとすれば、われわれにはただ個体としての「連続性」が認められるだけであって、人としての「同一性」は認められない、とプラトンは考えているのであろうか。

この問題を処理するために、「人（人格）」（person）とは何かを問うことは得策ではない。なぜなら「人」の概念は、観察される個体としての各人に内在すると想定される「同じもの」によって規定されるからである。むしろ問題は、人が自分の身体変化にもかかわらず、あるいは性格や思いや欲望の変化にもかかわらず、自分を単に「人」ではなく、「同じ人」（ないし「同じ人格」）と考えるのは何によるのかということである。この由緒ある問題に対する一つの古典的な解答は、周知のように、近代のロックに見出される。

「人格の同一性」（personal identity）とは、「意識の同一性」（the identity of consciousness）にある。たとえばもしソクラテスとクィーンバラ現市長がこの点において一致すれば、彼らは「同じ人」（the same person）なのである。他方、もし目覚めているソクラテスと眠っているソクラテスが、同じソクラテスであっても、〈同じ意識〉にあずからなければ、目覚めているソクラテスと眠っているソクラテスは、「同じ人」ではないのである。……しかしなおも反論されるかもしれない、たとえば私が、私の生活のある部分の記憶をすっかり失ってどうしても取り戻すことができず、その部分を二度と意識することができないとしよう。それでも私は、今では忘れてしまったが、かつては意識していた行動と思考を行なった「同じ人」ではないか、と。

これに対して答えるなら、われわれはここで「私」（I）という言葉が適用されているところのものに注意しなければならず、この場合には、それは「人間」（the man）だけである。そして、「同じ人間」とは「同じ人」のことだと臆断されるので、ここで「私」という言葉はまた、「同じ人」を表わすものと容易に想定されてしまうのである。しかしもし「同じ人間」(the same man)が異なった時点において、伝達できない別個な意識を持つことが可能であるなら、疑いもなく、「同じ人間」が、異なった時点において「異なった人たち」(different persons)をつくるだろう[111]。

これは、人格概念の最も有力な記述である。「同じ人(人格)」(「同じ人間」ではない)である条件は、「同じ意識」である。別個な意識は「異なる人(人格)」をつくるのであり、時間を通じて「同じ意識」が伝達できなければ、たとえ「同じ人間」であっても、「同じ人(人格)」であることはできない、すなわちこの場合、「人格の同一性」は成り立たない、とロックは考えるのである。ここで、ロックによって「意識」と呼ばれているものが、プラトンの用語法において何に相当するにせよ[112]、プラトンはおそらく「同じ意識」という事態を認めないであろう。なぜなら、ディオティマは先の発言に続いてこう述べているからである。

> しかし、こうしたことよりもはるかに奇妙なことは、もろもろの知識もまたそうであるということです。つまり、私たちにとってある知識は生じ、ある知識は滅び、こうして知識の面においてさえ私たちは片時も「同じ人」ではない、というだけでなく、知識の一つ一つもまた同じ事態をこうむっているのです。というのも、「練習する」と呼ばれる行為がありますが、それは知識が立ち去ってゆくからこそ行なわれるのです。なぜなら、忘却とは知識の立ち去りであり、「練習」とは、去ってゆく記憶の代わりに再び新たな記憶をつくり込んで知識を保全し、その結果、知識が同じものと思われるようにすることだからです。
>
> (207E5–208A7)

すなわち、同一性を保つと見られる知識もまた立ち去ってゆくものであり、「練習」によって知識は保全されるのである。しかし、保全されるものは失われたものとそのまま「同じもの」ではなく、それは「新たな記憶」である。このことは、意識についても言えるはずである。たとえば、眠りによって中断されるわれわれの意識もまた、「新たな記憶」によってその連続性が確保されるからである。昨日の私の意識と今日の私の意識とは同一のものではない。ましてや、幼少のころの私の意識と、現在の私の意識とは内容的にも大いに異なっている（さもなければ、いつまでも子どものままである）。両方の意識は記憶（たいていは漠然とした記憶）によって繋がれているのである。

それゆえ、プラトンによれば、われわれは時間を通じて（これが本質的な条件である）、いかなる面においても、けっして「同じ人」ではなく、たえず変化する存在なのである。けれども、そうした変化を通じて確保される連続性によってこそ、われわれは「同じような人」（あるいは「同じと思われる人」）であることができる、というのが彼の考え方である。かくして、ディオティマは次のように結論する。

実際、このような方法によってこそ、死すべきものはすべて保全されるのです。つまり、神的なもののように、全面的につねに「同じもの」であるという仕方によってではなく、古くなって去りゆくものが、

(111) Locke (1690) vol. II, ch. 27, ss. 19–20.

(112)「認識論者としては、プラトンはいかなる一般的な〈日常的意識〉も定義したり記述したりすることはないが、しかし……（道徳思想家として）彼の描き出すものは、意識の変化の概念を要請する」とマードックは言う（Murdoch [1992] p. 174）。「意識の変化」によって彼女は、とりわけプラトンの「洞窟の比喩」における「魂の状態の変化」を意味している。

かつての自分と同じような、別の新しいものを後に残す、という仕方によってなのです。この工夫によってこそ、ソクラテスよ、死すべきものは、身体も他のあらゆるものも、不死性にあずかるのです。しかし不死なるものは、別の仕方によってなのです。　（208A7–B4）

この見解によれば、われわれが自分を「同じ人」と考えるのは、身体と魂の両面において、継起的に自分と「同じようなもの」を残してゆくからだと解されるかもしれない。だがここで問題が生じる。すなわちそれは、後に残されてゆく「同じようなもの」とはどのようなものなのかということである。

たとえば、われわれは苦痛や恐怖を後に残してゆくだろうか。できれば、われわれはそれらを消し去りたいと願うはずである。あるいは残すとしても、それらはもはや「苦痛」や「恐怖」としてではないはずである。すなわち、われわれが残したいと思うのは、われわれにとって悪いものではなくて、何らかの意味で〈善きもの〉であろう。[113] これは身体の面についても言える。恋する人々とは、自分の半身を探し求める人たちだというアリストパネスの言説に対して、すでにディオティマは、恋（エロース）の求めるものは、それが〈善きもの〉でないかぎり、半分でも全体でもないとした上で、「人々は自分に属するものが自分にとって劣悪なものと思われれば、自分の足でも手でも切り取ってしまいたい気になる」という事実に言及していたのである（205D–E）。滅んでは生じるわれわれの髪、骨、肉、血なども、それらが「同じようなもの」として存続させられるのは、それらが〈善きもの〉であるという隠された前提のもとにおいてなのである。それゆえ、「死すべきもの」があずかる〈不死性〉とは、「死すべきもの」が自分にとって〈善きもの〉と考えられるものを残すことにほかならず、その〈不死性〉とは、意図的な「工夫」（メーカネー）の所産なのである。

したがって、残される「同じようなもの」とは、われわれの全体ではなくて、われわれにおける〈善きもの〉であり、これがわれわれの通時的な存在の基軸をなすものである。その〈善きもの〉の内実が各人にどのように考えられるにせよ、各人が各人であるのはその〈善きもの〉を不断に残してゆくことによるのであって、各人の存在とはその連鎖に還元される、というのがここでのプラトンの見方である。

それゆえもしそうだとすれば、〈私〉の不死性とは、第一義的には、身体と魂からなる〈私〉がそのまま不死であることでもなければ、さらには単純に〈私〉の魂が不死であることでもなく、端的に、〈私〉における〈善きもの〉の不死性を意味することになるだろう。ディオティマが、一つの肉体の美からはじまって最後に〈美〉そのものの観得へといたるエロースの発展を説くとき（210A–212A）、目指されるべき〈善きもの〉、あるいは目指されるべき〈不死性〉とは何かという問題が伏在しており、その言説はエロースの単なる現象記述ではなく、倫理的次元にあるものと言わなければならない。しかるに今問われるべきは、ほかならぬ〈私〉という存在が、不断の生成消滅過程に解消されるものとプラトンが見ていたかどうか、ということである。

文脈に即して問題を言い換えれば、こうなるだろう。すなわちプラトンが、魂の面においても、もろもろの傾向や性格、思い、欲望、快楽、苦痛、恐れなどのそれぞれは片時も同じものとして各人にそなわっていず、知識の一つ一つもまた例外ではないと主張するとき（207E–208A）、彼はこうした変化をこえて（あるいは通じて）、同一のものとして存続する何ものかを想定していたかどうか、ということである。この意義深い問題は「万物流転説」で著名なヘラクレイトスに由来するものである。(114) これに対する最もラディカルな応答は、近代

(113) この点は、Irwin (1995, p. 307) によって正当に強調されている。

のヒュームに見られるだろう。

ヒュームは、〈私自身〉(myself) とは、「思いもよらぬ速さで継起し、たえざる流転状態にあるさまざまな知覚の束ないしは集積 (a bundle or collection of different perceptions) にほかならない」と言う[115]。ディオティマの言説はこうしたヒュームの記述を想い起こさせるが、これに関連して、プライスは「練習」(メレテー) (208A5) という用語に留意しながら次のように言う。「練習とは、知識を保全したり、取り替えたりする方法である。それは何らかの傾向を強化する方法であって、ある出来事 (思い出す、という出来事) を生み出す意図的な精神活動である。この活動の主体 (subject) というのは、おそらく、人あるいはその人の魂 (a man or his soul) であり、これがその人のさまざまな認識状態を、操り人形の手足のように操作するのである[116]」。

この解釈は、しかしながら、誤解を招くものである。なぜなら、「練習」という「意図的な精神活動」ばかりでなく、「思い」や「欲望」「快楽」「苦痛」「恐れ」などについても同様に、われわれはそれらの「主体」を考えることができるからである。のみならず、そうした「主体」の想定そのものについてさえ、われわれは疑義を提出することができるであろう。たとえば、ヒュームは「私はいかなる時も、知覚なしに私自身を捉えることはけっしてできない」と主張するが[117]、もしそうだとすれば、「主体」は「練習」や「思い」、あるいは「快楽」「苦痛」などの知覚と分離できず、こうした知覚とは独立に存在するものではないとも考えられるからである。あるいはさらに、「練習」の「主体」を「魂」ではなく、ある種の「欲望」(ないし、意欲) と見ることも可能かもしれない。

とはいえ、プラトンの立場に即して言えば、プライスの解釈は正しい方向を示しているように思われる。なぜなら、ディオティマの発言において魂の存在は、身体のそれとともに前提されているからである。彼女はいかなる特別の注意も与えることなしに、「身体」と「魂」という両語を並列させせながら導入しているのであり（206B8, 206C2）、それゆえにまた、「魂」は、この文脈ではその語の日常的意味を担っているはずである。そのギリシア原語「プシューケー」は、「命」から「心」までの意味の広がりをおおう語である。魂の「はたらき」とは、第一に「生きること」であり、さらに「配慮すること」「支配すること」「思案すること」等々である（『国家』第一巻 353D）。

ところが、留意すべきは、ディオティマが魂のこうした「はたらき」には一切触れず、魂における、傾向、性格、思い、欲望、快楽、苦痛、恐れ、さらには知識に言及していることである。これらは、魂に生起する状態ないしあり方であって、魂の「はたらき」でもなければ、「魂」を構成する部分でもない。この点は、髪、骨、肉、血が身体の部分として挙げられているのと著しい対照をなしていると言わねばならない。それだけでなく身体に関しては、ディオティマは「身体の全体」（207E1）という言葉をつけ加え、生成消滅が身体の「全体」にわたるものであることを明言しているが、魂についてはそのようなことは何も言っていない。つまり、プラトンは魂に関しては、魂そのものと、魂に生起する諸状態とを区別しており、後者のみを論じているのである。[118]

（114）とりわけ彼の、「われわれは同じ河に入ってゆくとともに、入ってゆかない、われわれはあるとともに、あらぬのだ」（断片 49a）という言葉が関連する。
（115）Hume (1739) vol. I, part IV, sect. 6.
（116）Price (1989) p. 24.
（117）Hume (1739) vol. I, part IV, sect. 6.
（118）論拠は異なるが、プライス（Price［1989］p. 25）もこの方向の解釈である。

以上の解釈が正しければ、生成消滅するのは、恐れなどの魂に生起するもろもろの状態であって、魂そのものではない、ということになる。すなわち、魂そのものはそうした諸状態の変化を通じて、同一のものとして存続することがプラトンによって示唆されているのである。だが、これは示唆以上のものではない。魂の存続のあり方をさらに彼がどのように考えているかが、まだ明らかでないからである。この点を見きわめる鍵は、ディオティマの、

この工夫によってこそ、ソクラテスよ、死すべきものは、身体も他のあらゆるものも、不死性にあずかるのです。しかし不死なるものは、他の仕方によってなのです。（208B2–4）

という発言にある。ここで「身体も他のあらゆるものも」という表現が魂を含意するものかどうかが、解釈の的になってきた。もし「他のあらゆるもの」のうちに魂が含まれているなら、魂もまた「不死なるもの」には属さない。しかしながら、ドーヴァーが注意するように、「身体」と「魂」の並置というそれまでのプラトンの用語法からして、「他のあらゆるもの」という表現に含意されているのは、魂ではなく、「身体と融合した魂のもろもろの状態の継起」であろう。[119]

それならば、魂そのものは「不死なるもの」であって、身体その他のものとは異なる仕方で不死性にあずかると想定されているのであろうか。ドーヴァーは、「208B4の〈不死なるもの〉は、身体以前に存在し、かつ身体の死後存在するであろう魂を含みうる」と解して、プラトンがわざわざ誤解を防ぐような言い方をしなかったのは、彼が魂の不死を信じていなかったなどということが、そもそも読者の念頭に浮かぶとは思ってもいなかったからだと主張する。[120]けれどもこれは行き過ぎである。

なぜならドーヴァーの主張は、ディオティマの言説を貫く魂の懐妊・出産のモチーフに明らかに反するからである。そのモチーフの前提は、人間の魂と身体の可滅性である。また208B4の〈不死なるもの〉と対比的に語られる「死すべきもの」とは言うまでもなく、とりわけ人間のことであって、この文脈において、〈不死なるもの〉に人間の魂が含まれるといったことは、もとより読者の念頭には浮かばないであろう。したがってここには、死すべき人間をその人間の魂と同定し、それの不死を想定する、といった着眼は見られないのである。むしろ、「死すべきもの」については、その可滅性だけが念頭に置かれていると言ってよい。もっとも、人間の魂が事実滅びるものであるかどうかについては、ここでは何も明言されてはいない。その問題については、『饗宴』のプラトンは肯定も否定もしていないと言わなければならない。

3―〈私〉の不死性

『饗宴』におけるプラトンの関心は、死すべき人間ないし〈私〉が、どのようにして〈不死性〉にあずかりうるか、という問題にある。その場合、〈私〉とは魂そのものではなく、〈善きもの〉を懐妊・出産しようとする魂あるいは身体の諸活動の総体なのであって、この局面において、〈私〉の不死の問題は魂そのものの不死と

(119) Dover (1980) p. 149.

(120) Dover (1980) p. 149. プライス (Price [1989] p. 30) はこのドーヴァーの解釈を鵜呑みにしている。

は別次元の問題を構成する。そして、もし〈私〉というものが〈私〉によって産み出される〈善きもの〉に還元されるとすれば、その場合、「善きものが永遠に自分のものになること」という幸福の定義に含まれている、「自分のものになること」というのは、もはや意味をなさないであろう。〈善きもの〉と独立に何か「自分」というものが存在するわけではないからである。その定式はしたがって、〈私〉によって産み出される〈善きもの〉が永遠に存在する、ということを意味するであろう。この時、〈私〉の不死性とは、その〈善きもの〉の永続性に帰着することになる。

そこでわれわれに残された問題は、永続性のある〈善きもの〉とは何であり、またそれはどのようにして産み出されるのかということである。これらの問題に関するプラトンの解答は、明白である。彼によれば、永続性のある〈善きもの〉とは、いわゆる「不滅の名声」や徳に関する「不滅の思い出」（208C–D）でもなければ、「法律」や「立派な業績」や「あらゆる種類の徳」（209D–E）でもなく、それは〈真なる徳〉であって、その徳は〈美〉そのものを見ることによって達成される。ディオティマはソクラテスに言う。

> 人間がかの方に目を向け、用いるべき器官によってかのものを眺めながら、それと共にいるとき、その人間の生活がつまらぬものになると思いますか。それともあなたは思い至らないのですか……ただこの場合においてのみ、すなわち、美を見ることのできる器官によってそれを見る場合にのみ、その人には、触れているものが単に幻影ではないがゆえに徳の幻影を生み出すのではなく、触れているものが真なるものであるがゆえに真なる徳を生み出す、といった事態が起こるであろうことを。そして真なる徳を生み出し育んだその人は神に愛される者となり、またもし人間たちのうちでだれか不死になることのできる者がいるとすれば、そのような人こそがそうなのだということを。
>
> （211E4–212A7）

死すべき人間が不死性にあずかるのは、「古くなって去りゆくものが、かつての自分と同じような、別の新しいものを後に残す、という仕方によって」であった。その「工夫」はさまざまに考えられるが、ほとんどすべては不完全なものである。「不滅の名声」といえども「不滅」ではなく、「不滅の思い出」も「不滅」ではない。それらは遅かれ早かれ時間のなかで消え去ってゆき、たとえ〈善きもの〉であっても二次的もしくは派生的なものである。肝心なのは、それらが何に関する「名声」であり「思い出」なのかということである。それゆえ問題は、人が産み出す〈善きもの〉それ自体の質と永続性であって、人のあずかる〈不死性〉の強度は、ひとえにそうした〈善きもの〉の特質にかかっている、とプラトンは見ているのである。

したがって、不死を目指す出産は、相対的で不安定な美しさにおいてではなく、何か恒常的で無条件に美しいものとの関係においてなされねばならない。プラトンはそうした美しいものをほかならぬ「美そのもの」(211E1)という言葉で表現し、これを見ることを〈不死性〉の第一の条件とした。[121] 産み出されるものが移ろいゆく「徳の幻影」であってはならないからである。そして〈美〉を見た人は、「〈真なる徳〉を生み出し育む」がゆえに、「不死になることのできる者」と言われる。なぜなら、〈真なる徳〉はそのような人の魂ばかりか、「他

---

(121) 藤沢(1980, p. 278)は、212A の記述に関連して、「イデアの観得によって与ることのできる不死性は、時間を超えた永遠性であるといえるであろう」と述べている。イデアの観得が時間的な永続性ではなく、超時間的な永遠性への介入であることの指摘は重要である。しかし、「イデアの観得によって与ることのできる不死性」という事態は、212A の文脈に適合しないように思われる。なぜなら、ハックフォース(Hackforth [1950] p. 44)が指摘するように、「ここで約束されている不死性は、〈美〉そのものの観得から直接生じるのではなく、真なる徳を産み出すことから生じるもの」と考えられるからである。

者」の魂をも養い育てる力をもち、その魂を新たな出産へと導くがゆえに、その生命を失わないとプラトンは考えるからである。[122]

『パイドン』『国家』『パイドロス』で魂の不死証明を試みるだけでなく、転生のミュートス（物語）をも提示するプラトンが、〈私〉の不死性をめぐる以上のような見解をもち続けていたことは、『パイドロス』の次の言葉から知られるだろう。

> しかし、ぼくは思う、そういった正義その他に関する事柄が、真剣な熱意のもとに扱われるとしたら、もっともっと美しいことであろうと。それはほかでもない、人がふさわしい魂を相手に得て、哲学的問答法の技術を用いながら、その魂の中に言葉を知識とともにまいて植えつけるときのことだ。その言葉というのは、自分自身のみならず、これを植えつけた人をもたすけるだけの力をもった言葉であり、また、実を結ばぬままに枯れてしまうことなく、一つの種子を含んでいて、その種子からは、また新なる言葉が新なる心のなかに生まれ、かくてつねにそのいのちを不滅のままに保つことができるのだ。そして、このような言葉を身につけている人は、人間の身に可能なかぎりの最大の幸福を、この言葉の力によってかちうるのである。
>
> （276E4－277A4）

この発言の真実性は問わない。少なくともプラトンによれば、〈私〉の求める不死性とは、知識を伴った〈言葉〉の不死性であり、またそうした〈言葉〉によって養い育てられる魂のあり方の不死性である。[123] これは「代理の不死」ではない。なぜなら、対話（問いと応答）において成立し共有される〈言葉〉と、それによってたすけられる魂のあり方とは、もはや個体性を脱した〈私〉にほかならないからである。

(122) 〈美〉を見た人が〈真なる徳〉を産み出すのは、「他者」の魂においてか、それとも自分の魂においてかという問題が論争の的になってきた。212A の記述はこの点に関して何も示唆しないが、ハックフォース(Hackforth [1950] p. 44)はディオティマの「言説の基調全体から見て、特に 209C および 210C から見て、プラトンが主に念頭に置いているのは、疑いもなく〈他者における出産〉である」と解する。クラウト(Kraut [1973b] p. 339 n. 7)も同様の解釈を示し、さらに『パイドロス』276E4–277A4 の記述に言及している。他方、ハックフォースの解釈に対してガスリー(Guthrie [1975] pp. 389–390)は、「自分自身の魂において孕んでいる人(209B1)」こそが「長い間身ごもっていたものを出産する(209C3)」のであって、「他者の魂において」というのはプラトンの見方ではない、と反論している。しかし、クラウト(ibid.)が指摘するように、「身ごもっている人」は自分が出産するだけでなく、自分の交わる相手をも「教育しようとする」のである(209C1–3)。

(123) Cf. Kraut (1973b) pp. 340–341.

結び

われわれはソクラテスの倫理説の検討から始めて、プラトンの倫理思想の展開を見届け、さらに説得のあり方に関する両者の見解の異同を論じた。そして「魂の世話」というソクラテスの遺産を回顧し、それをプラトンがどのように受けとめたかを再検討し、最後にソクラテスが判断を保留した不死性の問題をめぐってプラトンの思索の重層性を追求した。ここではこれまでの考察に基づき、プラトン倫理学の視座と意義を確認したいと思う。

プラトンの倫理思想はソクラテスの倫理説の回顧と吟味から出発した。ソクラテスは生涯、人間の生き方、〈私〉の生き方について探求し、倫理分野への本格的な考察の道をひらいた最初の哲学者である。彼は、「すべての人々は幸福であることを望んでいる」（『エウテュデモス』278E）ということを人間の基礎事実として承認する。この時、「われわれはどのように生きるべきか」（『ゴルギアス』500C、『国家』第一巻 352D）という彼の問いかけは、この幸福主義的前提に定位され、それゆえ人間の生き方の探求は、言い換えれば、人間の幸福実現の方途の探求となる。彼はその方途をギリシア人が「人間の徳」と呼ぶところのものに求める。徳ある人は、よく生きる人であり、よく生きる人は、とりもなおさず幸福な人だからである。

こうして、人間の生き方の探求は、ソクラテスにおいては人間の徳の探求に焦点化される。彼の探求活動はさまざまな問題を呼び起こすが、われわれはその主要なものについて検討し、徳に関する彼自身の見解と立場とを明らかにしてきた。その要点は次の四点にあるだろう。

第一、〈徳〉の「一性」。ギリシア人にとってとりわけ中心的な「人間の徳」と見なされるものは、勇気、節制、敬虔、正義、知恵の五つである。問題は、これらの徳の内実であり、ソクラテスはそうした徳の一つ一つが「何であるか」を執拗に問い続ける。その作業を通じて彼は、五つの徳の相違というのは、実は名目上のことであって、実質的にはそれらの徳目はただ「一つのもの」、すなわち〈知恵〉あるいは善悪の知識に還元されると考える。すなわち彼は、種々の人間の徳は別々のものとして存在するのではなく、「一つのもの」に収斂されると見て、その本質は善悪の知識に帰着すると想定する。

第二、「徳十分説」。〈徳〉とは、ソクラテスによれば、魂のすぐれた状態であり、人に〈よく生きる〉ことを可能にする肝心のものと見なされる。すなわち、善悪の知識としての〈徳〉は、〈私〉の中心部にあって、〈私〉の生の全体を〈善き生〉として組織し秩序立てるところのものであり、〈私〉の幸福の構成原理となるものである。幸福はこのような〈徳〉にかかっているばかりか、このような〈徳〉をそなえさえすれば幸福は確保される、とソクラテスは考える。彼によれば、人間の〈徳〉は、人間の善き生、人間の幸福を実現するのに必要かつ十分なものである。

第三、快楽主義的立場。ソクラテスは心理的観点から、善を快楽と同定し、〈善き生〉（＝〈幸福な生〉）を、〈快楽の生〉と同定する。そして快苦の計量術を構想する。しかし、その場合、幸福と同定される快楽とは、人間の生の全体におよぶ快楽であり、日常生活においてそのつど生起するような、現われては消える一時的・断片的な快楽ではない。したがって彼は、通常の意味での快楽主義者ではないが、魂の享受する最大の（あるいは、真の）快楽を幸福と見る点で、快楽主義的立場に立っている。

第四、探求の生。ソクラテスは〈徳〉についてのみずからの知を否認する。その否認は徹底したものであるが、必ずしも全面的なものではない。彼は〈徳〉について少なからず（とはいえ、断片的に）知っている。彼の知の否認は、むしろ彼の哲学の根底にある〈無知の自覚〉に由来するものと考えられる。この自覚が、彼に不断の探求活動を促すのである。のみならず、〈徳〉が人間の生に本質的な善悪の知識として捉えられるとき、その知識は、人間の生の善悪をよりよく説明しうるような知識であって、〈理解〉というあり方をとる。〈理解〉は、単なる知・無知とはちがって、深さの次元をもつ。それゆえ〈徳〉の獲得は、〈徳〉への理解の深まりを伴う。かくしてソクラテスは言う、「吟味のない生活というものは、人間にとって生きるに値しない」（ὁ δὲ ἀνεξέταστος βίος οὐ βιωτὸς ἀνθρώπῳ,『弁明』38A5–6）。

以上のようなソクラテスの倫理説を、プラトンはどのように受けとめたであろうか。彼もまたソクラテスと同様、〈私〉の幸福を人間の願望の究極対象、あるいは行為の究極理由と見て、幸福主義的前提に立つ（『饗宴』205A）。そして、ソクラテス的な意味での快楽主義的立場に加担する（『国家』第九巻583A）。だが、ソクラテスは〈私〉の幸福を実現する〈徳〉を善悪の知識に還元し、その「一性」を想定する。ここで最大の問題は、利他性を含意する正義概念であり、また利己性を含意する不正概念である。それらの概念は、知恵に収斂するソクラテスの〈徳〉の「一性」の見解、および「徳十分説」の立場に困難をひき起こすものと見られる。「一性」の想定は利他的正義概念を二次的なものにし、「徳十分説」は利己的不正概念を許容するかもしれないからである。

プラトンは『国家』篇でこうした問題に取り組み、彼の正義論を展開して、ソクラテスの〈徳〉の「一性」の立場を否定するに至っている。彼は、〈正義〉〈節制〉〈勇気〉〈知恵〉を四つの基本的な徳として捉えたうえで、それらをまさに別々のものと考え、それぞれに固有の定義を与えている。しかし、彼はそれらの徳のなかで、魂の各部分が「自分のことをすること」と定義される〈正義〉を最も重要なものと見なし、他の徳はこのような〈正義〉によって成立するものと考える。ソクラテスが善悪の知識と見たものの背後に、彼は、魂の内なる〈正義〉を見るのである。

ここから、ソクラテスの倫理説がはらむ問題への対応がなされる。まず、魂の〈正義〉は、利他性を含意する正義概念と抵触せずに、〈私〉の幸福を保証するのに十分なものかどうかが問われなければならない。大方の解釈に反してわれわれは、プラトンが魂の〈正義〉と通常の正義概念との間に必要かつ十分な関係のあることを論じ、また魂の健康である魂の〈正義〉が、同時に〈私〉の幸福であることを論じていることを確認した。しかし、プラトン的な〈正義〉が、なぜ〈私〉の幸福でありうるのか、その理由をなおも問うことができる。

プラトンは魂の内なる〈正義〉について、それが魂を秩序づけ、「完全な意味での一人の人間」、つまり分裂のない〈自己〉を成立させる原理であることを主張していた(第四巻443D–E)。ここで「魂三区分説」に基づいて、魂に〈正義〉が内在しているとき、その〈正義〉は魂の各部分に固有の欲望を適度に満たすことを可能にし、それによって魂に均衡のとれた最大の快楽をもたらすがゆえに、人は幸福を享受しうるのだと、このようにわれわれは想定するかもしれない。だが、プラトンはこうした想定以上のことを『国家』篇第十巻で示唆していた。それは、魂が〈哲学〉をするときの、すなわち知恵を求めるときの状態である。その状態において魂は雑多な姿をとらない(611E–612A)。とすればしかし、彼は〈正義〉を知恵に還元する方向を採っているのであろうか。そうではない。〈正義〉は知恵そのものではなく、知恵を成立させる条件と見られるからである。

したがって、本質的なのはむしろ、知恵に向かう、という魂の動きであろう。その動きによってはじめて、人は魂を秩序づけ、外的な仕事を「自分のこと」としてなすことができる。なぜなら、その人は、自分の仕事を、まさに「自分のこと」として了解しうる視点をもちうるからである。言い換えれば、彼には内的な〈自己〉、すなわち〈私〉が成立していると考えられるのである。これこそソクラテスが、牢獄でクリトンに「正しさが〈かのもの〉を益する」(『クリトン』47E)と言っていたときに暗示していた事柄であろう。

プラトンはしかし、このような〈自己〉あるいは〈私〉を、共同体における各人の仕事と結びつけている。〈正しい人〉が「正しいこと」を、すなわち「自分のこと」をする人であるかぎり、その仕事に魂の内なる〈正義〉は表現される。この点において、プラトンの〈自己〉は〈他者〉と連絡し、〈他者〉との関係において内実を与えられることになる。これは、ソクラテスが自分の生涯の仕事を、アテナイという共同体における哲学活動として理解していた事実と照応する。みずからの〈自然本性〉に基づく仕事を、「自分のこと」として遂行することによって、〈善き生〉は達成され、人は幸福を享受しうるであろう。

しかるにそのような〈自己〉のあり方は、知恵へと向かう魂の動きによって、つまり〈哲学〉によって成立するものであった。もしそうだとすれば、この時、魂の内なる〈正義〉は、ソクラテスの探求の生の変容であることが判明する。ソクラテスの〈無知の自覚〉が、〈正義〉の根源的な条件として捉え直されているからである。ここにプラトン倫理学の視座が見出されるのであり、この視座にこそ、彼の倫理学の特質と意義がある。「正しいこと」をする人の〈正しさ〉の源泉は、その人のソクラテス的な〈無知の自覚〉にある、とプラトンは見ているのである。その人間的な自覚は、世界における、そして共同体における、〈私〉の生と死の意味を問い直し、了解してゆくための、一つの徳性と呼べるものである。*倫理をめぐって、プラトンはソクラテスから離れ、ソクラテスに立ち返っているのである。

＊それは、Murdoch（1970, p. 103）に倣って〈謙虚さ〉（humility）と言い換えてもよい。それは、彼女の言うように「稀な徳性」（a rare virtue）と言えるであろう。

初出一覧

1. 「正義・幸福・報酬 —— プラトン『国家』357A–358A の解釈を基点にして ——」(『関西哲学会紀要』19, 1985)(第二部第一章)
2. 「プラトン『国家』における魂の正義」(『西洋古典学研究』36, 1988)(第二部第一章)
3. 「内なる行為」(『関西哲学会紀要』24, 1990)(第一部第四章)
4. 「ソクラテスにおける徳と幸福」(『古代哲学研究』22, 1990)(第一部第三章)
5. 「メトレーティケー・テクネー」(『古代哲学研究』26, 1994)(第一部第四章)
6. 「ソクラテスの徳概念」(『哲学研究』563, 1997)(第一部第二章)
7. 「弁論術・説得・対話」(『西洋古典学研究』47, 1999)(第二部第二章)
8. 「徳の探求 —— プラトン『メノン』をめぐって ——」(『徳倫理学の起源と構造の研究』科学研究費補助金研究報告書・研究代表者　山本巍、2004)(第一部第一章)
9. 「ソクラテスの遺産 —— 魂の世話 ——」(関西哲学会年報『アルケー』10, 2002)(第二部第三章)
10. 「プラトンにおける不死性」(『古典の世界像』科学研究費補助金研究成果報告書V、「古典の世界像」調整版研究報告、2003)(第二部第四章)

なお、本書をまとめるにあたって、各論文には必要な加筆修正を施し、全体を通じて大幅に書き改めた。

文献一覧

Adam, J. (1963). *The Republic of Plato* [1st edn. 1902], 2 vols., Cambridge

Adam, J. and Adam, A. M. (1984). *Plato Protagoras*, Bristol. (1st edn. 1893. Cambridge)

Adkins, A. W. H. (1960). *Merit and Responsibility*, Oxford

Annas, J. (1981). *An Introduction to Plato's Republic*, Oxford

Aronson, S. H. (1972). "The Happy Philosopher — A Counter-example to Plato's Proof," *Journal of the History of Philosophy* 10: 383–398

Bluck, R. S. (1961a). *Plato's Meno*. Cambridge

(1961b). "Plato's *Meno*", *Phronesis* 6: 94–101

Brandwood, L. (1990). *The Chronology of Plato's Dialogues*, Cambridge

(1992). "The Stylometry and Chronology," in *The Cambridge Companion to Plato*, ed. R. Kraut, Cambridge, 90–120

Brickhouse, T. C. and Smith, N. D. (1987). "Socrates on Goods, Virtue, and Happiness," *Oxford Studies in Ancient Philosophy* 5: 1–27

(1989). *Socrates on Trial*, Princeton

(1994). *Plato's Socrates*, Oxford

Burnyeat, M. F. (1971). "Virtues in Action," in *The Philosophy of Socrates*, ed. G. Vlastos, New York, 209–234

(1977). "Examples in Epistemology: Socrates, Theaetetus, and G. E. Moore," *Philosophy* 52, 381–398

(1980a). "Socrates and the Jury: Paradoxes in Plato's Distinction between Knowledge and True Belief," *Proceedings of the Aristotelian Society*, Suppl. 54: 173–191

(1980b). "Aristotle on Learning to Be Good, " in *Essays on Aristotle's Ethics*, ed. A. O. Rorty, University of California Press, 69–92

(1997). "The Impiety of Socrates," *Ancient Philosophy* 17: 1–12

Bury, R. G. (1973). *The Symposium of Plato* [1st edn. 1909], Cambridge

Cooper, J. M. (1977). "The Psychology of Justice in Plato," *American Philosophical Quarterly* 14: 151–157

Cornford, F. M. (1927). "The Athenian Philosophical Schools, I: The Philosophy of Socrates," in *The Cambridge Ancient History*, vol. 6, ed. J. B. Bury, S. A. Cook, and F. E. Adcock, Cambridge, 302–310

(1941). *The Republic of Plato*, trans., Oxford

(1950). *The Unwritten Philosophy*, Cambridge

Crombie, I. M. (1962). *An Examination of Plato's Doctrines*, vol. 1: *Plato on Man and Society*, London

Cross, R. C. and Woozley, A. D. (1964). *Plato's Republic: A Philosophical Commentary*, London

Demos, R. (1964). "A Fallacy in Plato's Republic," *Philosophical Review* 73: 395–398, reprinted in *Plato* II, ed. G. Vlastos, 52–56

Dodds, E. R. (1959). *Plato: Gorgias*, Oxford

Dover, K. (1980). *Plato: Symposium*, Cambridge

Foster, M. B. (1937). "A Mistake of Plato's in the *Republic*," *Mind*, N. S. 46: 386–393

(1938). "A Mistake of Plato's in the *Republic*: A Rejoinder to Mr. Mabbott," *Mind*, N. S. 47: 226–232

Frede, M. (1992). "Introduction," in *Plato Protagoras*, trans. S. Lombardo & K. Bell, Hackett, Indianapolis, vii–xxiv

Galis, L. (1974). "The State-Soul Analogy in Plato's Argument that Justice Pays," *Journal of the History of Philosophy* 12: 285–293

Gallop, D. (1961). "Justice and Holiness in *Protagoras* 330–331," *Phronesis* 6: 86–93

Gosling, J. and Taylor, C. C. W. (1982). *The Greeks on Pleasure*, Oxford

Grube, G. M. A. (1980). *Plato's Thought* [1st edn. 1935], Indianapolis

Gulley, N. (1968). *The Philosophy of Socrates*, New York

Guthrie, W. K. C. (1950). *The Greek Philosophers*, London（ガスリー『ギリシアの哲学者たち』、式部久、澄田宏訳、理想社、1973）

(1969). *A History of Greek Philosophy* III, Cambridge

(1975). *A History of Greek Philosophy* IV, Cambridge

Hackforth, R. (1928). "Hedonism in Plato's *Protagoras*," *Classical Quarterly* 22: 39–42

(1950). "Immortality in Plato's Symposium," *Classical Review* 65: 43–45

Hoerber, R. G. (1960). "Plato's *Meno*," *Phronesis* 5: 78–102

Hume, D. (1739). *A Treatise of Human Nature*, London

Irwin, T. H. (1977). *Plato's Moral Theory*, Oxford

(1979). *Plato Gorgias*, Oxford

(1986). "Coercion and Objectivity in Plato's Dialectic," *Revue Internationale de Philosophie* 40: 49–74

(1992). "Socratic Puzzles : A Review of Gregory Vlastos (1991)," *Oxford Studies in Ancient Philosophy* 10: 241–266

(1995). *Plato's Ethics*, Oxford

(1996). "The Virtues: Theory and Common Sense in Greek Philosophy", in *How Should One Live?: Essays on the Virtues*, ed. R. Crisp, Oxford

Joseph, H. W. B. (1935). *Essays in Ancient & Modern Philosophy*, Oxford

Kahn, C. H. (1976). "Plato on the Unity of Virtues," in *Facets of Plato's Philosophy*, ed. W. H. Werkmeister, Amsterdam, 21–39

(1981). "Did Plato Write Socratic Dialogues ? " *Classical Quarterly* 31: 305–320

(1988). "On the Relative Date of the *Gorgias* and the *Protagoras*," *Oxford Studies in Ancient Philosophy* 6: 69–102

Klein, J. (1965). *A Commentary on Plato's Meno*, Chapel Hill

Koyré, A. (1946). *Discovering Plato*, New York

Kraut, R. (1973a). "Reason and Justice in Plato's *Republic*," in *Exegesis and Argument, Phronesis*, Suppl. I: 207–224

(1973b). "Egoism, Love, and Political Office in Plato", *Philosophical Review* 82: 330–344

(1984). *Socrates and the State*, Princeton

(1991). "Return to the Cave: *Republic* 519–521," *Proceedings of the Boston Area Colloquiam in Ancient Philosophy* 7: 43–62

(1992). "The Defense of Justice in Plato's *Republic*," in *The Cambridge Companion to Plato*, ed. R. Kraut, Cambridge, 311–337

Locke, J. (1690). *An Essay Concerning Human Understanding*, London

Luce, J. V. (1952). "Immortality in Plato's *Symposium*: Reply," *Classical Review* 67: 137–141

Mabbott, J. D. (1937). "Is Plato's *Republic* Utilitarian?" *Mind*, N. S. 46: 468–474

(1971). "Is Plato's *Republic* Utilitarian?" in *Plato* II, ed. G. Vlastos, New York, 57–65

McTighe, K. (1984). "Socrates on Desire for the Good and the Involuntariness of Wrong doing: *Gorgias* 466a–468e," *Phronesis* 29: 193–216

Moline, J. (1969). "Meno's Paradox?" *Phronesis* 14: 153–161

Moravcsik, J. M. E. (1979). "Understanding and Knowledge in Plato's Philosophy," *Neue Hefte für Philosophie* 15/16: 53–69

Morrow, G. R. (1953). "Plato's Conception of Persuasion," *Philosophical Review* 62: 234–250

Murdoch, I. (1970). *The Sovereignty of Good*, London

(1992). *Metaphysics as a Guide to Morals*, London

Nakhnikian, G. (1973). "The First Socratic Paradox," *Journal of the History of Philosophy* 11: 1–17, reprinted in *Plato's Meno in Focus*, ed. J. M. Day, 1994, 129–151（指示は *Plato's Meno in Focus* の頁づけによる）

Nicholson, P. P. (1974). "Unravelling Thrasymachus' Arguments in the *Republic*," *Phronesis* 19: 210–232

Nozick, R. (1995). "Socratic Puzzles," *Phronesis* 40: 143–155

Ohkusa, T. (2008). "Socrates's Avowal of Knowledge Revisited," *Hyperboreus* 14: 35–55

Penner, T. (1973a). "Socrates on Virtue and Motivation," in *Exegesis and Argument*, ed. E. N. Lee, A. P. D. Mourelatos, and R. M. Rorty, 133–151

(1973b). "The Unity of Virtue," *Philosophical Review* 82: 35–68

(1992a). "What Laches and Nicias Miss — And Whether Socrates Thinks Courage Merely a Part of Virtue," *Ancient Philosophy* 12: 1–27

(1992b). "Socrates and the Early Dialogues," in *The Cambridge Companion to Plato*, ed. R. Kraut, Cambridge, 121–

169

Popper, K. R. (1971). *The Open Society and its Enemies* [1st edn. 1945, 5th edn. revised, 1966], vol. I, Princeton

Price, A. W. (1989). *Love and Friendship in Plato and Aristotle*, Oxford

Reeve, C. D. C. (1989). *Socrates in the Apology*, Indianapolis

Robinson, R. (1953). *Plato's Earlier Dialectic*, 2nd edn., Oxford

(1969). *Essays in Greek Philosophy*, Oxford

Rudebush, G. (1989). "Plato, Hedonism, and Ethical Protagoreanism," in *Essays in Ancient Greek Philosophy* II: *Plato*, ed. J. P. Anton and A. Preus, Albany, 27–40

Sachs, D. (1963). "A Fallacy in Plato's *Republic*," *Philosophical Review* 72: 141–158, reprinted in *Plato* II, ed. Vlastos, 1971, 35–51（Sachs への指示はすべて *Plato* II の頁づけによる）

Sharples, R. W. (1985). *Plato: Meno*, Warminster

Shorey, P. (1930–35). *Plato: Republic*, trans. [Loeb Classical Library], 2 vols., London

Sullivan, J. P. (1961). "The Hedonism in Plato's *Protagoras*," *Phronesis* 6: 10–28

Taylor, A. E. (1986). *Plato: The Man and His Work* [1st edn. 1926], London

Taylor, C. C. W. (1976). *Plato's Protagoras*, Oxford

Vlastos, G. (1956). "Introduction,"in Plato's *Protagoras*, translation by B. Jowett, revised by M. Ostwald, Indianapolis, vii–lvi

(1969). "Socrates on Acrasia," *Phoenix* 23: 71–88

(1971a). "Justice and Happiness in the *Republic*," in *Plato* II, ed. G. Vlastos, New York, 66–95

(1971b). "The Paradox of Socrates," in *The Philosophy of Socrates*, ed. G. Vlastos, New York, 1–21

(1978). "The Virtuous and the Happy," *Times Literary Supplement*, 24 Feb. 1978: 230–231

(1981). *Platonic Studies*, 2nd edn., Princeton

(1983). "The Socratic Elenchus," *Oxford Studies in Ancient Philosophy* 1: 27–58

(1984). "Happiness and Virtue in Socrates Moral Theory," *Proceedings of the Cambridge Philological Society*, N. S. 30: 181–213

(1985). "Socrates' Disavowal of Knowledge," *Philosophical Quarterly* 35: 1–31

(1991). *Socrates: Ironist and Moral Philosopher*, Cambridge

(1994). *Socratic Studies*, Cambridge

Weingartner, R. H. (1964–65). "Vulgar Justice and Platonic Justice," *Philosophy and Phenomenological Research* 25: 248–252

West, T. G. (1979). *Plato's Apology of Socrates*, Cornell U. P., Ithaca and London

White, N. P. (1979). *A Companion to Plato's Republic*, Oxford

Williams, B. (1993). *Shame and Necessity*, Berkeley

Zeyl, D. J. (1980). "Socrates and Hedonism: *Protagoras* 351b–358d," *Phronesis* 25: 250–269

内山勝利（1981）「ノモスとロゴス ―― 『クリトン』のソクラテスを中心に ――」、『西洋古典学研究』29: 41–52

木下昌巳（1997）「『ゴルギアス』におけるゴルギアスの矛盾」、京都大学『古代哲学研究室紀要』7: 20–36

國方栄二（2009）「コスモポリタニズムの起源」、『西洋古典学研究』57: 65–77

篠崎　榮（1985）『ことばの中での探求』、勁草書房

中畑正志（1992）「プラトンの『国家』における〈認識〉の位置 ―― 魂の三区分説への序章 ――」、『西洋古典学研究』40: 44–56

（1994）「『ソクラテスのエレンコス』への覚え書き」、『哲学論文集』30: 1–21
（1997）「対話と真理 ——『ソクラテスのエレンコス』への覚え書きⅡ」、『古代哲学研究』29: 1–22
朴　一功（1983）「『太陽』『線分』『洞窟』の比喩再考」、『古代哲学研究』15: 22–34
（2002）（訳）アリストテレス『ニコマコス倫理学』（京都大学学術出版会）
（2007）（訳）プラトン『饗宴／パイドン』（京都大学学術出版会）
（2009）「世界市民思想をめぐって」、『大谷学報』88: 1–37
藤沢令夫（1976）（訳）プラトン『国家』（岩波版『プラトン全集』11）
（1979）プラトン『国家』（訳、岩波文庫）
（1984）『プラトン「パイドロス」註解』、岩波書店
（1987）「Aitia-Causa-Cause ——『因果律』とは基本的に何だったのか」、『理想』634: 100–103
（1980）「現実活動態」253–353、『藤澤令夫著作集』第2巻、二〇〇〇年、岩波書店（初出『哲学研究』第539, 540号）
（1998）『プラトンの哲学』、岩波書店
松永雄二（1985）「自然と自然を超えるもの —— わたしの生のあることについて ——」、『新岩波講座哲学』5: 85–113
（1993）『知と不知 —— プラトン哲学研究序説』、東京大学出版会

あとがき

本書は、私の学位論文「プラトンの倫理学」（二〇〇〇年）に、その後書かれた関連の深い三篇の論文を加えて成ったものである。全体を二部立てにし、構成も改め、それに伴って収録された各論文には少なからず改訂がほどこされている。本書の標題は、『西洋古典学研究』三六号（一九八八年）に掲載された論文「プラトン『国家』における魂の正義」から採られている。

標題から明らかなように、本書の主題は〈正義〉であるが、この問題に私が取り組み始めたのは、大学院時代の後半（一九八〇年代）に入ってからである。きっかけとなったのは、デイヴィッド・サックスの論文「プラトン『国家』における誤謬」（初出一九六三年）である。当時、日本であまり顧みられることのなかったこの貴重な論文は、プラトンの正義論の問題点にとどまらず、哲学における別の重要な問題に触れていた。それは哲学の言語ないし定義の有効性の問題である。

ずっと後になって言語の問題は私の研究課題の一つになったが、大学院時代には、私はサックスの掘り起こした正義論の問題点を考えつづけていた。テクストを読み、関連文献を読み、考察結果を一応の研究ノートにまとめて、それを、たしか博士課程二年目の研究報告として大学に提出した。私は自分の書いたものに自信はなく（これはいつものことだった）、気が晴れないまま研究室の春のコンパに参加していたが、その折り、今は亡き藤澤令夫先生が声をかけてくださった、「やあ朴君、今度は君、おもしろいのを書いたね」。私は研究報告を手直しして学会で発表した。

一九八〇年代なかば頃から、それまでプラトン研究で大きな貢献をなしていたグレゴリー・ヴラストスが、方向転換して（あるいは回帰して）ソクラテス研究に集中し、ソクラテスのエレンコス（論駁法）、アイロニー、徳と幸福の問題などについて、次々と画期的な論文を発表していった。彼はソクラテスとプラトンの違いを際立たせた。プラトンの作品には相容れない、分裂した二種類のソクラテスが描かれている、と。すなわち、「無知の自覚」にとどまる「ソクラテス」、他方、それを踏み越える形而上学者としての「ソクラテス」（＝プラトン）。ヴラストスは前者のソクラテスを共感をもって描き出していた。

私は正義論の問題ですでにヴラストスから多くを学んでいたが、今度はとりわけソクラテスの対話法の問題、徳と幸福との内的連関の問題などから彼のソクラテス研究に向かい、強い刺激を受けた。そしてソクラテスに関するいくつかの論文を書いた。私はそれらをプラトンの正義論関連の論文に組み込んで、学位論文としてまとめたのである。

ヴラストスはソクラテスに関する自分の一連の論文を改訂し、新たな論文をつけ加えて出版することを意図していたが、それを果たせぬまま一九九一年十月に世を去った。八四歳だった。彼の遺稿は、今日最も有力な研究者の一人バーニエットによって編集され、『ソクラテス研究』（Gregory Vlastos, *Socratic Studies*, ed. Myles Burnyeat, Cambridge University Press, 1994）として公刊された。それの第六章にヴラストスはプラトンの『リュシス』に関する論文を計画していたが、未完のため編者のバーニエットは代わりに、「ソクラテスとベトナム」と題するヴラストスの講演（一九八七年、カリフォルニア大学バークレー校の卒業式にて）を組み込むのを適切と判断し、その論文集にエピローグとして収載した。

ヴラストスの講演は、ソクラテスの死に関するプラトンの『パイドン』終結部の記述をめぐるものである。

これが、エケクラテス、私たちの友人（ソクラテス）の最後でした。私たちが知りえた当代の人々のなかで、最もすぐれた、と言ってよいでしょうが、さらには最も知恵があり、最も正しい人の、これが最後だったのです。（『パイドン』118A）

ヴラストスが問題にしたのは、ここでの「最も正しい」（最も正義の）という形容であった。プラトンは数々の作品でソクラテスを、比類なく勇気があり、節制があり、また神の命にしたがって、自他を吟味しながら知恵を求めつづける敬虔な哲学者として描き出している。しかし、このようなソクラテスの肖像に「最も正しい」という形容をつけ加えることは妥当か。はたして、ソクラテスは非の打ちどころのない「最も正しい」人であったか。これがヴラストスの問題提起である。

古代ギリシアにおいて、そして現代において、実際、幾たびもの悲惨な戦争がくり返され、残虐な殺戮がなされてきたことを、われわれは知っている。そうした政治の無慈悲な動きを前にして、人は反対し、抵抗し、あるいは沈黙する。ソクラテスならどうするか。もちろん、われわれにはわからない。しかし、彼は口をつぐみ、沈黙したであろう、とヴラストスは推論するのである。なぜなら、ソクラテスはアテナイの裁判員たちに、「公に、あなた方の多数の前に現われ出て、国家社会（ポリス）に助言をするといったことはあえてしない」と言っており（『弁明』31C）、その理由についてこう述べているからである。

もし私が政治の仕事をすることに手を染めていたなら、私はとっくに身を滅ぼして、あなた方のためにも私自身のためにも、何の益にもならなかったでしょう。（弁明 31D）

ソクラテスは「政治の仕事をすること」からはたえず距離をとり、もっぱら哲学すること、一人一人と対話することに自分の生涯を捧げた。それが彼にとっての正義のつらぬき方だったからである。

正しいことのために本当に戦おうとする者は、たとえわずかの間でも身を全うしようとするならば、私人として生きるべきであって、公人として行動すべきではないのです。（弁明 32A）

だが、これが本当に正義のつらぬき方であろうか？　ヴラストスの懐疑はベトナム戦争（1960–1975）において一挙に高まり、自分の学生たちや自分の息子が、軽蔑すべき大義のために、「制服を着た殺し屋」にさせられてゆくのを見て、彼は、一九六六年のアメリカ哲学会東部部会において、ベトナム反戦決議の動議を出すことになったという。

そして彼は卒業式で講演を聴く若い人々にこう告げた、「あなた方に受け入れてもらいたいのは、ソクラテスがけっしてしなかったことである」。ここで「ソクラテスがけっしてしなかったこと」と彼が言うのは、調和しがたい、真理の孤独な探求（lonely search）と正義のための共同の戦い（corporate struggle）の両方をなすことである。ヴラストスによれば、ソクラテスは前者の探求に没頭した偉大な人ではあったが、倫理の社会的次元を顧みなかったがゆえに、「最も正しい」人ではなく、むしろ「より正しい」人だったのである。

私の学生時代は、冷戦状況下での政治の季節であった。ちょうど私が専攻を西洋古代の哲学に決めたころ、泥沼のベトナム戦争は終結した。アメリカは撤退し、南北ベトナムは統一した。人々の視線はインドシナ半島から分断の朝鮮半島に移り、分断の東西ドイツに移った。当時の私なら、ヴラストスの助言に全面的に賛同していたであろう。そしてソクラテスの、「現代の人々のなかでは、ぼくだけが政治の仕事をしている」（『ゴルギアス』521D）という逆説的な発言を認めなかったであろう。

　こういうことがあった。私が学部学生の時に、松ヶ崎（京都北）に住んでおられた藤澤先生が近辺に引っ越しをされることになり、大学院の先輩たちだけでなく、近くの京都にいた学部学生たちもそのお手伝いをすることになった。夕暮れに作業が一段落し、まだ片づかない新しいお住まいで、先生ご夫妻は私たちに夕食をごちそうしてくださった。にぎやかで楽しい宴だった。会もだいぶ進んだころ、どういうわけか話題が日本と朝鮮半島とのかかわり、南北分断の問題におよんだ。たぶん私が何か尋ねられたからだと思う。私は自分の考えを述べた。そしてある発言をめぐって互いの議論、というより、私の感情が沸騰した。自分の境遇からか、私は声をつまらせ、こらえきれなくなって取り乱してしまったのである。

　当時、文学の政治参加や社会参加などが言われていたが、哲学は、もとよりソクラテスの時代から政治や社会とは何らかの仕方でしばしば鋭い緊張関係にあった。それらと無縁なところでの哲学、あるいはそうした哲学研究のあり方に、その頃の私は懐疑的であり、批判的であった。先生が中学時代（広島一中の五年間）を広島で過ごされ、原爆の投下時には兵役で満州におられたことを、私は後に知った。先生の何人もの恩師や友人たちが残虐の犠牲となって亡くなられた。広島を訪れるたびの想いについて、先生はこう書いておられる。

　　彼らがただ「死亡した」のではなく、〝人知のかぎり〟を尽くしてつくり出された大量殺人手段によって

「殺された」のだという、この事実は私にとってかぎりなく重い。……亡き師友を想い、同じ犠牲となったすべての市民を想い、……私は胸の中でただ慟哭する。

（「ヒロシマ」、一九八二年）

その場の私たちのやりとりをじっと聞いておられた先生は、最後に口をはさんで、私にこう言われた、「全部つながっているんです、全部。君は君の立場で哲学をやりなさい。ぼくはぼくの立場でするから」と。私は急に心細くなった。自分に何ができるのだろうか、と。

このような私が、その後まがりなりにも大学院に進学し、さらに今日まで勉学を続けることができたのは、言うまでもなく、藤澤先生をはじめ、研究室の他の先生方、先輩方、後輩のみなさんのおかげである。何年も前に、修士論文に苦しみ、一歩も前に進めない状態に陥って、こうした研究に自分は向かないのではないかと思い迷い、何もかも放り投げようとしていたときに、私を助けてくださったのは、学部時代からお世話になっていた金山弥平・万里子ご夫妻であった。この時のご援助がなければ、私はまちがいなく別の道を歩んでいたであろう。お二人の先生はもとより、それに劣らぬ導きと励ましをいただいたすべての方々に、とりわけ哲学における「明晰さ」と「事柄に即して考える」ことの大切さを教えてくださった藤澤令夫先生に、ここで心より感謝申し上げたい。

この本の出版を最初につよく私に勧めてくださったのは、岩波書店の編集者であった田中博明氏である。もう六、七年前のことである。何度か手紙のやりとりをし、学位論文出版の意義を説いてくださったが、私のわがままから実現にはいたらなかった。その後、私の仕事状況も変化し、京都大学学術出版会からのご支援を得て、ようやく出版の運びとなった。遠くで私の研究を認め、見守り、評価してくださった田中博明氏に、そして私の学位論文を審査し、適切な批判と助言をしてくださった京都大学の、内山勝利、中畑正志、伊藤邦武の三先生にこの場をかりて厚くお礼申し上げたい。また、本書が成るにあたって、企画から細部の作業にいたるまでご尽力くださった京都大学学術出版会編集部の國方栄二氏と和田利博氏に改めて謝意を表したい。

二〇〇九年　十二月

朴　一功

本書は、独立行政法人日本学術振興会平成二十一年度科学研究費補助金（研究成果公開促進費）の助成により出版されたものである。

出典索引

ヤ行

ラ行

ワ行

ナ行

ハ行

マ行

タ行

サ行

事 項 索 引

この索引は網羅的なものではなく，読者の参考のための選択的なものであり，特徴的な事項や箇所が取り上げられている。また，（and）*passim* は本書の全体にわたってしばしば言及されることを示す。さらに，事項には対話篇の登場人物，神話上の人物も含まれる。

数字はページ数を，n.( ) は註番号を指示している。

ア行

カ行

ナ行

ハ行

マ行

ラ行

ワ行

索　　引（人名索引／事項索引／出典索引）

人名索引

ソクラテス，プラトン，およびプラトンの対話篇中の登場人物は含まれない。

ア行

アーウィン Irwin, T. H.　15, 19, 25, 27, 28, 37, 41, 47, 55, 63, 67, 79, 81, 95, 97–99, 107, 109, 111, 115, 121, 123, 125, 141, 161, 169, 171, 173, 193, 195, 201, 207, 211, 212, 214, 215, 233, 243
アダム Adam, J.　147, 149, 176, 205
アダムとアダム Adam, J. & Adam, A. M.　41, 45
アドキンズ Adkins, A. W. H.　19
アナス Annas, J.　163, 165, 167–169, 203, 206, 207
アリストテレス Aristoteles　7, 11, 41, 66, 84, 193, 208–210
アロンソン Aronson, S. H.　141–143
アンティステネス Antisthenes　67
ウィリアムズ Williams, B.　189
ウェスト West, T. G.　223, 225, 227
内山勝利　195
ヴラストス Vlastos, G.　39, 41, 43, 47, 52, 53, 55, 63, 67–81, 83, 85, 96, 100, 101, 109, 121, 123, 125, 136–142, 144, 145, 153, 187, 189, 207, 210, 211, 221, 231
エンペドクレス Empedocles　25
大草輝政 Ohkusa, T.　105

カ行

カイレポン Chairephon　96
ガスリー Guthrie, W. K. C.　5, 7, 35, 81, 111, 119, 211, 221, 227–229, 237, 251
ガリー Gulley, N.　67, 95
カーン Kahn, C. H.　61, 107, 123
木下昌巳　183
ギャロップ Gallop, D.　39
國方栄二　69
クーパー Cooper, J. M.　169
クライン Klein, J.　17
クラウト Kraut, R.　41, 85, 105, 107, 137, 167–169, 251
グルーベ Grube, G. M. A.　123
クロスとウーズリー Cross, R. C. and Woozley, A. D.　164, 165, 202, 203, 210, 211
クロンビー Crombie, I. M.　203
ゲイリス Galis, L.　139–145
コイレ Koyré, A.　7
ゴズリングとテイラー Gosling, J. and Taylor, C. C. W.　107, 113, 117, 123, 125
ゴルギアス Gorgias　5–7, 10, 11
コーンフォード Cornford, F. M.　67–69, 135, 147, 179, 197, 231

サ行

ザイル Zeyl, D. J.　109, 123, 125
サックス Sachs, D.　133–137, 141, 151, 160–163
サリヴァン Sullivan, J. P.　123
篠崎榮　151
シャープルズ Sharples, R. W.　5, 19
ジョーゼフ Joseph, H. W. B.　203
ショーリー Shorey, P.　135, 149
ゼノン（ストア派の）Zenon　67

タ行

ディオゲネス（キュニコス派の）Diogenes 67, 68
ディーモス Demos, R.　137
テイラー Taylor, C. C. W.　55

著者紹介

朴　一功（ぱく　いるごん）

大谷大学教授
1953年、京都府生まれ。1985年京都大学大学院文学研究科博士課程単位取得退学、2000年京都大学博士（文学）、2005年甲南女子大学教授を経て現職。
主な著訳書に、『実践哲学の現在』（共著、世界思想社）、『西洋哲学史（古代・中世編）』（共著、ミネルヴァ書房）、『イリソスのほとり―藤澤令夫先生献呈論文集』（共著、世界思想社）、『ソクラテス以前哲学者断片集』第Ⅴ分冊（共訳、岩波書店）、アリストテレス『ニコマコス倫理学』（京都大学学術出版会）、プラトン『饗宴／パイドン』（京都大学学術出版会）などがある。

魂の正義 ― プラトン倫理学の視座

2010年2月15日　初版第一刷発行

著　者　朴　一功
発行人　加藤重樹
発行所　京都大学学術出版会
京都市左京区吉田河原町15-9
京大会館内（〒606-8305）
電　話（075）761-6182
FAX（075）761-6190
URL http://www.kyoto-up.or.jp
振　替 01000-8-64677

ISBN 978-4-87698-936-2
Printed in Japan
印刷・製本　㈱クイックス東京
定価はカバーに表示してあります